매트릭스 컴퓨터 구조공학

이명우 지음

도서출판 동화기술

preface

Computer와 구조공학은 획기적으로 진보하였고, 이와 더불어 종래의 형식적인 구조물에 대해 응력이나 변형 등의 특성이 명확해졌다. 그 뿐만 아니라 Computer의 활용에 의해 비로소 실현이 가능하게 된 구조물이나, 나아가서 그 목적과 디자인의 센스를 최대한 살린 초현대적 구조 등(초고층 구조 · 초장대교 구조 · 초고속철도 구조 등) 끝없이 인류의 꿈이 짧은 기간에 실현되어 가고 있다. 인류의 구조물에 대한 소원은 주어진 소재의 허용된 범위에서 어떠한 구조물이 가능한 가를 먼저 알아야 하기 때문에 옛날에는 몇 번이나 경험적 시행이 필요했으며 근대에 와서도 Computer가 없는 시대에는 복잡한 구조물의 전체적인 거동 등은 알 수도 없었고, 역시 많은 경험적 요소가 구조기술자의 머릿속을 오가야 했었다. 현재 Super-Computer는 이와 같은 기술가운데 이론 계산상의 명확하지 않는 부분을 일거에 해명하고, 많은 실험을 대신하여 경험적으로 불명확했던 요소를 명확하게 하고, 구조기술의 새로운 전개에 대해 큰 지주가 되었다.

이 교과서는 이와 같은 새로운 구조공학을 어떻게 하여 실제의 예로 응용하느냐에 대한 입문서가 되도록 계획하였다. 구조역학에 사용되는 수학의 매트릭스를 쉽게 설명하였다. 매트릭스는 구조해석의 이론에 응용되어 Computer 사용에 편리한 하나의 방법으로 더욱 구조이론의 전개를 쉽게 하고, 구조역학을 배우는 사람의 이해를 돕기 위해서도 대단히 강력한 수단이 되어 왔다. 그러한 이유 중에서도 특히 이것을 Computer의 프로그래밍 기술과 결부시키면, 한층 그 유용성이 인정되고, 구조해석을 하려는 사람들에게는 불가결한 수학적인 수단이 되었다.

저자는 매트릭스 연산의 규칙의 기초적인 부분의 설명을 알기 쉽게 기술하였다. 그리고 프로그래밍 그 자체에 대해서는 많은 책들에 상세히 설명되어 있으므로, 여기서는 언급하지 않고, 다만 매트릭스의 연산에 직접적인 배열 등에 대해서 일부 설명하였다. 그리고 구조해석을 하려는 사람들을 위해 매트릭스 연산의 규칙에 대한 입문을 돕고, 독자의 곁에 두고 사용할 수 있도록 유의하였다.

또한 매트릭스에 관련된 대수학은 그 전문분야에서 눈부시게 전개되어 많은 화려한 이론이 나와 있으므로 여기서는 대부분 생략하고, 구조해석을 하기 위해 실용상 필요성이 큰 것에 한하며, 되도록 평이하게 다른 참고서 없이 이해할 수 있도록 설명하려고 노력하였다. 더 일반적인 매트릭스이론 체계를 공부하려는 독자는 전문서적으로 배워나가길 바란다.

제1편 구조공학과 Computer에서는 구조공학의 최근의 동향, 구조해석과 Computer, Computer를 사용하면 어떠한 계산을 할 수 있는가, IT 융복합 스마트 토목설계를 다루었다.

제2편 매트릭스에서는 매트릭스의 정의, 매트릭스 연산규칙의 기본적 규약, 매트릭스식, 역매트릭스, 매트릭스의 분할, 연립 1차방정식의 해와 계수와의 관계, 매트릭스의 미분 및 적분, 매트릭스의 고유치 및 고유벡터, 기하학적 또는 물리학적 벡터의 좌표변환에 대한 매트릭스의 응용을 다루었다.

제3편 매트릭스와 Computer에서는 배열, 선언문, 부프로그램, 응용프로그램을 다루었다.

제4편 매트릭스 구조해석에서는 구조해석의 기본개념, 강성매트릭스법에 의한 구조해석을 수계산으로 다루었다.

제5편 Computer**구조해석**에서는 평면트러스해석 프로그램, 평면트러스 Computer 해석예, 평면뼈대해석 프로그램, 평면뼈대 Computer 해석예를 다루었다.

끝으로 본서를 편집할 때 본문내용 작성에는 많은 저서들을 참고하였음을 밝혀둔다. 이러한 책들은 독자들에게도 훌륭한 참고문헌이 될 수 있을 것으로 확신함에도 불구하고 부족한 필자가 책을 출간하게 되어 두려움과 송구스러움을 떨쳐버릴 수가 없다. 부족한 필자이기 때문에 본서에서는 잘못이 많을 것으로 생각한다. 책의 내용과 구성이 미비하고, 오자와 탈자도 많을 것으로 생각된다. 따라서 필자는 생략된 부분에 대한 보충설명과 더 많은 문제들을 점차적으로 수정 보완해 나갈 것을 약속드리며, 독자들이 이 책을 통해 매트릭스 구조역학에 자신감을 갖게 되기를 기대한다. 또한 본서 출간에 수고를 아끼지 않은 홍남골 조교들에게 고마움을 전하며 마지막으로 상당한 시간동안 이 일에만 몰두하느라 거의 잊다시피 하여도 참아준 아내 정아와 아들 상원이에게 드디어 다 했다고 전해주고 싶다. 그리고 출판에 심혈을 기울여 주신 도서출판 동화기술 정우용 회장님과 편집부 금선희 대리님에게도 감사를 드린다.

홍남골 끝자락에서

長山 **이명우**

contents

제1편 구조공학과 Computer

1 구조공학의 최근의 동향
1.1 가벼운 차가 시장을 지배함 10
1.2 경량화하면 할수록 비용절감 11
1.3 대형화하면 할수록 비용절감 11
1.4 인간이 추구하는 새로운 가능성에 대한 도전 12
1.5 기술혁신이 요구되는 새로운 구조물 12
1.6 구조설계와 시공을 고려한 디자인 13
2 구조해석과 Computer
2.1 역사적 배경 13
2.2 매트릭스 법이란 14
2.3 유한요소법 15
2.4 유한요소법과 차분법의 비교 15
2.5 종래해법과 새로운 해법 16
2.6 범용프로그램 17
2.7 실험과 해석 17
2.8 자동화설계 18
2.9 CAD 19
2.10 「구조해석과 Computer」의 정리 및 보충 19
3 Computer를 사용하면 어떠한 계산을 할 수 있는가?
3.1 연립 1차 방정식 20
3.2 매트릭스의 계산 21
3.3 상미분 방정식 21
3.4 편미분 방정식 21
3.5 기타 계산 22
3.6 전후처리 프로그램 22
4 IT 융복합 스마트 토목설계
4.1 BIM 정의 26
4.2 BIM의 필요성 31
4.3 BIM 도입 현황 35
4.4 토목 BIM 적용 사례 38
4.5 토목 BIM 적용성 검토 결과 49
4.6 BIM 검토 기법 52

제2편 매트릭스

1 매트릭스의 정의
1.1 사각형매트릭스 66
1.2 행매트릭스 및 열매트릭스 67
1.3 전치매트릭스 68
1.4 정방매트릭스, 대각매트릭스 및 단위매트릭스 69
1.5 대칭매트릭스 및 역대칭매트릭스 70
1.6 영매트릭스 70
2 매트릭스 연산규칙의 기본적 규약
2.1 매트릭스의 등식 71
2.2 매트릭스의 덧셈과 뺄셈 71
2.3 매트릭스와 스칼라와의 곱셈 72
2.4 매트릭스의 곱셈 73
2.5 예제에 의한 해설 74
2.6 매트릭스의 거듭제곱 77
2.7 대각매트릭스 및 단위매트릭스의 성질 78
2.8 매트릭스곱셈의 전치매트릭스 79
3 매트릭스식
3.1 2원 연립 1차방정식의 매트릭스에 의한 표시와 매트릭스식 81
3.2 매트릭스식의 정의 및 매트릭스식의 전개 82
4 역매트릭스
4.1 역매트릭스의 정의 87
4.2 역매트릭스에 관한 공식 및 그 응용 87
5 매트릭스의 분할
5.1 매트릭스의 분할에 의한 연산 93
5.2 매트릭스의 분할에 의한 연산의 응용 96
6 연립 1차방정식의 해와 계수와의 관계 106
7 매트릭스의 미분 및 적분
7.1 정의 110
7.2 매트릭스의 미분에 관한 공식 112
8 매트릭스의 고유치 및 고유벡터
8.1 고유치 문제 114
8.2 2차 정방매트릭스에 대한 고유치문제 115
8.3 차의 정방매트릭스에 대한 고유치문제 118
8.4 특성 방정식의 표준형을 구하는 Danilevsky의 방법 121

9 기하학적 또는 물리학적 벡터의 좌표변환에 대한 매트릭스의 응용

9.1 벡터의 좌표변환 공식의 매트릭스에 의한 표시 125
9.2 좌표축의 회전 127
9.3 벡터의 회전 128
9.4 3차원 공간에서 좌표축의 회전 130
9.5 매트릭스방정식의 좌표변환 135
9.6 2차텐서의 매트릭스 표시 136
9.7 고체 내 응력해석에 대한 응용 137

제3편 매트릭스와 Computer

1 배열

1.1 1차원 배열 147
1.2 2차원 배열 148
1.3 3차원 배열 158
1.4 다차원 배열 159
1.5 내재적 DO문 159

2 부프로그램

2.1 함수 부프로그램 165
2.2 서브루틴 부프로그램 168

3 부프로그램에서의 선언문

3.1 common문 173
3.2 equivalence문 179

4 응용프로그램

4.1 Gauss 소거법 181
4.2 Gauss-Jordan 소거법 184
4.3 고유값과 고유벡터 188

제4편 매트릭스 구조해석

1 구조해석의 기본개념

1.1 구조물의 성립조건 200
1.2 구조해석법 200
1.3 가상일(또는 가상변위)의 원리 202
1.4 변위법에서 강성매트릭스의 구성 207
1.5 강성매트릭스의 특성 209
1.6 구조물좌표계(또는 전체좌표계) 211
1.7 부재좌표(또는 국부좌표계) 212

1.8 자유도(DOF) 212
1.9 강성매트릭스의 대폭 214
1.10 구조물의 평형방정식 215

2 직접강성매트릭스법에 의한 구조해석

2.1 직접강성매트릭스법의 기초 217
2.2 직접강성매트릭스법의 특징 221
2.3 트러스의 해석 224
2.4 평면뼈대의 해석 232

제5편 Computer 구조해석

1 평면트러스해석 프로그램

1.1 주프로그램 – TRUSS 249
1.2 부프로그램 – SDATA1 249
1.3 부프로그램 – STIFF1 252
1.4 부프로그램 – BANFAC 253
1.5 부프로그램 – LDATA1 254
1.6 부프로그램 – LOADS1 256
1.7 부프로그램 – BANSOL 257
1.8 부프로그램 – RESUL1 258

2 평면트러스 Computer 해석예

2.1 입력자료 260
2.2 해석결과 261

3 평면뼈대해석 프로그램

3.1 주프로그램 – FRAME 263
3.2 부프로그램 – SDATA2 264
3.3 부프로그램 – STIFF2 266
3.4 부프로그램 – BANFAC 268
3.5 부프로그램 – LDATA2 268
3.6 부프로그램 – LOADS2 270
3.7 부프로그램 – BANSOL 271
3.8 부프로그램 – RESUL2 271

4 평면뼈대 Computer 해석예

4.1 입력자료 274
4.2 해석결과 275

▌참고문헌 • 277 ▌찾아보기 • 278

제 1 편

구조공학과 Computer

1. 구조공학의 최근의 동향
2. 구조해석과 Computer
3. Computer를 사용하면 어떠한 계산을 할 수 있는가?
4. IT 융복합 스마트 토목설계

세계 최초로 Computer가 작동하기 시작한 것은 1946년이었다. 초기 무렵의 목적은 군용의 특수한 것이었지만, 얼마 안 되어 일반에 보급되어 각 지역의 대학이나 연구소에서 사용할 수 있게 되었다. Computer와 구조공학은 획기적으로 진보하였고, 이와 더불어 종래의 형식적인 구조물에 대해 응력이나 변형 등의 특성이 명확해 졌다. 그 뿐만 아니라, Computer의 활용에 의해 비로소 실현이 가능하게 된 구조물이나, 나아가서 그 목적과 디자인의 센스를 최대한 살린 초근대적 구조물 등(초고층 구조물 · 초장대교 구조물 · 초고속철도 구조물 등), 끝없이 인류의 꿈이 짧은 기간에 실현되어 가고 있다.

1 구조공학의 최근의 동향

1.1 가벼운 차가 시장을 지배함

신호가 녹색으로 바뀔 때, 각 차선에 늘어선 자동차가 일제히 출발한다. 매일 반복되는 교차점에서 첫 출발에서 선두에 서는 차는 힘이 있는 차가 아니라 가벼운 차이다. 가벼운 차의 메리트는 가속이 좋다는 것만은 아니다. 차체가 가벼우면 엔진이 작은 것으로 충분하다. 전달하는 토크가 적기 때문에 클러치나 기어나 샤프트도 간단해진다. 타이어에도, 스프링에도, 브레이크에도 무리가 가지 않고 오래 간다. 가벼우면 만드는 것도, 수리하는 것도 편리할 것이다. 그렇게 된다면 구입가격도, 가솔린 값도 싸게 먹힐 것이다. 이것이 오늘날의 Hybrid Car인 것이다.

그러나 무게는 가벼운데 강도가 약해서는 곤란하다. 튼튼하고, 안전하며, 게다가 가벼운 차를 만들기 위해 여러 가지로 머리를 짜내고 있지만, 그 기초가 되는 것은 구조공학이다. 그 대상은 뼈대로부터 신소재를 이한 구조 등으로 광범위해지고 있다.

1.2 경량화하면 할수록 비용절감

경량화의 문제는 항공기의 경우에는 더욱 더 중요하다. 기체의 중량을 줄이면 그만큼 더 화물을 적재할 수 있다. 화물의 양이 작으면 가솔린 값이 싸진다. 무거운 물체를 하늘에 띄우는 것이므로 가능한 가벼운 편이 나은 것이며, 그 발명의 초기 때부터 오늘날까지 경량화에 있어서는 특히 노력이 계속되고 있다.

인공위성에 실는 전자기기(예를 들면, 통신위성의 중계기기) 등은 더욱 더 경량화해야 한다. 이것이 무거워지면 그것을 발사하는 로켓을 매우 크게 해야 하기 때문이다. 즉, 위성의 무게 1킬로그램을 늘이려면 총중량을 1톤 늘여야 한다고 말하고 있다.

경량화라고 말하면, 의수나 의족 따위도 되도록 가볍고 튼튼한 것이 바람직하다. 그러한 것이 성능까지 대단히 좋다면, 보통의 인간에게도 달아 초정밀한 일을 하기도 하고, 한 손으로 자동차를 아주 가볍게 들어 올리는 등 편리할 것이다. 이러한 것에 대해서는 오래 전부터 개발하고 있다.

1.3 대형화하면 할수록 비용절감

오늘날의 수송기는 점보제트의 시대가 되었다. 보잉747은 정원 약 500명, 화물을 실으면 100톤을 수송할 수 있다. 수송량이 많은 노선에서는 소형수송기를 많아 사용하는 것보다도 대형수송기로 수송하는 편이 파일럿들이 몇 사람으로 가능하고, 정비비 등도 비교적 저렴해지며, 기체중량과 화물중량의 비율도 개선할 수 있다. 이전의 정원 150명 정도인 기종 보잉747 등에 비교하여 운항비를 약 30% 줄일 수 있다고 말하고 있다.

선박편에서도 대형화의 경향이 현저하다. 옛날에는 몇 만 톤의 배가 큰 배였지만, 현재에 와서는 수십만 톤 이상의 배가 해마다 수업이 건조되고 있다. 초점은 비용절감, 30만 톤 탱크를 이용하면 5만 톤급의 탱크를 이용하는 경우에 비교할 때 50% 이상의 수송비가 절감된다고 한다.

이와 같이 종래의 상식을 벗어난 거대한 구조물의 설계는 기존기술의 연장만으로는 불가능하다. 실험 등도 필요하고, 최종적으로 의지하게 되는 것은 구조공학의 이론과 해석이며, 그 중요성은 이전과는 비교도 안될 만큼 크게 되었다.

1.4 인간이 추구하는 새로운 가능성에 대한 도전

건축에서는 거대화와 초고층화 하는 동향이 두드러진다. 초고층빌딩은 좁은 토지에 유효하게 이용되고, 동시에 건설 코스트를 상당히 내릴 수 있으므로, 앞으로 더욱 보급될 전망이다.

또한 세계박람회의 건축물에서 볼 수 있듯이, 「새로운 구조에 의한 새로운 건축의 가능성」도 개척되고 있다. 그러므로 설계에 있어서의 구조해석의 중요성은 더욱 가중치가 높아지고 있다고 생각된다.

구조해석에 Computer를 최초로 사용한 것은 항공기이지만, 토목공학분야에서도 꽤 일찍부터 Computer의 응용을 다루면서 발전에 기여해왔다. 특히 종래의 방법으로는 해석이 어려웠던 댐의 해석에 응용되어 실용가치가 높이 평가되었다. 또한 도로와 철도의 교량이나 터널, 항만, LNG저장탱크, 사이로, 하수종말처리장, 원자로 등의 설계에도 Computer를 사용한 구조해석이 광범위하게 사용되고 있다.

토목이나 건축으로도 Computer의 이용의 의의는 단순한 종래의 손계산의 기계화라기보다 새로운 기술의 기본으로 중요하며, 앞으로도 계속 발전해 갈 것이라고 생각된다.

1.5 기술혁신이 요구되는 새로운 구조물

「원자력공학이란 것은 원자물리학과 같은 것인가 하고 생각하고 있었더니, 그것은 장치공학이구나」라는 유머(그러나 사실 그러한 것이었다)는 유명하다. 열의 손실을 되도록 적게 하는 공법, 저항력이 약한 물질로 지진에도 미동도 않는 강한 구조물을 만드는 공법, 각종 리모트 컨트롤(Remote Control)의 기술 및 여러 방면의 기술을 개발하는 것이 원자력발전 등에는 필요하다.

화력발전소의 건설에 대해서도 비슷하다. 그것은 전기공학이 아니라 열공학, 연소공학과 제어공학이라고 해도 좋다. 화학플랜트로서도 그 중에 화학반응의 중요성도 그렇기는 하나, 고온, 고압(반대로 극저온, 진공)에 견디며, 대 유량, 거대한 치수, 특수형상이라고 한 조건의 구조를 어떻게 해서 만드느냐 하는 것이 큰 문제이다.

구조의 입장에서는 구조물의 열, 구조물의 진동, 쉘구조, 탄소성 구조, 대 변위를 갖는 구조 등이 문제인 것이다. 이 모두가 매우 곤란한 문제였지만, 매트릭스법에 의해 통일적인 해석방법이 열려 「Computer를 구사할 수 있는 기술혁신 단계」에 와서 발전하고 있는 것이다.

1.6 구조설계와 시공을 고려한 디자인

건축의 주된 일은 디자인, 구조계산, 시공이다. 모두 중요하지만, 종래에는 디자인에 중점이 주어졌고, 구조계산과 시공은 그 밑에 깔려있다는 느낌이 들었다. 그러나 초고층빌딩의 건설이 등장하면서 구조설계와 시공이 주역을 맡고 있으며, 「구조설계와 시공을 고려한 디자인(BIM, Building Information Modeling)」이 강력히 등장하였다. 이와 같은 경우는 그 외의 업종에서도 등장하였다.

Computer 이용의 덕택으로 구조설계자는 계산노동에서 해방되어 구조 본래의 문제를 깊이 검토할 수 있게 되었다. 또한 디자이너 측에서는 특히 구조설계 담당자를 괴롭히는 일 없이 Computer를 직접 사용할 수 있게 되었으며, 「Computer와 대화하면서 설계하는 방식」이 개발되어 사용되고 있다.

앞으로도 「보다 가볍게」, 「보다 거대하게」, 「보다 튼튼하게」, 「보다 경제적으로」, 「보다 안전하게」라는 요구는 고조될 전망이므로, 그 해결책의 하나하나에 수량적 평가를 해주기 위한 구조계산은 매우 중요한 역할을 지니고 있다. 그 유력한 해석방법으로 매트릭스법이 있어, 그 응용분야는 더 급속히 확대되어 가고 있다.

2 구조해석과 Computer

2.1 역사적 배경

세계 최초로 Computer가 작동하기 시작한 것은 1946년이었다. 초기 무렵의 목적은 군용의 특수한 것이었지만, 얼마 안 되어 일반에 보급되어 각 지역의 대학이나 연구소에서 사용할 수 있게 되었다.

이것을 구조해석에 응용하려고 최초로 생각한 사람은 항공관계자였다. 1940년대 후반부터 1950년대에 걸쳐 미국에서는 Turner와 Martin, 영국에서는 Argyris 등이 중심이 되어 구조공학, 수학과, Computer의 기술자자가 협력하여 「Computer에 알맞은 해법」을 개발하였다. 그 하나의 성과가 「매트릭스법(Matrix Method)」이다. 이것이 차차 개량되어 통일된 이론이 만들어져 응용분야도 확대되었고, 현재에 오면서 Computer에 의한 구조해석의 대표적인 방법이 되었다.

Computer는 그 동안 계속 발달하여, 초기의 Computer와 현재의 Computer를 비교하면 계산속도나 기억용량도 불가설 할 정도로 급성장하였다. 이것에 의해 오늘날 과거에는 상상도 못하는 복잡한 문제를 다룰 수 있게 되었다.

2.2 매트릭스 법이란

Computer로 계산하기는 경험이나 육감을 필요로 하지 않는 「기계적 방법」이란 표현이 바람직하다. 또한 Computer에 있어서는 도식계산은 다루기 어렵고, 가장 처리하기 쉬운 것은 매트릭스 형태의 계산이다.

그래서 「종래에 사용해온 방법을 매트릭스의 식으로 표현한다」는 것이 매트릭스의 최초의 시도였다. 그러나 「종래의 방법」에도 여러 가지가 있고, 「매트릭스의 서식」도 여러 가지가 있었다. 그것들이 비교・검토되어 정리되고, 효율성 없는 방법을 버리고 좋은 방법은 더욱 더 개선된 결과가 오늘날의 매트릭스 법이다. 따라서 매트릭스 법은 종래의 해석법을 매트릭스의 형태로 쓴 것만은 아니다.

매트릭스 법이란 것은 하나의 총칭이며, 그 중에서 실제의 계산방법으로는 여러 가지가 있으며, 크게 분류하여 변위법, 응력법 및 이들을 혼합한 솔리드스테이트 법이 있다. 각각 장점과 단점이 있어 개개의 문제의 종류에 따라서 알맞은 방법을 사용해야 하지만, 대체적으로 변위법이 많은 문제에 대해 「사용하기 쉬운 방법」인 것 같다. 그러므로 이후에 있어서는 특별한 이유가 없는 한 변위법에 대해서 기술하였다.

2.3 유한요소법

매트릭스 법은 최초에 뼈대구조를 대상으로 하였다. 그 후 같은 원리를 확장하여 Plate나 Solid와 같은 연속체의 해석에 응용할 수 있게 되었다. 그 기본적인 방식은 [그림 2.1]과 같이 연속체를 여러 개의 작은 요소로 분할하여 그것을 뼈대의 부재와 같이 생각하고, 평형조건식을 만들어 뼈대와 완전히 같은 식으로 구성하는 것이다. 이 작은 요소를 유한요소(finite element)라고 하며, 이와 같은 해법을 「유한요소법(FEM, Finite Element Method)」라고 한다. 여기서 「유한」이라고 하는 것은 「무한을 작게 한 극한」에 대한 말이며, 「유한한 크기를 가졌다」고 하는 뜻이다.

유한요소법은 구조물의 해석에 매우 편리하고 유효한 방법이란 점이 실증되었다. 이것은 종래 없었던 새로운 해법이며, 새로운 문제를 해결하는데 기여하였다.

위의 설명에서 뚜렷이 나타낸 바와 같이 유한요소법은 매트릭스 법을 연속체에 적용한 경우를 「명명」한 것이다.

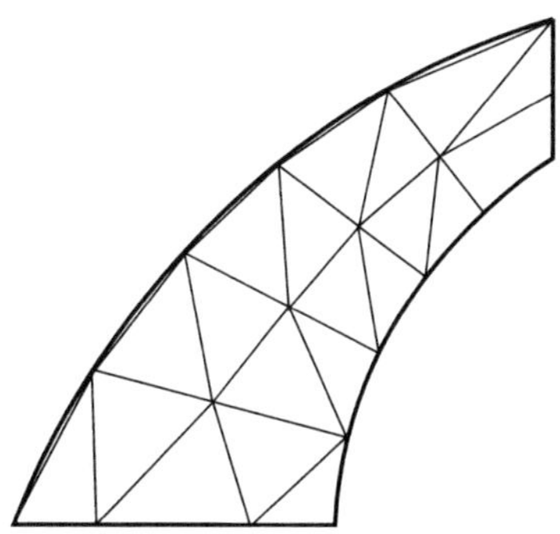

[그림 2.1] 유한분할

2.4 유한요소법과 차분법의 비교

Computer에 의한 구조해석방법으로는 매트릭스법 외에 여러 가지 방법이 있지만, 그 중에 가장 일반적으로 무엇에나 적용할 수 있는 유력한 방법으로 차분법이 있다.

차분법은 미분방정식을 기초로 하여, 그 미계수를 차분으로 바꿔놓고 차분방정식을 만들어 해석하는 방법이다. 이에 대해 매트릭스법(유한소요법)에서는 미분방정식 대신 변분원리로 출발하여 유한요소의 특성을 나타내는 식을 유도하고, 그것으로 방정식을 구성하여 해석한다. 이들은 유한분할로 근사하게 한다는 점은 공통이지만, 차분법의 분할은 [그림 2.2]에 나타낸 바와 같이 전혀 다르다. 복잡한 형태를 갖는 구조물에는 매트릭스법이 적용하기 쉽다. 그리고 매트릭스법은 변분원리를 기초로 하고 있으므로 자유경계조건의 처리가 간단해진다는 이점이 있다(차분법에서는 자유경계조건의 처리가 상당히 복잡함).

차분법도 최종적으로는 다차원 연립 1차방정식의 해를 구하는 것이다. 따라서 이것을 매트릭스의 형태로 나타낼 수 있으나, 이것만으로는 매트릭스법이라고 하지 않는다.

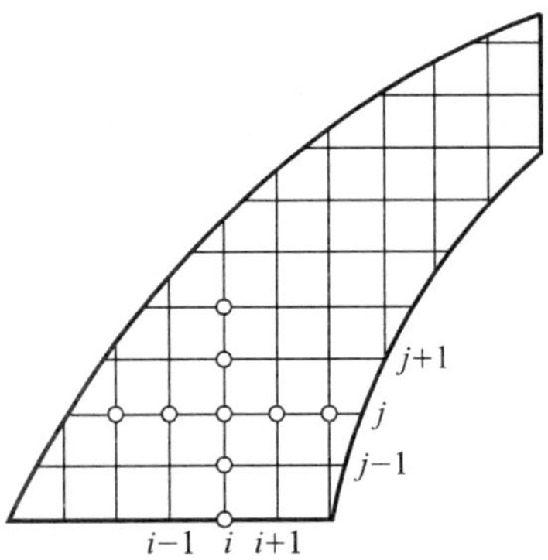

$$\frac{\partial f}{\partial x} \fallingdotseq \frac{f_{i+1}-f_{i-1}}{2\Delta x}$$

$$\frac{\partial f^2}{\partial x^2} \fallingdotseq \frac{f_{i+1}+f_{i-1}-2f_i}{(\Delta x)^2}$$

[그림 2.2] 유한차분법의 격자와 근사차분식

2.5 종래해법과 새로운 해법

매트릭스법이나 차분법을 종래의 「Computer 이전의 해법」과 비교해보면 옛날 해법은 오랜 세월동안 개량을 계속해 온 만큼 대단히 정교하게 되어 있으며 계산량이 적다고 해도 좋은 정도를 얻을 수 있도록 머리를 쓰게 한다. 그러나 종래해법은 개개의 특수한 문제에 대해서는 유효하지만, 일반적으로 적용범위가 좁고, 같은 방법을 그대로 확장해서 더욱 복잡하고 고도한 문제에 적용하기는 곤란하다.

물론 종래해법과 같이 응용분야마다 매트릭스법도 다르며, 기호가 다르고 용어가 달라 제각기 고급해법과 실용해법이 여러 종류이므로 모두 다 정복한다는 것은 불가능하다. 그러나 응용분야마다 전체가 매트릭스법을 중심으로 되어있으므로 본 교과서에서 다룬 기초적인 것만을 주의 깊게 읽으면, 어느 것이나 쉽게 접근할 수 있다고 믿는다.

2.6 범용프로그램

지난 수십 년 동안에 「어떤 것이라도 적용할 수 있다」고 하는 매트릭스법의 장점을 살려 대단히 광범위한 문제를 다룰 수 있는 범용프로그램이 수많이 개발되었다. 예를 들면, 외국에서는 초창기에 IBM사에서 FRAN, UNIVAC사에서 STRESS, CDC사에서 STAR 등이 유명하며, 그 후에 Computer Center가 독자적으로 개발한 예로는 독일 Stuttgart대학의 ASKA, 미국 UC-Berkeley 대학의 SAP, FEAP, NONSAP, MIT대학의 ADINA 등이 유명하다. 국내에서도 수많은 범용프로그램이 개발되었으며, 최근 가장 많이 사용되고 있는 것이 MIDAS-it에서 개발한 범용프로그램 MIDAS이다.

이러한 범용프로그램을 한 예로 살펴보면 구조물의 구성요소로 뼈대구조물로 트러스나 라멘, 면요소로 Plane Plate와 Shell Plate, 2차원 및 3차원 구조물(Solid), 그리고 경계조건으로 Spring과 Gap 등을 포함한 경계요소, 그리고 그 외에 초기변위, 지점침하, 온도응력에 대해서도 해석할 수 있다. 이러한 것들 외에도 시공단계, 가상요소의 생성 및 제거, 프리스트레싱력, 이동작업차의 생성, 이동 및 제거 등 수많은 기능들을 운용할 수 있도록 포함되어 있다. 그리고 범용프로그램을 사용한 구조해석에서 구조재료와 구조물의 변형에 관계하여 탄성 및 비탄성, 선형 및 비선형을 고려할 것인가? 구조물의 해석은 정적으로 아니면 동적으로 할 것인가? 등으로 구조설계자가 원래의 문제에 맞게 선택하게 되어 있다.

최근에는 「계획, 구조설계와 시공, 그리고 관리를 고려한 디자인(BIM, Building Information Modeling)」이라는 범용프로그램이 강력히 등장하였다[4장 참조].

2.7 실험과 해석

Computer로 정밀하게 해석하면 실험을 하지 않아도 좋은가? 그것은 「원래의 문제와 계산상의 가정과 어느 정도 일치하고 있는가?」라는 점이다. 만약 간단한 형태의 트러스 구조이고, 표준부재를 사용하고, 표준시공방법을 따르며, 다루는 하중조건도 그다지 특이한 것이 아니라면, 계산결과를 어느 정도 신용해도 좋을 것이다. 과거 여러 가지 실험에서 얻어진 경험을 그대로 연장할 수 있기 때문이다. 이것과는 반대로 이론상의 가정과 실제의 조건사이에 차이가 있을 경우, 재료의 특성 등을 잘 알고 있지 못하는 경우, 또는 현상 그 자체가 불안정한 경우 등은 계산결과를 그대로 신용하는 것은 위험하다.

또한 유한요소법이나 차분법의 경우에 분할을 미세하게 하다면, 그 극한에서 정확한 결과를 얻는 것으로 이론적으로 증명되고 있지만, 현실적 문제에서 어느 정도까지 세분하면 실용상 충분한 정도를 얻을 수 있는지에 대해 지금단계에서는 이론적으로 증명되어 있지 않으므로 경험에 의존할 수밖에 없으며, 실험과 계산결과를 몇 가지 시도해서, 그 종류의 문제인 경우의 경향을 알아 두는 것이 필요하다.

2.8 자동화설계

지금까지 설명한 「구조해석」이란 구조물의 형상 등을 가정하고, 그것에 어떤 하중을 작용했을 때의 변형이나 응력을 계산하는 것이 주된 내용이었다. 그러나 실제 설계에 있어서는 이와 같은 계산결과를 보고, 약한 곳이 있으면 보강하고, 너무 강한 곳이 있으면 절약해서 재차 계산해 검토하며, 이것을 반복하여 안전하고 헛됨이 없는 설계를 한다. 이와 같은 「반복 작업을 Computer에서 자동화설계로 실시할 수는 없는 것일까?」

이것은 실제 여러 가지 방법으로 시도되고 있으며, 기본적으로 「베테랑급 설계자의 순서를 그대로 Computer에 동작시키는 방법」과 「수학적으로 최적수치를 구하는 방법」 등이 있다. 후자는 문제가 어느 정도까지 단순하지 않으면 적용할 수 없다는 점 및 매우 많은 계산시간이 걸리는 문제가 있기 때문에 실제 전자가 많이 사용되고 있는 듯하지만, 반드시 최적설계를 할 수 있다는 보장을 할 수 없다.

오늘날까지의 결론으로는 인간의 두뇌에 의지하는 편이 훨씬 나으며, 자동화설계는 주로 세부설계용으로 실용화되었다.

2.9 CAD(Computer Aided Design)

「기계에 맡겨라」라는 자동화설계로 바뀌어 주목을 끌고 있는 것은 「Computer와 대화하면서 설계하는 방식」, 즉 「가장 강력한 구조해석을 Computer에 시키고, 생각하는 쪽은 인간이 한다」는 방식으로서 줄여서 CAD라고 한다. 앞항의 서두에서 언급한 방법과 본질적으로는 같지만 특히 중시되고 있는 것은 도형의 입출력이다. 일반적인 사용법은 Computer에 주는 데이터도 Computer로부터의 결과도 모두 숫자의 나열이므로, 구조설계를 진행하기에 불편하므로 계산결과를 모니터에 디스플레이 하여 수정하고 싶을 때는 그 개소를 라이트펜으로 지시하게 한다는 방식을 취한다.

이러한 CAD에 대한 욕구를 충족시키기 위해 최근에는 「계획, 구조설계와 시공, 그리고 관리를 고려한 디자인(BIM, Building Information Modeling)」이라는 범용프로그램이 강력히 등장하였다[4장 참조].

2.10 「구조해석과 Computer」의 정리 및 보충

실무자들은 구조계산의 성력화, 시간단축, 계산의 실수감소 등의 이익이 있으며, 종래보다 훨씬 실물에 가까운 정밀한 모델로 해석할 수 있으므로 섬세하고 치밀한 설계를 할 수 있다.

연구자들은 취급이 곤란하고 복잡한 문제, 즉 들면 쉘구조의 여러 가지 문제와 비선형 문제 등을 명확히 규명하기 위한 매우 유력한 단서가 된다.

해석방법으로 매트릭스법은 모든 구조해석에 적용되고, 사용이 용이하고, 차분법은 일반적이지만 경계조건의 처리가 복잡하다. Rayleigh-Ritz법은 진동문제를 중심으로 많이 활용된다.

현재 자동화설계(CAD/CAM/CAE, 제조현장과의 직결방식, NC, Numerical Control, 공작기계의 수치제어)가 일반적으로 사용되고 있다. 그리고 기존의 수작업을 단순히 컴퓨터로 대신하는 개념에서 탈피하여 설계의 전 과정을 컴퓨터를 활용하여 수행하려는 시도들이 계속되고 있다. 이런 분야를 최근에 '토목 BIM'이라 명명하고 있다. 실제로 BIM은 건축분야의 Building Information Modeling에서 출발하였으나 최근에는 토목분야에까지 확장되어 적용되면서 건축의 BIM 과는 다른 양상으로 활발하게 개발, 적용되고 있다. 예를 들어, 도면을 처음부터 평면도면이 아닌 3차원 도면으로 작성한다던지, 컴퓨터로 설계도면 작성시 공정관리 개념을 도입하여 설계도면과 함께 시공관리를 할 수 있는 형태로 운영하는 경우(3차원과 함께 시간까지 고려하여 4D-CAD라고 부르는 경우도 있음)가 많이 있다. 즉, GPS와 GIS를 Computer와 연계하여 이러한 CAD에 대한 욕구를 충족시키기 위해 최근에는 「계획, 구조설계와 시공, 그리고 관리를 고려한 디자인(BIM, Building Information Modeling)」이라는 범용프로그램이 강력히 등장하였다[4장 참조].

3 Computer를 사용하면 어떠한 계산을 할 수 있는가?

Computer는 완전자동기계이다. 어떤 문제에 대해 처음에 계산순서를 설정해 두면 순서대로 계산을 실행한다. 그러나 계산순서는 인간이 만들어 주어야만 한다. Computer의 내용은 상당히 복잡하다. Computer의 각 부분이 어떻게 작동할 것인가? Computer는 상세한 것을 모두 지시해 주지 않으면, 작동하지 않는다. 또한 「지시한다」하더라도 소리로 하는 것은 안 되며, Computer가 하는 방법에 따라 그에 합당한 순서로 기계에 설정하는 것이다. 이 「기계에 설정할 수 있는 형태에서 표현된 계산순서 쓰기 법」을 「프로그램(Program)」이라고 한다. 프로그램을 작성하기에 앞서 첫 단계는 순서를 설정(Analysis), 둘째 단계는 코딩(Coding), 셋째 단계를 디버깅(Debugging)이다. 프로그램을 작성하기 위해 사용하는 언어에는 고전적인 것으로 FORTRAN, ALGOL, COBOL, PL/1 등이 있고, 최근에 와서는 Visual BASIC, Visual C, Visual FORTRAN 등이 있다.

3.1 연립 1차 방정식

다차원 연립 1차 방정식도 Computer로 간단히 풀 수 있다. 소요시간은 기종에 따라 다르지만, 오늘날의 Computer는 수천에서 수십만 개의 미지수도 빠른 시간 내에 풀 수 있다.

복소계수의 방정식도 실계수의 경우와 같이 (같은 방법으로) 풀 수 있다.

3.2 매트릭스의 계산

매트릭스의 수치, 차이, 역매트릭스, 벡터와 연산 등은 용이하며, 간단히 프로그램을 만들 수 있다.

고유치를 구하는 것은 수치해석에 대한 지식이 있다면, 비교적 간단히 구할 수 있다. 고유치의 계산 중에 비교적 간단한 것으로는 대칭매트릭스인 경우, 최대 고유치만을 구하는 경우 등이지만, 조금만 머리를 쓴다면 최소 고유치나 작은 쪽에서부터 2번째, 3번째의 고유치를 구하는 것도 가능하다.

3.3 상미분 방정식

선형의 것은 물론 비선형의 것이라도(특히 성질이 나쁜 것이 아닌 한) 비교적 간단히 풀린다. 다만 일반적인 해석은 구할 수 없고, 특이해(그것도 주어진 초기수치에 대응하는 해석)를 수치적으로 얻을 수 있다.

연립의 미분 방정식도 완전히 같은 방법으로 간단히 풀 수 있다. 또한 고계의 미분 방정식도 취급은 연립 미분 방정식과 같으며, 이것도 쉽게 풀린다.

경계치문제나 고유치문제는 그다지 간단히 풀리지는 않는다. 선형이라면 간단하지만, 비선형이면 어렵다. 어떠한 방법을 쓰더라도 풀고 싶을 때는 개개 문제에 입각한 해법(수치해석법)을 연구할 필요가 있다.

상미분 방정식을 해석한 결과는 검산이 어렵고, 해석결과의 정도가 어느 정도 이하라고 검증하기도 어렵다.

계산의 소요시간은 주로 「그 해가 나타나는 가장 주파수가 높은 진동성분」과 「어디에서 어디까지 사이의 답을 구할 것인가」라는 점에 따라 정해진다. 감쇠항이 제로라고 할 때는 잘 풀리지 않는 경우가 많다.

3.4 편미분 방정식

간단히 풀리는 것과 매우 풀기 힘든 것이 있다. 해법의 주류는 차분법이지만,

이 경우에 대해 극히 대략 다음과 같다.

<풀기 쉬운 것> 열전도 방정식, 좌배기 강성의 계산

<풀기 어려운 것> 진동과 같이 속도가 변화하는 유체, 복잡한 경계를 갖는 문제

개개의 문제에 대해서는 Galekin법을 이용하든가, 그 외의 개개 문제에 알맞은 방법을 이용하면, 위와 같은 구분에 관계없이 상당히 잘 풀리는 것도 있다.

편미분 방정식에 관해서는「방정식이 성립만 하면 Computer로 풀 수 있다」고 할 수는 없다. 가장 일반적이라고 하는 차분법에서도 상당한 기초지식과 경험을 필요로 한다.

3.5 기타 계산

적분은 1차원이라면 간단하지만, 다중적분이 되면 복잡하고 Computer를 사용해도 좀처럼 잘 해답이 나오지 않는 것도 많다. 무한구간과 반 무한구간 등의 취급은 적당한 공식을 이용하면 잘 처리된다.

보간에서도 다중보간은 구하기 어렵다. 실용적인 면에서 2변수에서 3변수가 고작이라는 점이다.

비선형 방정식도 1변수라면 풀리지만, 다변수의 경우는「풀리지 않는다」고 여기는 편이 사실에 가깝다. 다만 조건을 여러 가지 붙으면 그 범위에 들지 않는다. 대수 방정식은 무리가 없다.

Computer에서는 파력, 지진이나 풍력과 같은 불규칙 하중을 수치적으로 만들 수도 있다.

특수 함수의 계산은 대체로 능숙하지 못하며, 감마함수나 베셀함수 등도 극히 포퓰러한 부류에 속하는 것만「안심하고 사용가능」하며, 그 외는 대부분 연구단계에 있다.

3.6 전 · 후처리 프로그램

Computer는 방정식을 푼다는 것만 아니라, 그 계수를 구하는 계산이나, 사후

처리까지 일관해서 수행할 수 있다. 이것은 데이터의 입력, 에러 검토에 필요한 판단, 경우에 따라서는 해법의 선택, 계산, 검산, 표 작성, 그래픽 출력 등이다.

Computer의 데이터의 입력에서 에러를 최소화하는 전처리 시스템, Computer가 기계적으로 계산한 결과를 출력자료와 그래픽으로 출력하는 후처리 시스템을 사용하면 매우 실용적이다.

4 IT 융복합 스마트 토목설계

최근의 토목 산업 분야는 급변하는 사회적 정세와 기술적 발전을 충분히 반영하지 못하고 있기 때문에 그 생산성이 현저히 감소하고 있는 추세이다. 따라서 토목 산업 분야에 새로운 기술의 적용과 정보화, 장비의 고도화, 조달의 합리화 등을 통하여 생산성 향상을 이루어야 할 필요가 있으며 이러한 목적을 실현하기 위한 전문 토목 엔지니어의 양성이 시급한 실정이다. 공학전반의 기술발전이 빠르게 이루어지면서 건설분야에서는 시공기술과 설계기술이 눈부시게 발전하고 있다.

특히, 설계기술은 공학이론의 발전과 함께 컴퓨터를 활용한 IT기술이 급속하게 발전하면서 설계방법의 다변화와 함께 편리성이 개선되었다. 1970~1980년대에 수작업으로 해왔던 구조물의 설계도면 작성을 1990년대 이후로는 CAD 프로그램의 도움을 받아 컴퓨터 작업을 해오고 있다. 그러나 최근에는 기존의 수작업을 단순히 컴퓨터로 대신하는 개념에서 탈피하여 설계의 전 과정을 컴퓨터를 활용하여 수행하려는 시도들이 계속되고 있다. 이런 분야를 최근에 '토목 BIM'이라 명명하고 있다. 실제로 BIM은 건축분야의 Building Information Modeling에서 출발하였으나 최근에는 토목분야에까지 확장되어 적용되면서 건축의 BIM 과는 다른 양상으로 활발하게 개발, 적용되고 있다. 예를 들어, 도면을 처음부터 평면도면이 아닌 3차원 도면으로 작성한다던지, 컴퓨터로 설계도면 작성시 공정관리 개념을 도입하여 설계도면과 함께 시공관리를 할 수 있는 형태로 운영하는 경우(3차원과 함께 시간까지 고려하여 4D CAD라고 부르는 경우도 있음)가 많이 있다.

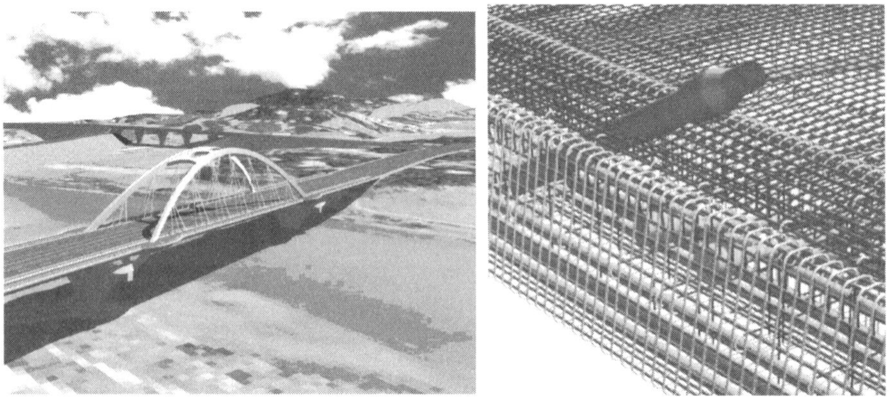

[그림 4.1] 교량에 대한 3차원 CAD 설계도면의 예(왼쪽)
시공상세도면의 예(오른쪽)

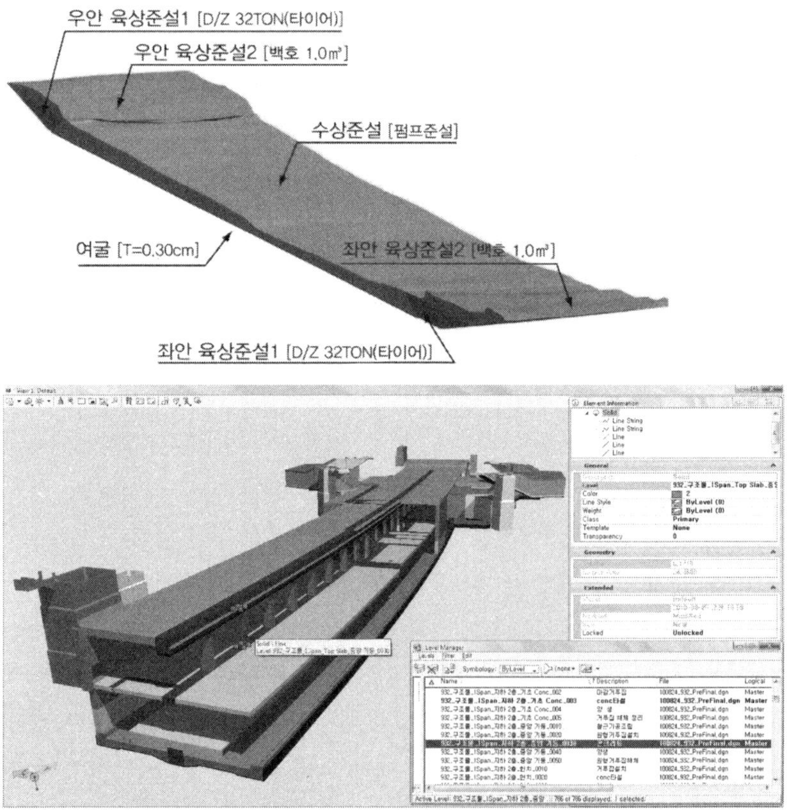

[그림 4.2] 하천공사 3차원 CAD 설계도면을 활용한 토공량 검토 예(왼쪽)
지하철 역사 시공단계 검토 예(오른쪽)

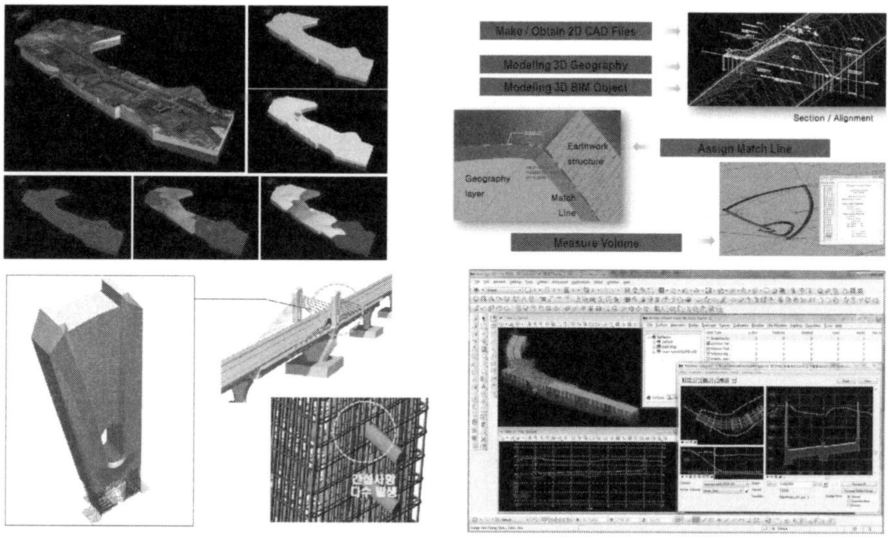

[그림 4.3] 토목 BIM의 다양한 활용예

기존의 토목 분야 공정 시스템은 설계로부터 시공, 유지관리의 단계까지 각각의 격리된 정보를 이용하여 수행되어 왔기 때문에 다수의 건설 정보 손실이 발생되어 왔는데 최근 토목 BIM이 개발되어 단일의 총체적 건설 정보 모델을 수립하여 운영하고 모든 건설 단계에서의 정보 공유화가 가능하게 함으로써 시간적, 경제적 자원의 손실을 최소화하고 토목 산업의 생산성을 향상시키고 있다. 최근 이러한 토목 BIM 활용이 증가되고 있다.

구조물의 계획단계에서부터 토목 BIM을 적용하여 경관설계와 함께 구조물을

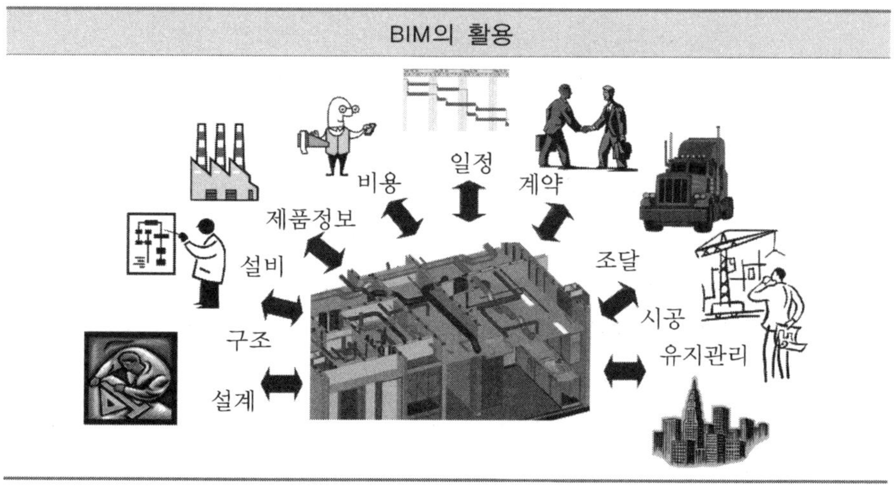

계획을 검토하는 경우도 많다. 컴퓨터 시뮬레이션을 통해 가상현장을 구축하고 가상건설을 미리 수행함으로써 공사시 발생할 수 있는 시공상의 어려움이나 공정관리, 장비운용에 많은 insight를 얻을 수 있다. 또한 선형검토, 토공량 산정도 가능하게 되며 공사에 대한 이해를 획기적으로 증진시킬 수 있다. 이를 잘 활용하면 구조물이 완공된 이후에 유지관리에도 활용이 가능하다.

4.1 BIM 정의

IT를 이용한 건설사업의 건설기술이 설계, 시공, 유지관리 분야에 걸쳐 발전을 거듭하고, 컴퓨터 하드웨어 및 설계전용 소프트웨어의 발전에 따라 설계업무의 전산화 및 자동화가 급속히 진전되고 있다.

BIM은 Building Information Modeling의 약자로 일반적으로 3차원 정보모델을 기반으로 시설물의 생애주기(계획, 설계, 시공, 유지관리)에 걸쳐 효율적인 업무협업을 수행하는 시스템이다.

국제 빌딩스마트 협회의 Thomas Liebich 박사는 최근 빌딩스마트코리아 세미나에서 BIM의 개념을 세 가지로 정리하였다. 첫째는 건물을 표현하는 하나의 정보집합으로 보는 개념으로 BIM을 특정 소프트웨어에서 만든 하나 또는 여러 개의 모델파일(예: Revit 모델, Archicad 모델 등)로 보는 경우이다. 이 경우에 BIM은 'Building Information Model'로 해석된다. 둘째는 건물의 생애주기 동안의 정보처리 및 관리과정(process)로 보는 견해이다. 이 경우 BIM은 'Building Information Modeling' 또는 'Building Information Management'로 해석된다. 셋째는 BIM을 이러한 것을 구현하는 소프트웨어로 보는 견해로 이 경우 BIM은 'Building Information Modeler'로 해석된다.

(1) BIM의 용어

BIM이란 용어가 처음 등장하기 시작한 데에는 다양한 의견이 있으나, 1970년대 후반, Georgia Institute of Technology의 Charles M. Eastman 교수가 Building Product Model이란 용어를 사용하기 시작한 것이 'Building Information Modeling(BIM)'이란 용어 탄생의 계기이다.

BIM 용어 사용 배경에 대해서 연도별로 정리하면, 다음 [표 4.1]에 나타낸 바와 같다.

[표 4.1] BIM 용어 사용 배경

연도	주요 내용
1970년대 후반	Georgia Institute of Technology의 Charles M. Eastman 교수가 Building Product Model이라는 용어를 사용
1986년	최근 벤틀리에서 오토데스크로 옮긴 Robert Aish의 1986년 논문 'Building Modeling : The key to Integrated Construction'에서 유사 개념 제시
1987년	1987년 Graphisoft사의 Archicad가 '가상설계 및 건설(Virtual Design and Construction)'이라는 개념으로 최초 프로그램 개발
1992년	1992년 Automation in Construction에 G.A van Nederveen과 F. Tolman이 발표한 'Modelling multiple views on buildings'에서 'Building Information Modeling'이라는 용어를 사용
2003년	2003년 Autodesk사가 'Building Information Modeling' 이라는 제목의 백서를 내면서, 경쟁업체인 Bentley(Bentley and Workman 2003)와 Graphisoft(Bernstein and Pittman 2004)가 유사한 백서를 냈음.
-	건축캐드 웹진(The Laiserin Letter)의 편집장인 Jerry Laiserin이 '위대한 논쟁(the Great Debate)'이라는 제목으로 오토데스크와 벤틀리간의 BIM에 관한 논쟁을 중계하면서 BIM이라는 용어와 개념이 대중적으로 보급

BIM의 구성요소

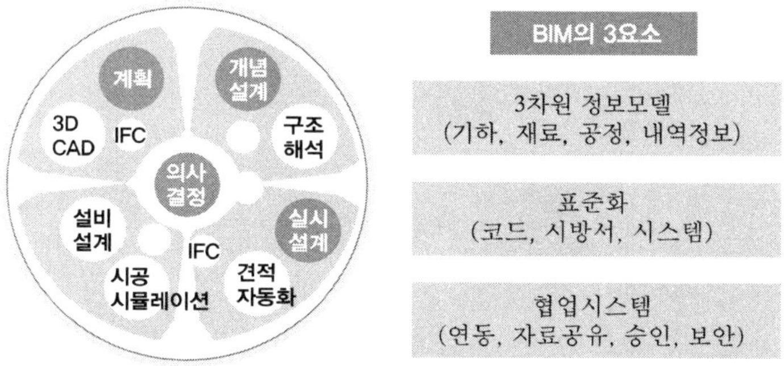

BIM의 진화과정

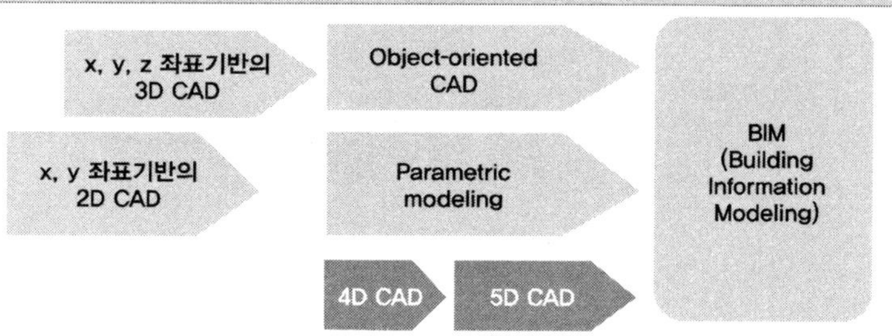

(2) BIM의 진화과정별 정의

대분류	개념도	주요 특징
x,y 좌표 기반의 2D CAD	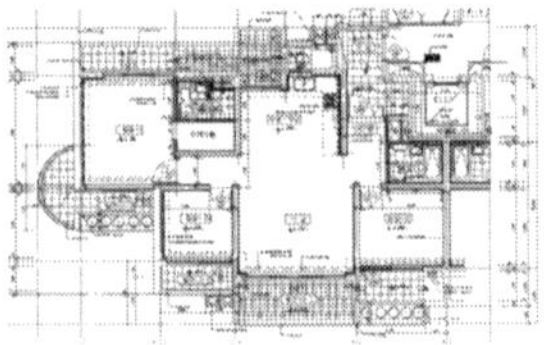	• Computer Aieded Design의 약칭으로 과거 수작업으로 작도했던 2차원 도면을 컴퓨터를 이용하여 설계하는 시스템 • 사용자가 도면정보 사용시 2D로 표현된 정보를 3차원 공간으로 인식/해석하는 과정이 필요
x,y,z 좌표 기반의 3D CAD	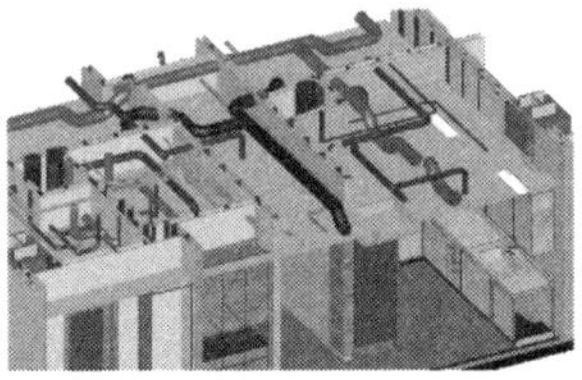	• 3차원 형상을 솔리드 모델링 시스템을 이용하여 컴퓨터에서 구현하는 CAD 설계 시스템 • 객체의 재질, 규격, 물량 등 속성정보는 포함하지 않고 객체의 형상정보만을 표현
Object-oriented & Parametric modeling	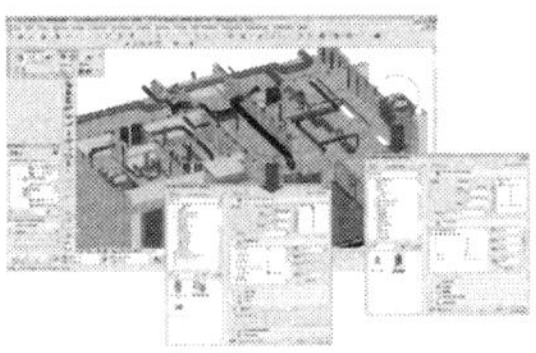	• 파라미터와 그 파라미터간의 규칙을 이용하여 객체를 형상화하는 시스템 • 현재 상용 중인 BIM Modeler의 기반 시스템으로 BIM 설계 소프트웨어와 다른 CAD 시스템을 구분 짓는 주요 기술 • 객체의 형상정보와 속성정보(재료, 물량 등)를 포함
4D Cad	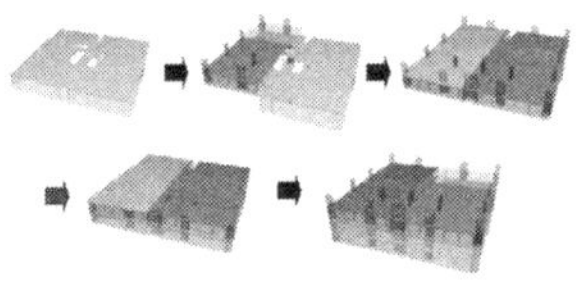	• 3D CAD + Time • 객체의 3D 형상에 시간의 개념을 적용시킨 것으로 프로젝트의 각 시공단계 모습을 시뮬레이션을 통해 시각화 분석이 가능하도록 함.
5D Cad	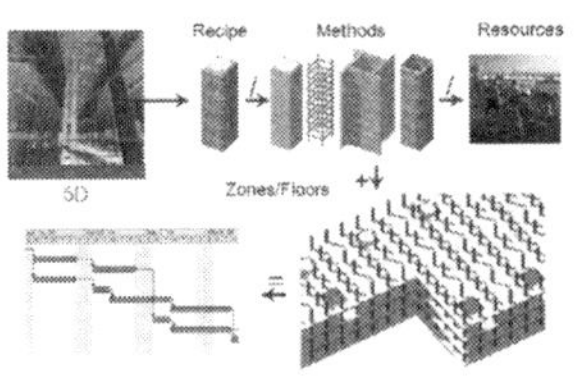	• 3D CAD + Time + Cost • 객체의 3D 형상에 시간, 비용의 개념을 적용시킨 것으로 시공단계 시뮬레이션과 각 단계별 물량정보를 이용하여 자동견적이 가능하게 함.
nD Cad	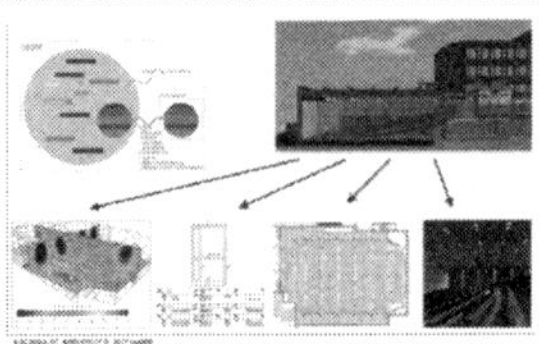	• BIM을 활용하여 얻을 수 있는 추가적인 엔지니어링 분석들에 대한 발전 가능성을 표현 • BIM을 이용한 시설물 완공 후의 Energy Analysis를 설계 초기단계에 수행

(3) BIM 프로그램 분석

- 기존엔 개발된 다양한 3차원 모델링 툴이 있으나, BIM구축을 위해 이용되는 범용 프로그램은 다음과 같이 4종류가 있음.
- BIM용 프로그램에 의해 작성된 모델은 콘크리트 등의 주요 수량을 산출할 수 있으며, 투영법에 의한 일반도 작성을 통해 성과품의 적정성을 검토할 수 있음.
- 또한, 공정데이터와의 연계를 통해 예상 시공일에 따른 구조물의 시공상태를 3차원적으로 확인 가능
- 철근 배근을 3D로 시각 및 데이터화하여 철근 배근검토 및 간섭체크를 하여 수정, 보완을 할 수 있고, 철근모델을 도면화 할 수 있음.
- 토목분야에서 가장 활발하게 적용되고 있는 마이크로스테이션(Bentley, 미국)은 작성된 모델을 시공 중 공정관리는 물론, 유지관리용 모델로도 활용될 수 있음.

프로그램	Microstation V8i	Revit 2010	Archicad 12	CATIA V5
개발사	Bentley(미국)	Autodesk(미국)	Nemetchek(독일)	Dassault(프랑스)
특징	• 토목 엔지니어링, 시공까지 다양한 분야를 포괄 • 파일기반 시스템으로, 적은 메모리 부하	• 건축 BIM 시장 주도 • 국내 가장 많은 사용자 확보	• BIM 시장에서 가장 오래 전부터 만들어 판매 • BIM 건축설계 프로그램	• 항공, 자동차산업에서 가장 광범위하게 쓰임
장점	• 복잡한 곡면 모델링 기능을 지원 • 파일 기반 시스템으로 적은 메모리 부하	• 프로그램의 사용성 우수 • 다양한 객체 라이브러리	• 배우기 쉬운 인터페이스 • 건축분야 시공, 시설관리 분야를 지원하는 많은 프로그램을 포함	• 강력한 파라메트릭 모델링 • 대부분의 3차원 디테일 모델을 생성 가능
단점	• 시스템 종류가 많고, 시스템을 배우고 다루기 어려움	• 메모리 기반 시스템 • 복잡한 곡면은 지원 안 됨	• 파라메트릭 모델링 기능에 있어서 몇 가지 제약 • 메모리기반 시스템	• 초기 투자비가 큼. • 복잡한 인터페이스
국내적용 주요 프로젝트	• 행복도시 금강2교 • 제2돌산대교 등	• 대구 두산 위브더 제니스 등	• 용인시민체육공원 • 성균관대학교 학술정보관	• 행정중심복합도시 1지구 • 동대문 운동장 복합단지

(4) 건축과 토목 BIM의 차이

- BIM이 먼저 활발하게 도입된 건축분야에 비해 토목분야는 그 규모 및 관련분야가 건축에 비해 매우 광범위하여 적용이 어려움.
- 대규모 작업을 위한 프로그램 선정과 관련 토목 기술자의 양성 및 확보가 중요함.

구분	건축분야 BIM	토목분야 BIM
내용	• 비정형 구조물 설계를 위해서는 반드시 필요 • HVAC(공조 시스템), 에너지 효율성 극대화를 위한 해석에 필요 • Building Smart 협회 등 연구개발자 및 기술자 활발한 활동 • 고품격 디자인을 위한 설계사, 유지관리 및 공사비 절감 등을 위해 건축주 주도로 도입	• 대형 국책사업의 효율적인 관리 및 공사비 절감을 위해 필요 • 측량, 구조, 지반, 수리 등 다양한 분야의 공동작업이 가능해야 함. • 국내외 적으로 관련 기술자 및 개발자수 부족 • 원가절감을 위한 시공사, 대형 기반시설의 유지관리를 위한 발주처 주도로 도입

건설 및 유지관리 전 분야에 적용 가능

가상 현장 구축

선형 검토, 토공량 산정, 사업의 이해증진

⬇

구조물 계획 및 검토

구조 계획 및 경관 검토

⬇

시공성 사전 검토

철근 상세 가공 도면, 사전 부재 간섭 체크

⬇

공정 관리 및 장비 운용

상세 공정 및 공법을 고려한 시공 시뮬레이션

4.2 BIM의 필요성

(1) 건설 산업의 생산성

- 세계적으로 건설산업의 생산성은 감소되고 있음. 미국의 경우 제조업은 기술 및 관리 향상을 통해 40년간 2배 이상의 노동생산성이 향상되었으나 건설업은 꾸준히 생산성이 감소되어 왔음. 한국의 건설산업은 더욱 심각한 실정임.
- 한국건설산업연구원 분석에 따르면(건설경제 2009.6),우리나라의 건설업의 노동생산성은 유럽 선진국의 50~60% 수준에 불과하며, 자재 가격 상승률은 5년 평균 4.5%로 가장 높아 자재 수급의 원활화 및 구매 합리화가 생산성 향상을 위한 중요한 과제임.
- 정보기술(IT) 관련 비용의 투입비중은 2.9%로 외국에 비해 현저히 낮음(미국 26.4%, 영국 12.2%, 일본 6.2%).
- 지금까지의 건설업은 경쟁력보다는 정책적 배려에 의존했고, 지식과 영감보다는 근력과 땀으로 버텨온 결과, 새로운 기술의 적용과 정보화, 장비의 고도화, 조달의 합리화 등을 통해 생산성 향상에 분발해야 할 것으로 분석

미국 건설산업과 비농업산업의 생산성 비교

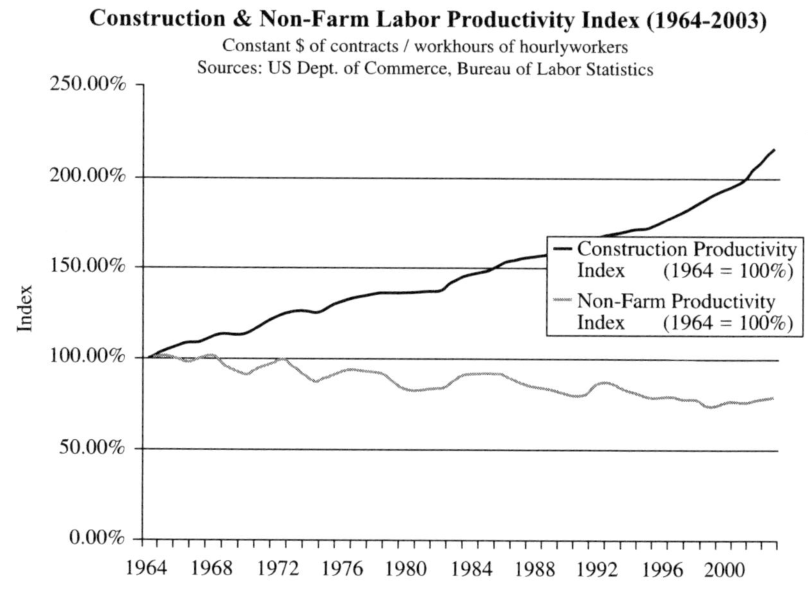

건설 패러다임의 변화

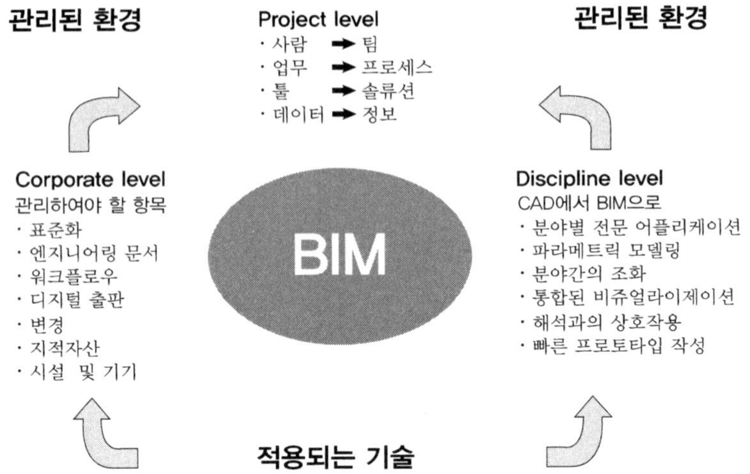

건설 패러다임의 변화

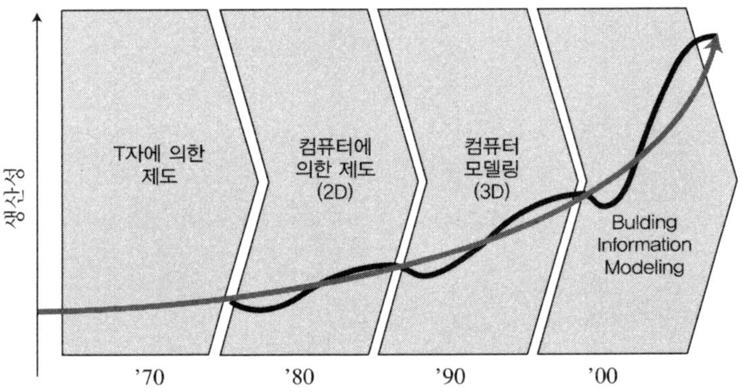

(2) 건설 정보의 손실

- 건설분야의 근본적인 문제점은 설계, 건설, 운용의 각 단계가 단절되어 있어 시간 및 예산, 품질의 저하가 발생할 수 있음.
- 기존 시스템은 설계부터 시공, 유지관리 단계까지 건설 정보가 다수 손실될 가능성이 있음.
- 하나의 건설정보 모델을 이용하여 시간적, 경제적 손실 최소화

건설 정보의 손실

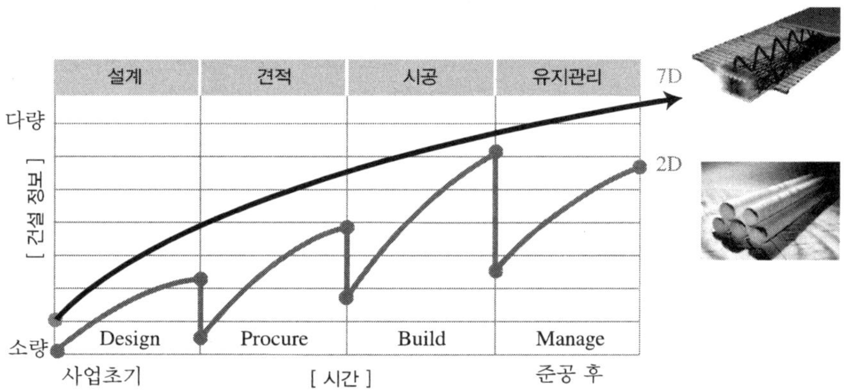

건설정보 활용 극대화를 위한 BIM 기술 요건

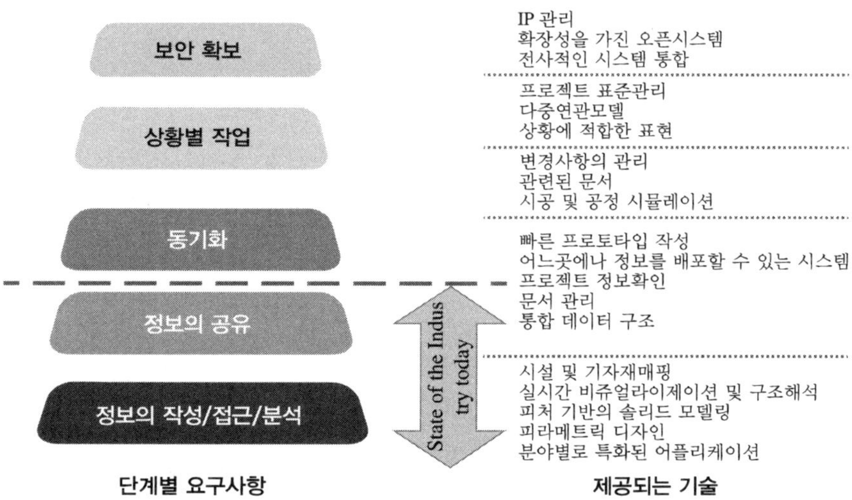

(3) 미관 및 경관 디자인 중요성 증가

- 발주처 및 건축주의 디자인에 대한 요구 수준이 상승하고 있음.
- 기존의 2D 설계로는 불가능한 구조물이 3D 설계로 가능케 됨.

비정형 구조물 적용 예

Lou Ruvo Brain Institute (USA, Digital Project, Gehry Technology)

금강 2교 (한국 행정중심복합도시, Microstation, 아이디엠이엔씨)

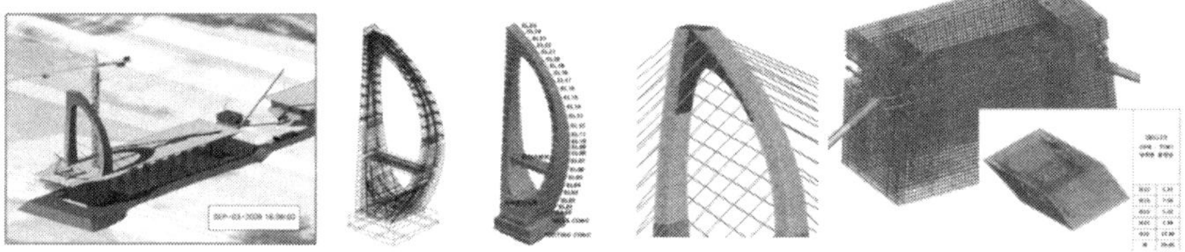

대분류	항 목	주요 내용
리스크 감소	커뮤니케이션 향상	• 명확한 커뮤니케이션 채널 필요
	협업	• 팀간의 커뮤니케이션과 건전한 계약관계
	문제점 예측	• 위험요인 예측
	안전성 향상	• 보험율 감소
비용 감소	관련 연구 증가	• 3D 모델을 이용한 full-scale simulation 활용
	가치 향상	• 폐기물 최소화 및 가치 향상
	사전 제작	• 현장보다는 공장에서 제작
시간 절감	사전시공계획 향상	• 협업을 통한 빠른 사전 계획
	공기 절약	• 시각화를 통한 시공계획
품질 향상	설계수준 향상	• 설계향상, 미적 설계 등
	시공품질 향상	• 시공 절차 및 조립방법 개선, 폐기물 감소, 안전 시공 등
생애주기별 기능 향상	유지관리 요소 향상	• 생애주기별 비용 절감
	에너지 사용 향상	• 에너지 소비 감소

4.3 BIM 도입 현황

(1) 해외 BIM 발주 현황

- 최근 비정형 건축물의 지속적인 증가에 의하여 Qatar National Museum, Abu dhabi Louvre Museum과 같이 중동국가를 중심으로 해외에서 발주되는 신규 공공 프로젝트들의 BIM 기반 발주가 꾸준히 증가하고 있음.
- 이미 미국, 싱가포르 및 유럽을 포함한 주요 선진국에서 BIM의 적용을 의무화하고 있음.
- Sydney Opera House 등 최근 BIM을 기반으로 한 건설 프로젝트의 진행이 일반적이며, 유지관리비용이 최대 20% 절감하는 것으로 보고됨.
- 침체기에 있는 국내 건설 경기상황에서 수익구조의 다변화를 위해서는 해외수주는 필수적이며, 이에 따라 BIM 도입을 서두를 필요가 있음.

해외 BIM 도입 현황

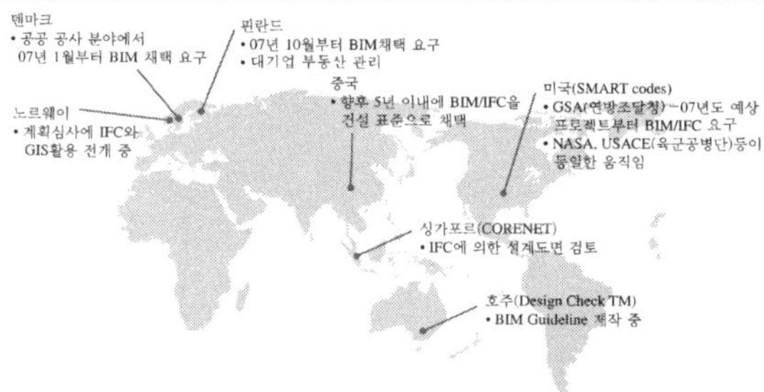

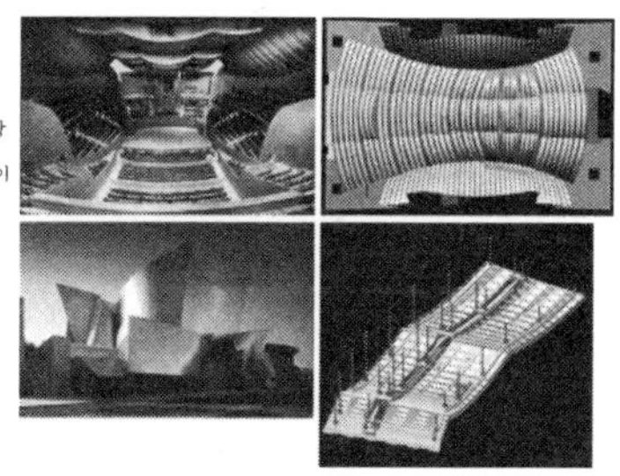

월트디즈니 콘서트홀
(CATIA)

베이징 올림픽 수영장
(Microstation)

베이징 올림픽 수영장
(Microstation)

베이징 올림픽 주경기장
(Digital Project)

국가	주요 내용
일본	• JACIC 등에서 정부차원의 BIM연구프로젝트 진행
싱가포르	• 정부 CORNET을 통하여 인허가에 BIM 법규 자동체크 활용
호주	• BIM을 활용한 시드니 오페라하우스 유지관리 시스템 개발사례
중국	• BIM을 디자인 협업을 위한 표준으로 목표 설정 • 향후 5년 이내에 IFC 포맷을 건설 표준으로 채택(2006년 시작)
미국	• 국가 BIM 표준지침 개발 보급 • GSA(연방조달청) 설계계약시 BIM 데이터 제출 의무화
핀란드	• 정부산하 시설물 프로젝트의 개방형 BIM 표준 납품 의무화
노르웨이	• 인허가시 BIM에 의한 에너지 분석자료제출 의무화 • 계획단계부터 사용승인까지 BIM 활용 계획
덴마크	• 2007년 1월 530만 유로이상의 관공사에 개방형 BIM 데이터 제출 의무화
독일	• 기존 조달표준인 GAEB를 기초로 IFC 기반의 새로운 독일조달표준 제정 중
프랑스	• IFC를 국가 BIM 표준으로 제안, 정부에서 BIM 연구지원

(2) 국내 BIM 발주 현황

- 2012년 조달청에서 공공 발주되는 시설물 중 500억 이상 T/K에 BIM 적용이 의무화 됨.
- 용인시만체육공원에서는 국내 최초로 BIM기반 T/K 발주에서 BIM 발주서 작성 및 프로젝트 운영을 지원
- 4대강 살리기 사업에서 3차원 설계 및 시뮬레이션이 도입됨.

국내 BIM 도입 현황

용인시민체육공원 (용인시)

낙동강 24공구 (부산청)

파주운정 3지구 A4 (주택공사)

프로젝트명	발주처	비고
용인시민체육공원	용인시	대림 컨소시움 (정림+공간건축) 수주
파주운정 3지구 A4 블록	주택공사	삼우설계+토문건축 수주
201프로젝트, JWCS 프로젝트	국방부	-
본사이전 신축시설	한전 전력거래소	-
행정중심복합도시 금강 4교	토지공사	기본 및 시실 설계단계 BIM 통한 성과품 검증
낙동강살리기(6개공구)	부산청	공정과 연계한 3차원 사업관리 및 시뮬레이션

연도	주요 내용
2006년	• 가상건설시스템 개발 연구단 국내 최초 BIM 도입(국토부)
2008년	• LH 공사 양주회천지구 BIM 최초 설계 • 한국빌딩 스마트협회 출범(4.25)
2009년	• 동대문 디자인 플라자 BIM 적용 등
2010년	• 국토해양부 BIM 적용 가이드라인 발표(건축) • 조달청 "시설사업 BIM 적용 기본지침서 V 1.0" 제정
2011년	• 한국 BIM학회 설립(5.11)
2012년	• BIM적용 의무화 추진(조달청 보도 2010.12.27) • Total Service로 발주하는 500억 이상 턴키, 설계공모 공사

(3) BIM 가이드라인 현황

- 미국을 비롯한 해외 선진국에서는 이미 BIM 적용에 대한 체계적인 지침이 마련되어 운영 중이며, 2010년 우리나라에서도 건축분야 BIM 가이드라인이 제정되었음.
- 토목분야에서는 가상건설연구단을 중심으로 BIM 가이드라인(안)이 2009년에 제시되었으며, 현재 지속 수정 보완 중임.

국가	가이드라인 명칭	개발기관
한국	BIM 적용설계 가이드라인	국토해양부
	건축분야 BIM 적용 가이드라인	국토해양부
미국	BIM Guide Series	GSA
	National Information Building Standards	NBIMS
	General Building Information Handover Guide	NIST
	BIM GUIDELINES & STANDARDS for AEC	Indiana University
	BIM STANDARD for Architects, Engineers & Contractors	BuildLACCD
	BIM standards for Architects, Engineers & Contractors	SDCCD
	BIM Standards for A/E/C	Wisconsin
호주	Draft Guideline	CRC-CI
핀란드	BIM Requirement 2007	Senate Properties
노르웨이	BIM Manuals	STATSBYGG
덴마크	3D Working Method	BIPS
독일	BIM/IFC User Guide	IAI
영국	AEC (UK) BIM Standard	AEC(UK)

4.4 토목 BIM 적용 사례

행정중심복합도시 내 미호천 1교(2008, 유신코퍼레이션)

① BIM 구축

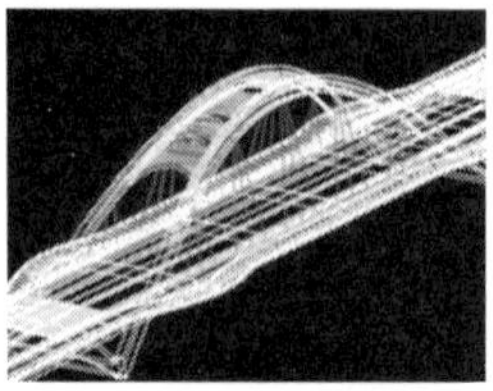

② 설계비교안 검토

③ 주행 및 경관 시뮬레이션

④ 도면 추출에 의한 성과품 적정성 검토

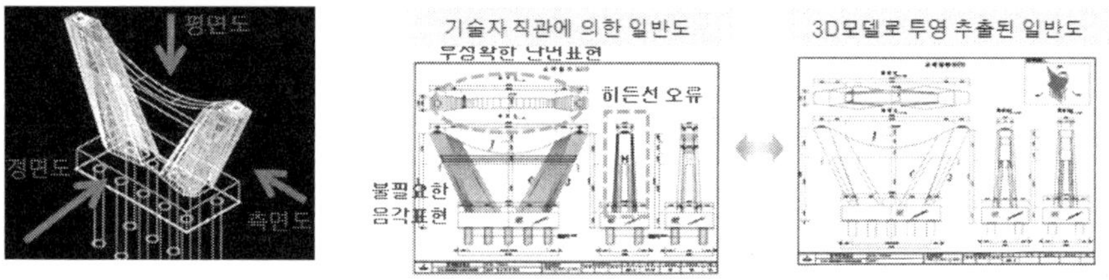

- 3차원 지형과 구조물 모델을 이용한 설계 비교안 검토, 주행 및 경관 시뮬레이션
- 도면추출에 의한 성과품 적정성 검토
- 별도의 동영상 및 CG 비용 절감, 도면 오류에 의한 설계수정 및 보완 기간 감소

자기부상열차 시험선(2008, 철도기술연구원)

① BIM 구축

② 주요 노선 검토

③ 주행 및 경관 시뮬레이션

④ 시공성 검토

⑤ 유지관리성 검토 (가상현실)

- 3차원 주변 현황과 노선 및 열차 모델을 이용한 비교안 검토, 주행 시뮬레이션
- 시공성 사전 검토, 유지관리 시설 절감 방안 검토
- 사전 시공성 검토에 의한 시험제작비 절감, 별도의 동영상 및 CG 비용 절감, 유지관리 시설비 절감

두바이 R881-2A 교량(30개소) 및 도로 시공엔지니어링(2008, 성원건설)

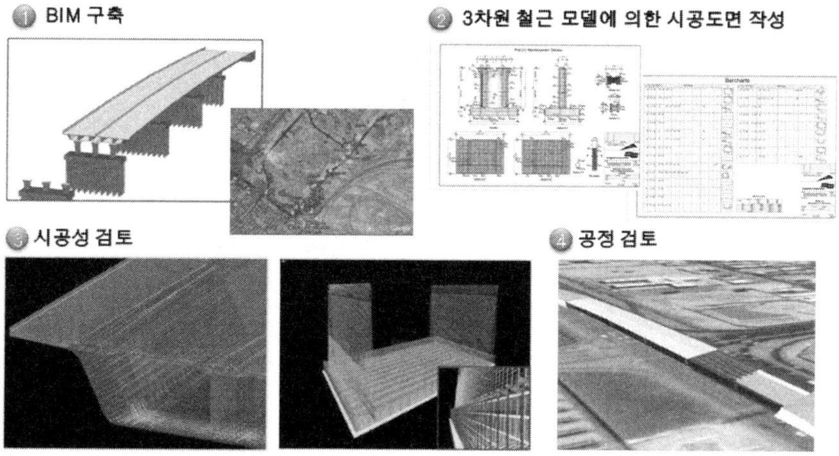

- 3차원 주변 현황과 주요 구조물 모델을 이용한 계획 검토
- 3차원 모델을 이용한 도면 및 수량 산출, 시공성 사전 검토, 공정검토
- 설계 성과품의 품질 확보, 사전 시공성 검토에 의한 시험제작비 절감, 별도의 동영상 및 CG 비용 절감

소사-원시 역사 BTL(2008, 포스코 건설)

- 3차원 역사 상세 모델을 이용하여 시공성 및 유지관리 사용성 검토
- 공정별 예상 시공모델에 의한 복합공정 최적화 계획
- 시공성 및 유지관리 사용성 검토자료, 연계공정 검토에 의한 공기단축으로 공사비 절감

적금-영남 앵커리지부 검토(2008, 대림산업)

① BIM 구축

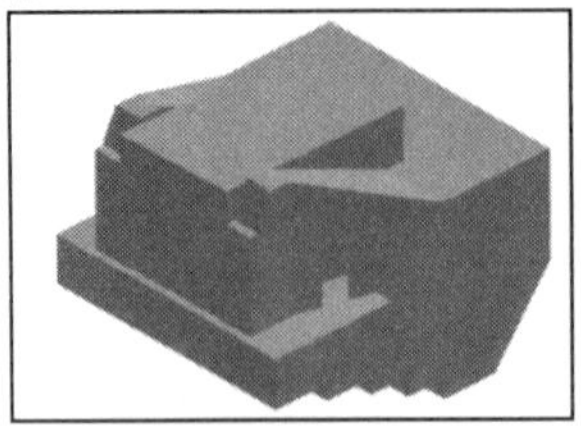

② 시공성 사전 검토 (자동 간섭체크)

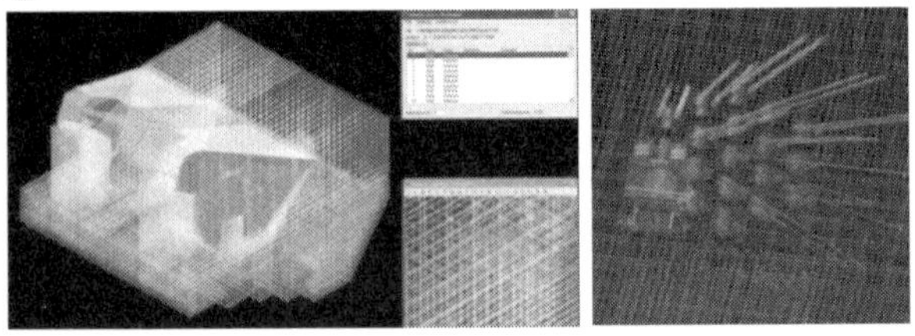

③ 부재배치, 수량 검토

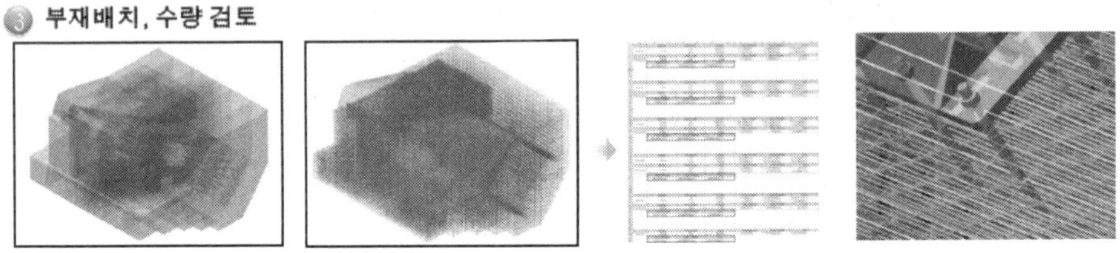

- 현수교 앵커리지부 상세 모델에 의한 설계 및 수량 성과품 적정성 검토
- 3차원 상세 철근 모델 및 장치 모델간 (자동)간섭체크에 의한 시공성 사전 검토
- 복잡한 철근배치와 장치구조의 앵커리지부 사전 시공검토로 도면오류에 의한 추가재료, 가공비 절감

제2돌산대교 성과품 및 공정 검토(2008, 대림산업)

① BIM 구축

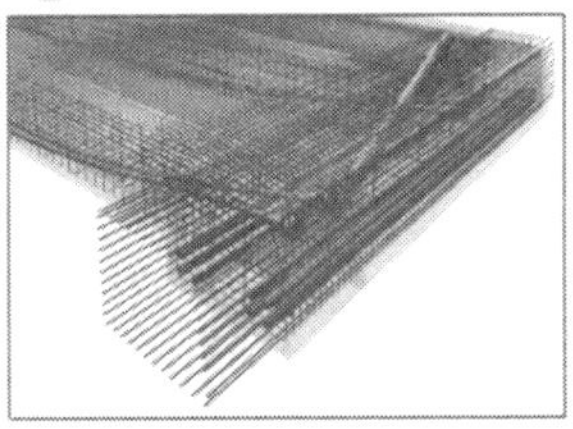

② 시공성 검토 (부재간섭 및 작업성 검토)

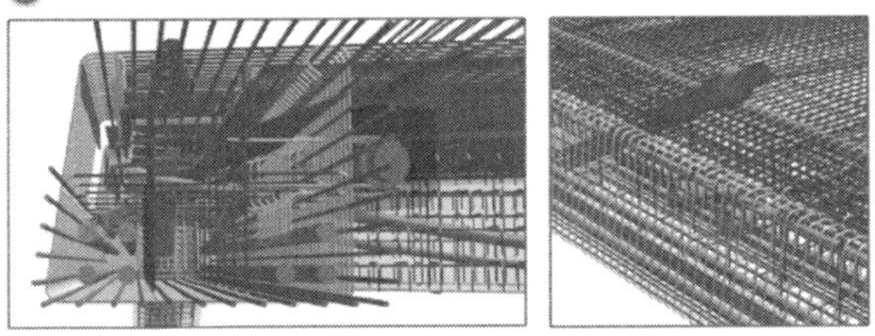

③ 공정 및 장비운영 검토

- 콘크리트 사장교 보강형의 복잡한 부재배치를 3차원 형상으로 시공성 검토
- 철근과 기타 부속장치의 간섭 검토, 주요 공정 및 장비운영 검토
- 사전 시공성 검토로 시험제작비 및 추가적인 재료, 가공비 절감, 사전 장비운영 검토로 공기단축 효과

광양대교 3차원 설계 검토(2008, 대림산업)

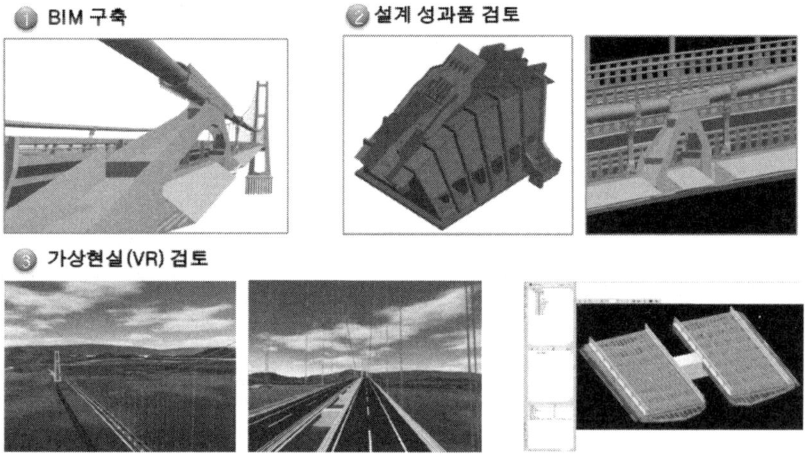

- 초장대 교량의 설계 성과품 검토를 위해 3차원 상세 모델 구축
- 주요 상세 부재 사전 시공성 검토, 홍보용 가상현실 동영상 제작
- 3차원 정밀 모델에 의한 성과품 사전 검토로 추가재료, 가공비 절감, 홍보자료 별도 제작비 절감

Hyun-HT 교량 3차원 설계(2009, 현대건설)

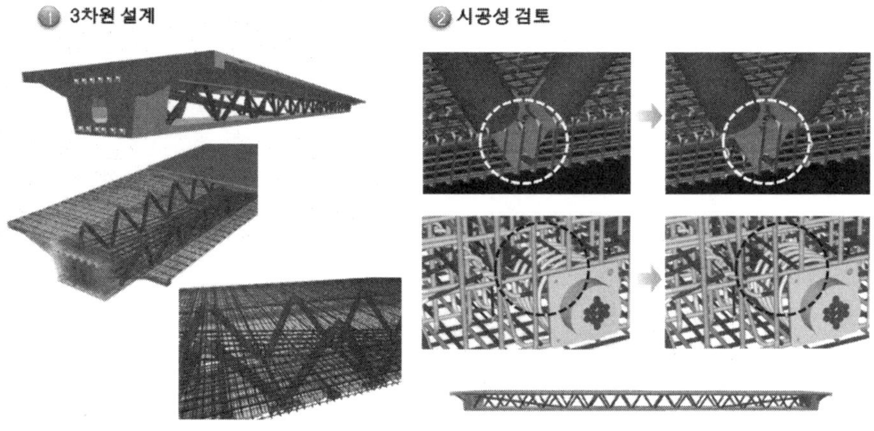

- 다양한 구조부재 및 입체적 형상(트러스)이 적용된 복합교량을 3차원적으로 설계
- 교량 상세부 시공성 사전 검토
- 3차원 설계로 복합교량에 대한 설계기간 단축 및 정밀성 증대, 사전 시공성 검토로 시험제작비 절감

금강 2교 검토(2009, 대림산업)

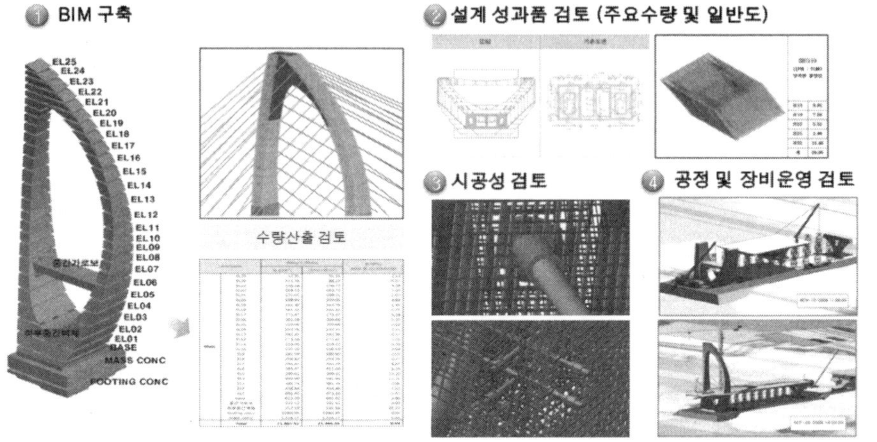

- 3차원적으로 변화하는 단면을 가진 주탑부의 일반도 및 수량 검토에 활용
- 3차원 철근 상세 모델을 이용하여 시공성 사전 검토 및 세그별 수량 산출
- 3차원 설계로 미관을 고려한 곡선형 구조물의 정확한 일반도 및 수량산출과 시공성 검토 이용

싱가포르 C921 입찰설계 지원(2009, 삼성건설)

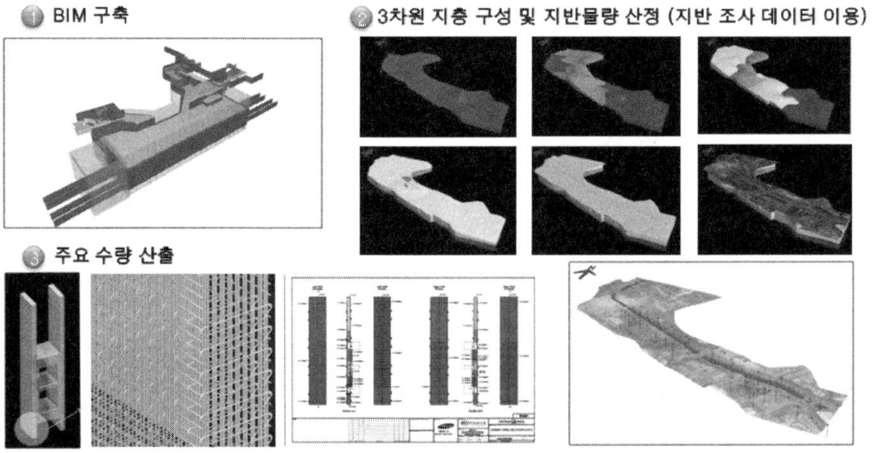

- 입찰 단계시 과업구간을 3차원으로 구현하여 정확하고 신속한 계획지원
- 3차원 철근 모델을 이용한 배근도 작성 및 수량 산출, 철근손율 최적화
- 입찰단계에 BIM을 도입함으로써 빠르고 정확한 계획 및 입찰가 결정에 효과적으로 활용

싱가포르 C921 3차원 공정관리(2009, 쌍용건설)

① BIM 구축, 3차원 공정관리(3D Modeling과 공정데이터 연계)

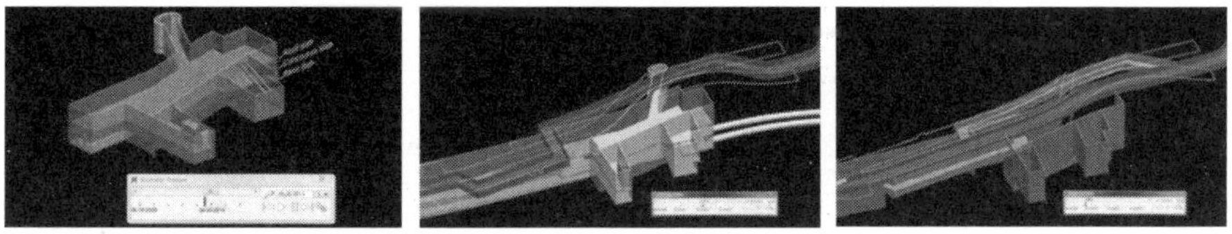

② 지하 구조물 공사시 기존 CANAL 우회 및 교통처리계획 검토

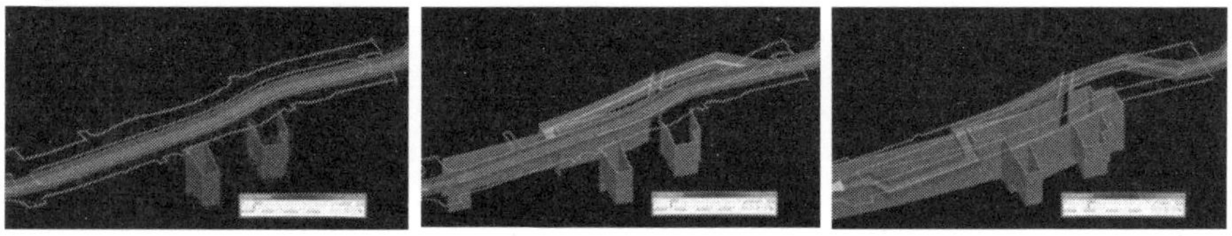

- 3차원 계획을 통해 발주처 및 공공기관과의 협의도구로 활용
- 3차원 공정관리를 이용한 구조물 시공성 및 공정 검토
- 복잡한 도심지 구조물 공정에 대한 정밀 계획, 사전 시공성 및 교통처리 검토로 공기 및 공사비 절감

낙동강 24공구 BIM을 이용한 계획검토(2009, 대우건설)

① BIM 구축(가상현장 구축) ② 3차원 BIM을 이용한 단면검토 및 수량검토

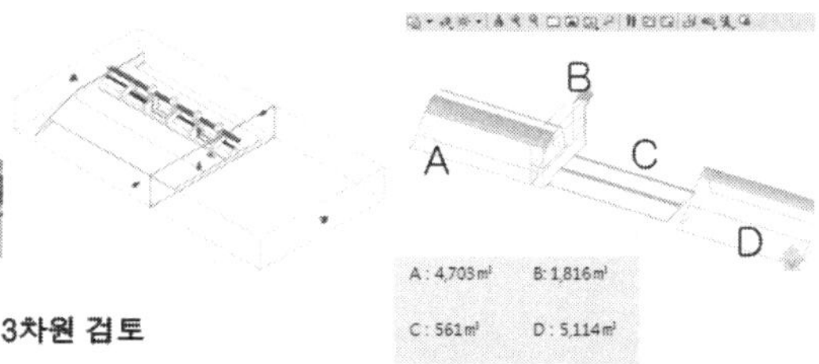

③ 가물막이 및 구조물 공정계획 3차원 검토

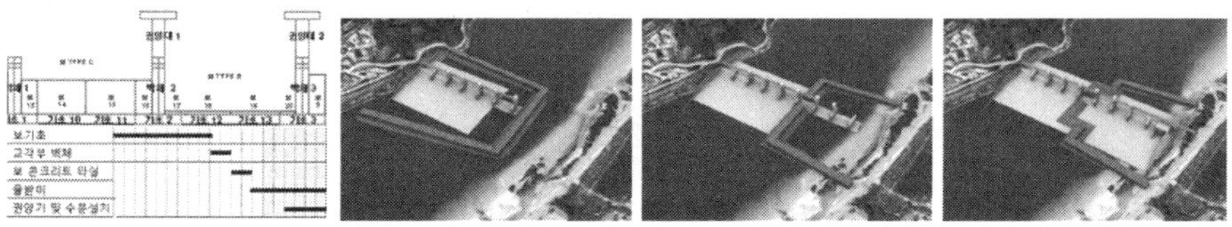

- 3차원 지형과 구조물 모델을 이용한 설계 계획 지원 및 성과품 검토
- 3차원 공정관리를 이용한 구조물 시공성 및 공정 검토
- 입찰설계시 3차원 계획을 통해 성과품의 적정성 확인 및 사전 시공성 검토로 최적 공사금액 산정

영주 다목적댐 BIM을 이용한 계획검토(2009, 대우건설)

① BIM 구축(3차원 정보모델 및 가상현장 구축)

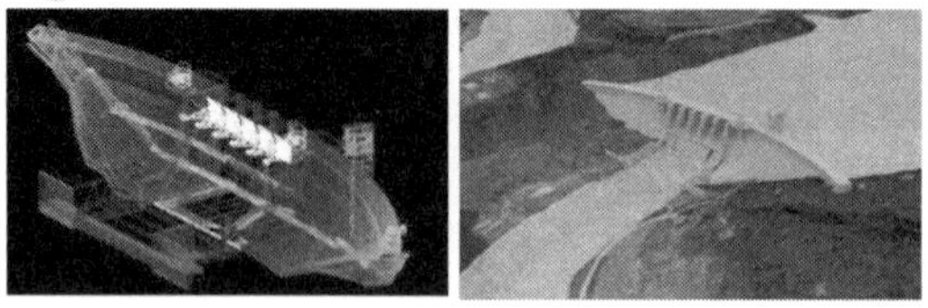

② 3차원 BIM을 이용한 주요 시설물 계획

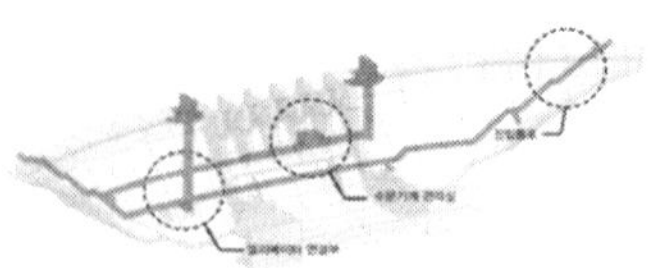

③ 댐 구조물 상세 검토 및 주요 수량 검토

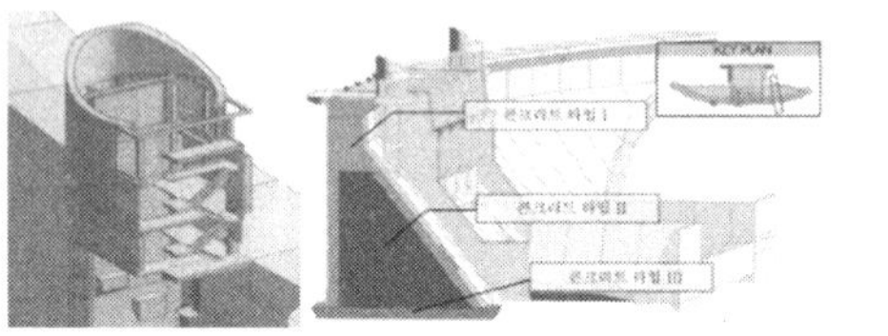

④ 공정계획 3차원 검토

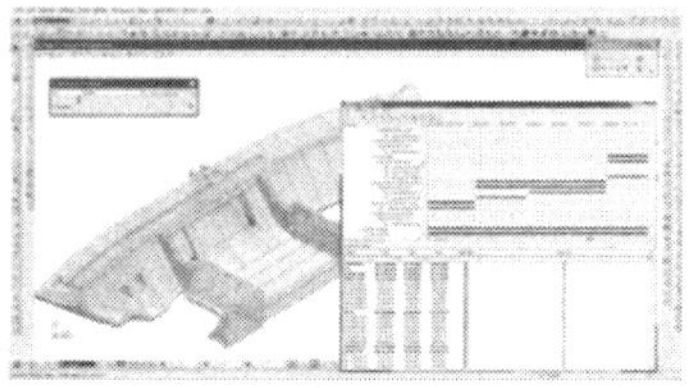

- 3차원 지형과 구조물 모델을 이용한 설계 계획 지원 및 성과품 검토
- 3차원 공정관리를 이용한 구조물 시공성 및 공정 검토
- 복잡 구조물에 대한 3차원 BIM을 통해 계획 및 성과품의 적정성 확인, 사전 시공성 검토

4대강 살리기 3차원 공정관리

① 인터넷 관리 시스템 구축

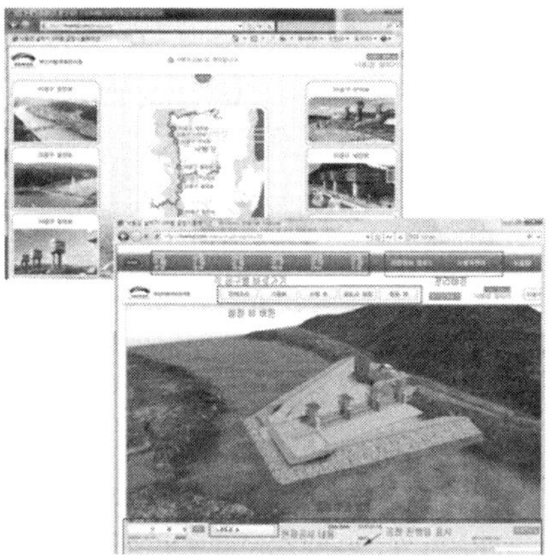

② 현장 관리용 프로그램

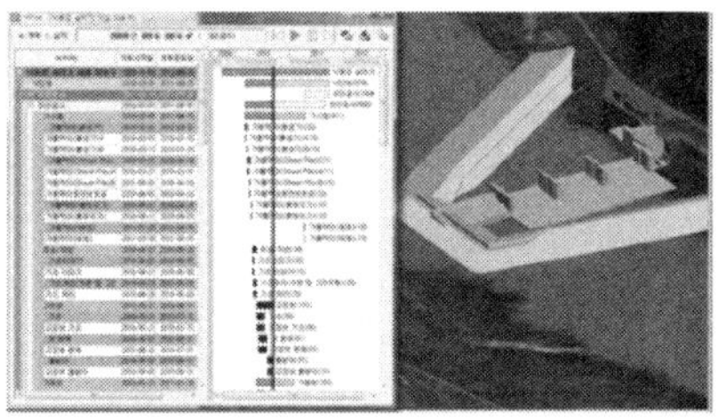

Microstation Projectwise Navigator

현장에서 공정변경 및 공정을 입력시
인터넷 시스템에 바로 반영

- 3차원 시설물 모델을 이용한 공정 검토 및 진도관리
- 인터넷 기반의 시스템 구현으로 대외홍보 기능 겸비
- 대형 국책사업을 BIM을 통해 공정계획 및 검토, 대외 홍보용 자료로 활용

용인시민체육공원 T/K 단지설계(2009, 현대건설)

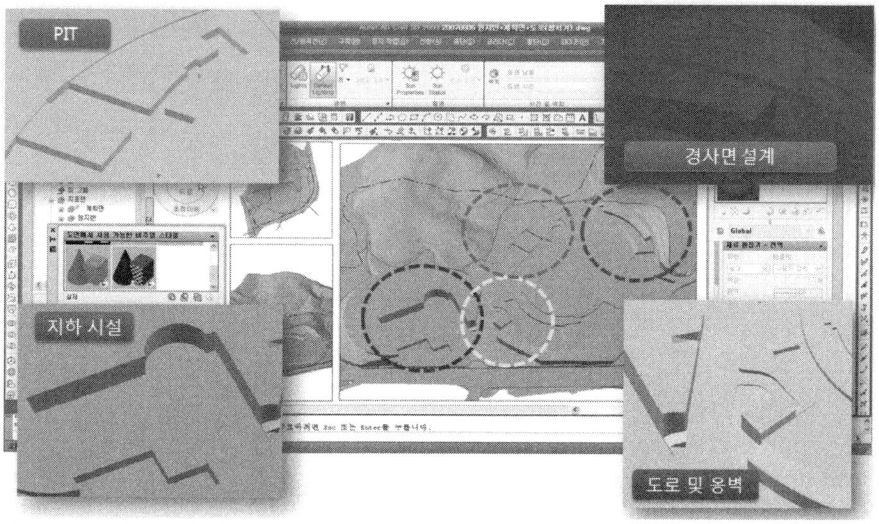

- 3차원 지형 모델링을 통한 토공설계
- 경사면, 최종 터파기, 도로 및 옹벽의 토공 형상화
- 3차원 체적 비교법에 의한 신속한 토공량(공사비) 산정으로 다수의 설계 대안 비교

강릉아트센터 BTL 흙막이 검토(2010, GS건설)

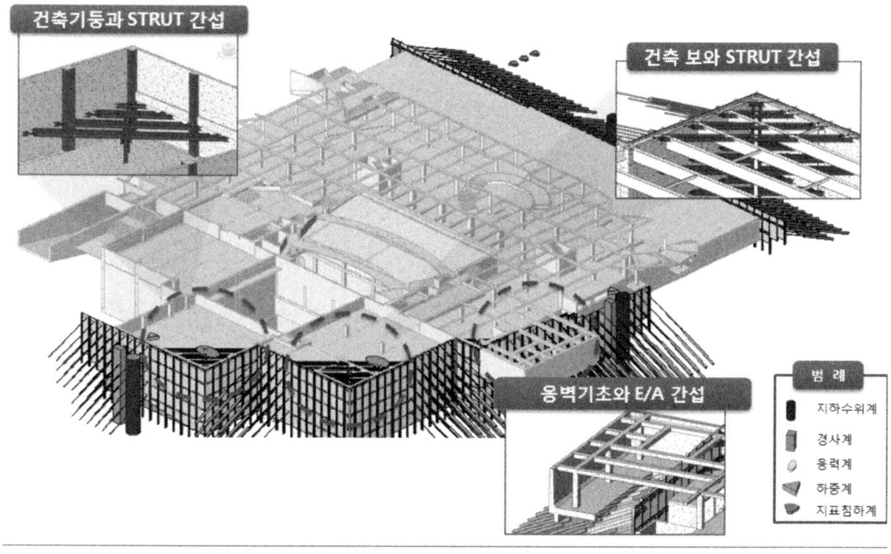

- 흙막이 공법(개착 형식, 어스앙카 공법, 버팀보 공법)의 적용구간 검토
- 구조물 또는 지장물과 흙막이 가시설의 간섭 및 흙막이 가시설의 설치와 해체 사전 검토
- 흙막이의 전개도 자동 작성 및 부재별 물량 산출, 계측기 정보 확인

강릉아트센터 BTL 지층별 토공 및 발파영향 검토(2010, GS건설)

- 3차원 주상도를 이용한 지층의 형태 분석
- 지층 분포와 암층 종류에 따른 발파 방법, 영향 검토 및 계획 수립
- 정확한 계획 토공 상세 모델로 토공량의 신뢰성 향상

서울대학병원 지하복합진료 공간사업 CIP 공법(2010, GS건설)

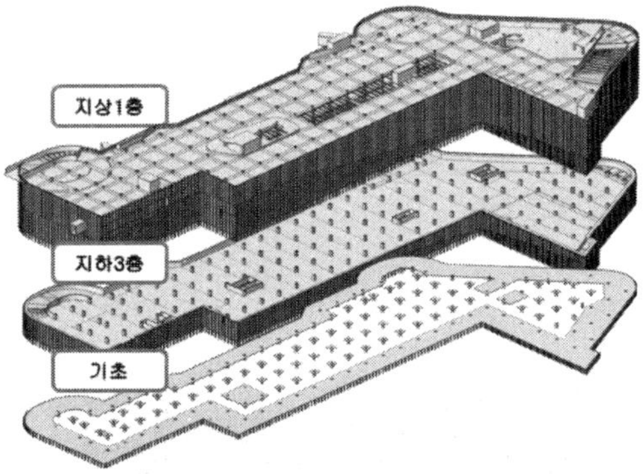

- CIP(Cast In Place Pile) 공법을 적용하여 단계별 간섭 및 설치 검토
- CIP 공법의 H-Beam, 콘크리트, 철근 등의 물량 산출
- 암층에 따른 토류판 설치 구간 선정, 정확한 암선 추정

디지털컨텐츠 센터 T/K 상하수도 설계(2011, GS건설)

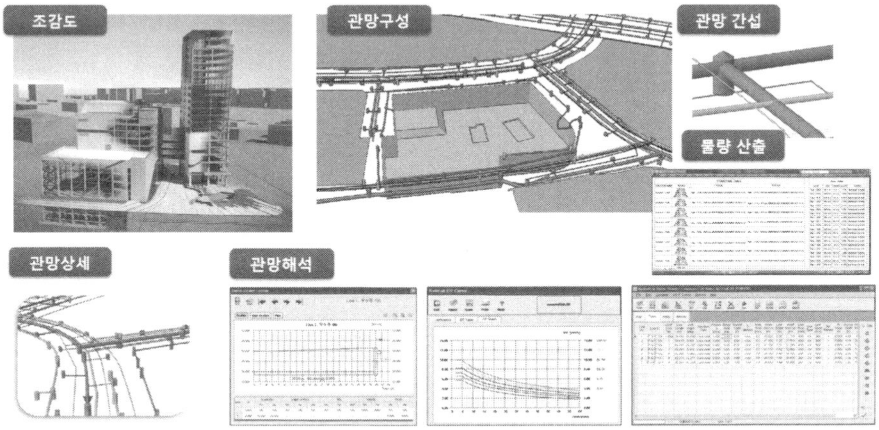

- 6대 지하시설물(상수, 하수, 가스, 냉난방, 전력, 송유)의 3차원화
- 계획 우수, 오수의 관망 해석 및 설계
- 기존 관로, 맨홀과의 간섭 분석, 도면 및 물량 산출

00부대 이전사업 단지설계(2010, 대우건설)

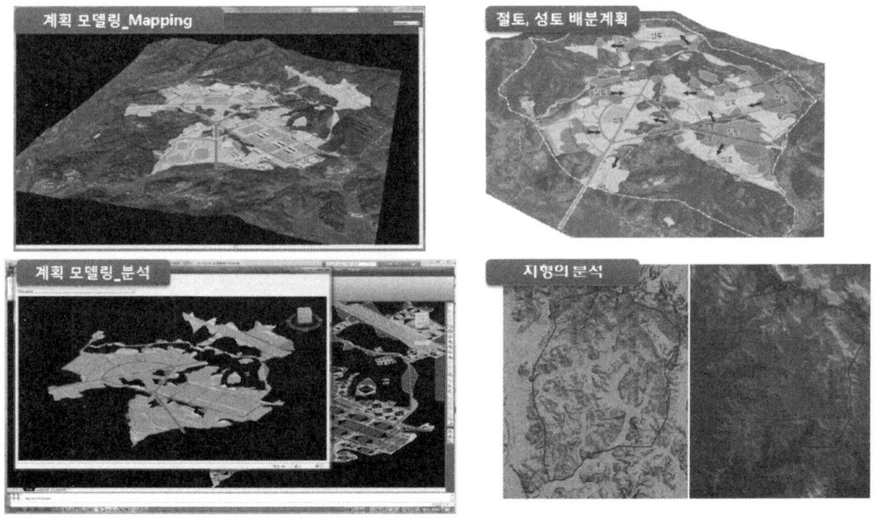

- 위성사진과 단지계획을 매핑 기법을 통하여 시각화
- 대단지의 절토, 성토의 유동계획을 통해 토공사비 절감
- 사전 지형분석을 통한 부대 배치, 유수 분석 등의 용이성

모듈러 옹벽 신기술개발(2010, 대우건설)

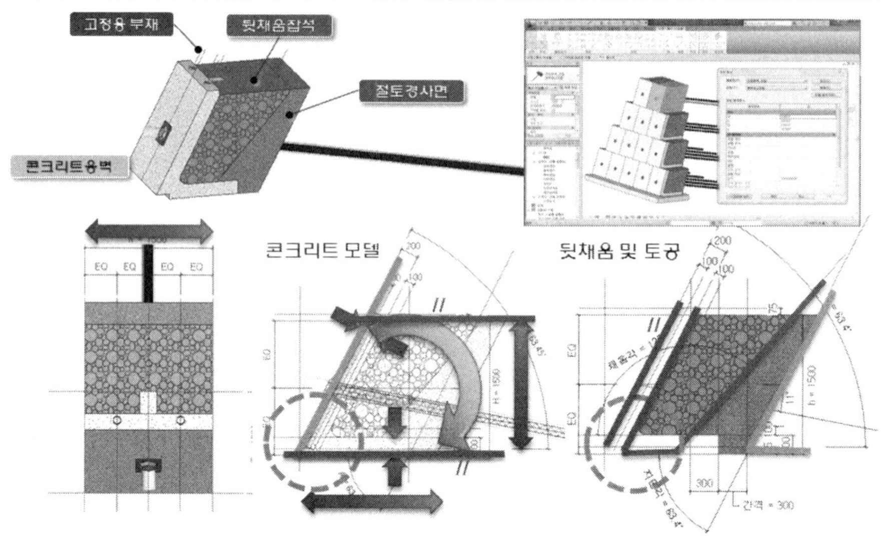

• 신기술 개발에 BIM 적용
• 다양한 제원의 개발 모델을 파라메트릭 기법을 이용하여 손쉽게 변경 적용
• 모듈러 옹벽의 적재 시뮬레이션 및 물량을 통한 신기술의 시공성, 경제성 분석

4.5 토목 BIM 적용성 검토 결과

(1) 토목 단계별 BIM 적용 내용 및 효과

- 토목시설물의 전 생애주기에 걸친 BIM 적용 내용 및 효과를 정리하면 다음과 같음.

구분	주요 적용 효과
프로젝트 초기단계	• 개략적인 시설물 모델과 비용 데이터베이스에 연결하여, 초기에 개략 견적을 가능하게 함으로써 발주자의 의사결정 지원 • 초기단계에 분석/시뮬레이션 도구들을 사용하여 설계 대안들을 평가함으로써 전체 프로젝트의 품질향상 기회 제고
설계단계	• 3D 시각화를 통한 설계의도 검토 용이성 향상 • 설계변경 발생시 객체들에 사용된 파라메트릭 규칙에 의해 변경사항이 자동으로 반영, 갱신되어 정확하고 일정한 2D 설계도면을 즉시 생성 가능 • 다양한 설계분야의 조기 협업 • 설계단계 중 견적을 통한 공사비 예측 • 에너지 효율성과 지속 가능성 향상
시공단계	• 설계와 시공계획의 검토 • 설계오류 및 누락의 발견 • 설계 변경 내용에 대한 빠른 대응 • 자재 제작을 위한 기초모델로서 설계 모델 사용 • 향상된 시공기술과 린 건설 기술 적용
유지관리 단계	• 시설물 유지관리 업무 효율성 증대 • 시설물 운영관리 시스템과의 통합

(2) 토목 분야별 BIM 적용 내용 및 효과

- 초창기 토목분야의 BIM은 주로 구조분야, 그중에서도 교량분야에 집중되었으며, 주로 교량의 3차원 상세 모델링을 통해 케이블 정착구와 간섭문제 해결 같은 시공성 검토나 시공단계별 시뮬레이션을 통한 사업의 이해를 돕는 목적이었음.
- 2009년 말, 4대강 살리기 등 대형 국가사업이 동시 다발적으로 진행되면서 발주처와 시공사는 효과적인 공사관리 및 시공계획의 방안으로 BIM을 도입하기 시작하였음.
- 3차원 토목모델을 이용하여, 준설량을 검토하고 3차원 철근모델을 이용하여 복잡부 및 비정형 구조물의 배근상세를 검토하였음. 또한 3차원 공정관리(4D) 시스템이 공정 관리 및 공기 단축계획 검토에 이용되었음.

토목분야	BIM 적용 내용	주요 적용 효과
구조/교량	• 복잡부 간섭 및 시공성 검토 • 장비운영 계획 검토 • 주요 가시설 계획 • 거푸집 및 철근조립 검토	• Mock-up 비용 절감 • 철근량 최적화
도로/철도	• 토공량 정밀 검토 및 유동계획 • 교통처리 검토 • 부대공 계획 • 장비운영 및 조합 최적화	• 토공 유동 최적화 • 장비 최적 운영
지하철	• 지하 가시설 검토 • 출입구 및 환기구 등 돌출물 검토 • 기존 구조물 연결 및 지장물 간섭 검토	• 가시설 계획 최적화 • 지장물 이설 계획
터널	• 갱구부 상세 검토 • 터널 내 장비운영(공간) 검토 • 발파암 및 버럭처리 계획 터널 내 계측관리	• 주요 접합부시공 계획 • 장비 최적 운영
수자원	• 하천 준설량 검토 • 기계 설비 간섭 검토 • 수자원 구조물 배치 및 시공성 검토	• 준설량 최적화 • 설비간섭 사전 해결
항만	• 대형 콘크리트 구조물의 철근조립 검토 및 철근 VE • 유틸리티 관망 시설 검토 • 준설량 검토	• 철근량 최적화 • 토공 유동 최적화
단지	• 토공량 정밀 검토 및 유동계획 • 추가 도면 추출 • 지하 유틸리티 관망 검토	• 토공 유동 최적화 • 관망간섭 사전 해결

(3) 현장 내 각 팀별 BIM 활용분야

- 현장 내 BIM 프로젝트 진행시 가장 중요한 절차가 현장 기술진과의 아이디어 회의임.
- 구축된 BIM이 현장에서 적극 활용되기 위해서는 현장을 구성하는 팀별 업무의 특성을 파악하고, 해당 분야별로 BIM을 적극 활용하기 위한 아이템의 발굴 및 관련 솔루션의 개발이 중요함.
- 기존에는 착공시 설계도서검토나 샵드로잉 준비를 위해 설계팀에서 BIM을 이용하는 사례가 많았으나, 최근에는 공정 및 기성관리를 위한 공무팀의 활용이나 3차원 시공계획을 위한 공사팀의 활용이 상당히 늘었으며, 이를 위해 현장 내 BIM 교육과 관련 기술진의 현장상주 요구가 증가하고 있음.
- 안전관리팀도 공사 중 위험요소를 3차원 가상현장 내 아바타를 이용하여 사전 검토하거나, 이를 직원들의 안전교육에 활용하고 있으며, 품질관리팀도 공정계획과 연계하여 최적의 자재조달 계획을 수립하는데 이용함.

토목분야	주요 적용 효과
공무팀	• 공정관리 및 기성관리 • 대발주처 및 대민 설명자료 작성 • BIM과 연계한 각종 공사문서 관리 • 자재 조달 계획
공사팀	• 공사 전 3차원 모델로부터 좌표 및 제원 확인 • 부족한 공사용 도면 추출 • 지장물 사전 검토
설계팀	• 3차원 모델을 이용한 설계도면 사전검토 • 가시설 계획 및 설계 • 3차원 철근 모델을 이용한 샵드로잉 작성 및 검토
안전관리팀	• 안전교육(안전교육장), 사전 안전사항 검토 • 장비운영시 안전사항 검토 • BIM과 연계한 각종 계측자료 관리
품질관리팀	• 자재 조달 계획 • BP장 관리방안

4.6 BIM 검토 기법

(1) 3차원 일반도 검토

- 3차원 구조물 계획이 완료되면, 이를 이용하여 3차원 구조물과 연동되는 일반도를 작성할 수 있음.
- 정면, 평면, 측면이 3차원 모델과 정확하게 일치하므로 기존 기술자의 직관에 의하던 방법에 비해 품질확보가 확실하며, 계획의 잦은 변경시에도 작업상의 누락이나 오류를 사전에 방지할 수 있음.

3차웜 모델로부터 추출한 일반도

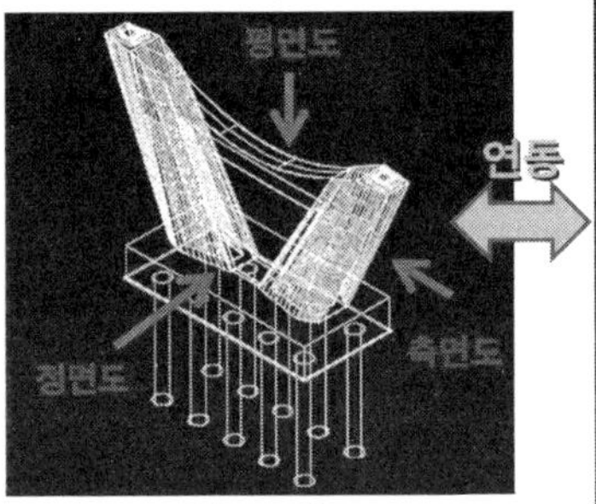

3D **모델**

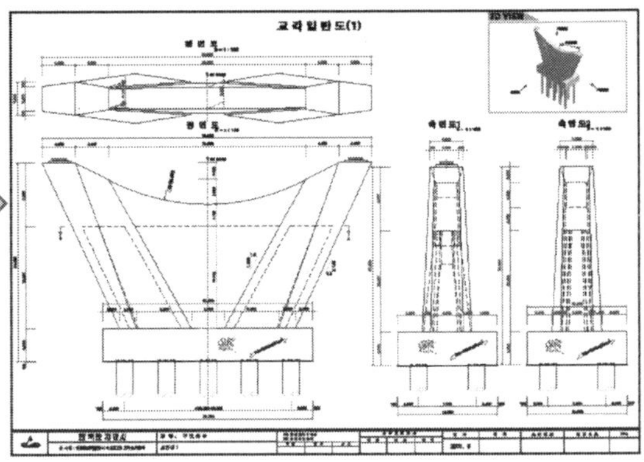

<table>
<tr><th>구분</th><th>엔지니어 직관에 의한 작성 도면</th><th>BIM으로부터 추출된 도면</th></tr>
<tr><td>작성도면</td><td>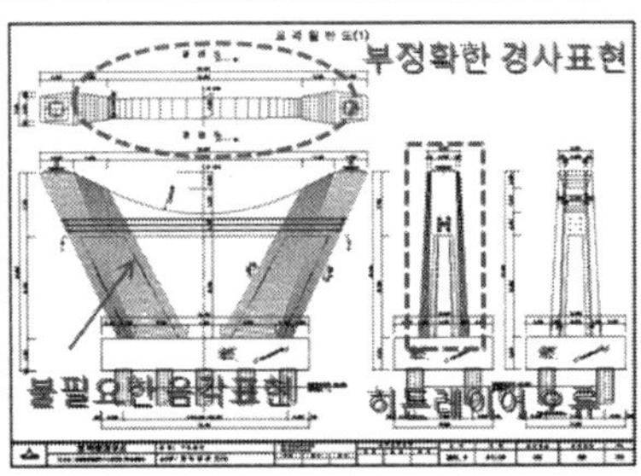
</td><td>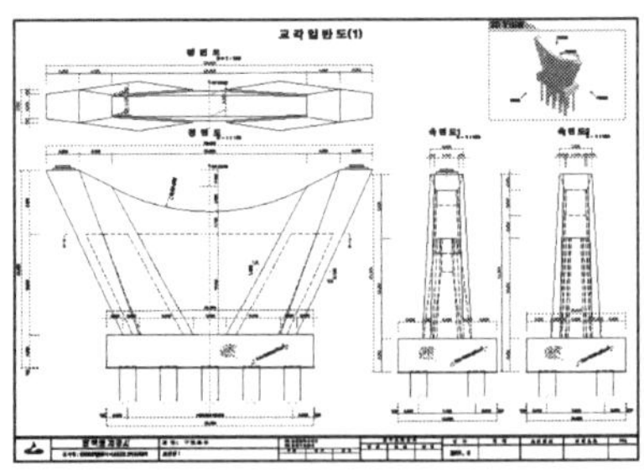</td></tr>
</table>

(2) 3차원 배근도 검토

- 각 면에서 표현되는 철근이 서로 연동되어 3차원 데이터베이스를 이루는 스마트 배근도는 3차원 모델을 생성시켜 작업자나 감독자의 이해를 도울 뿐 아니라, 부재간섭이나 시공성 검토가 가능함.
- 또한, 사용되는 모든 철근 형상에 대해 데이터베이스가 구축되기 때문에 철근수량을 자동 산출할 수 있을 뿐만 아니라 시공상세도면(샵드로잉)의 자동생성과 철근손율 최소화가 가능한 반입철근량 계획이 추가적으로 가능
- 내부 철근까지 고려된 3차원 구조물 모델의 구축은 선, 면, 체적 정보를 이용하여 수량을 자동으로 산출할 수 있도록 해줌. 이는 기존의 도면을 보고 수작업에 의해 구하던 수량산출 방식에 비해 오류발생 소지를 없애고 3차원 모델정보만 수정되면 자동으로 수량산출량이 바뀌게 되어 작업시간도 상당히 줄어들게 하는 장점이 있음.

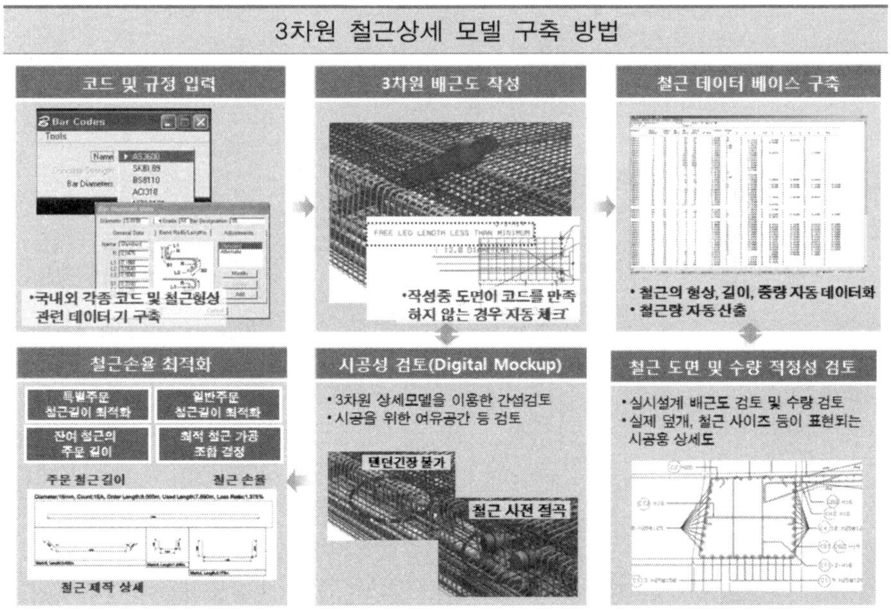

3차원 철근상세 모델 구축 개념

철근 마킹별 위치와 형상 확인

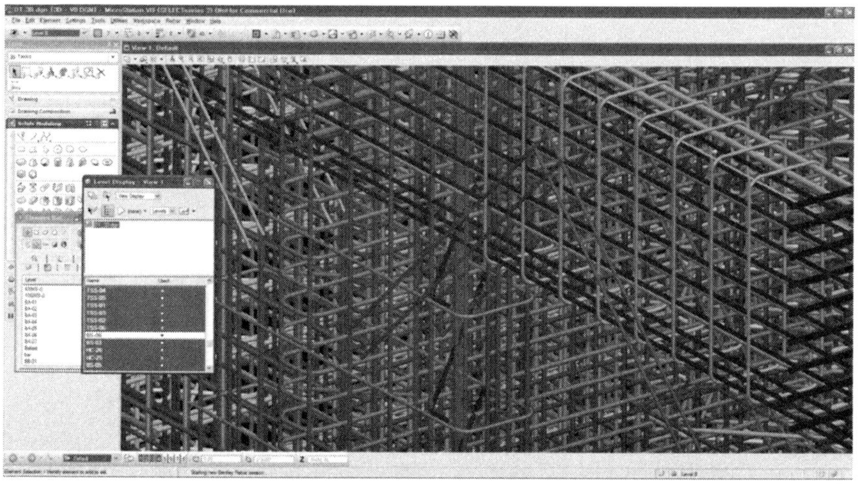

철근 수량 산출

철 근 재 료 표

번 호	직경	형상 (mm)	길 이 (mm)	갯 수	총길이 (mm)	단위중량	총중량 (TON)	비 고
US-21-06	H16	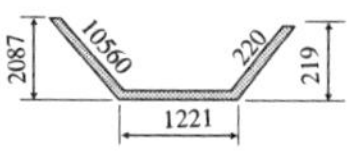 2087 / 10560 / 1221 / 220 / 219	12000	1	11970	0.019	0.019	
US-21-07	H16	 2127 / 10764 / 1017 / 220 / 219	12000	1	11970	0.019	0.019	
US-21-08	H16	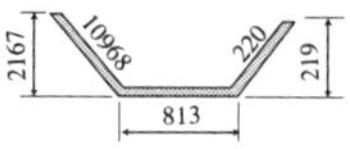 2167 / 10968 / 813 / 220 / 219	12000	1	11970	0.019	0.019	

철근 자동 간섭 체크

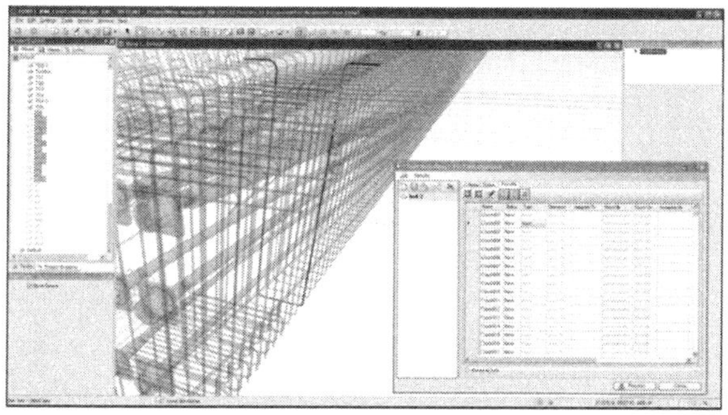

(3) 3차원 공정관리 검토

- 3차원 모델을 공정단계별로 구분하여 예정 공정에 따른 시공 시뮬레이션이 가능하며, 이를 통해 공기의 적정성을 검토할 수 있을 뿐만 아니라, 작업자 및 감독자의 이해를 도울 수 있음.
- 계획 공사일정의 경과에 따라 일(Day)별 시설물 완성도가 3차원 정보모델에 의해 표현되어 시각적인 공정관리가 가능한 시스템
- 계획 공정대비 실적공정을 색깔로 표현하여 시각적으로 확인 가능

4대강 살리기 적용 3차원 공정관리 시스템

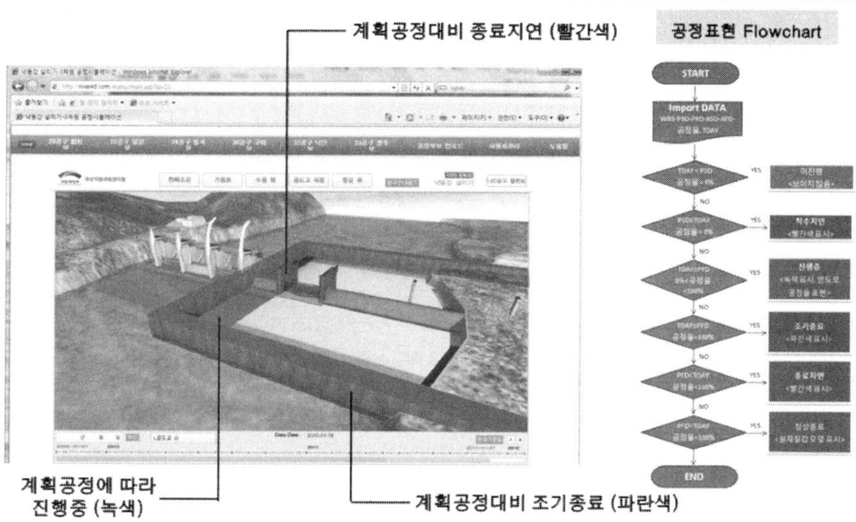

웹기반 3차원 공정관리 시스템 구성도

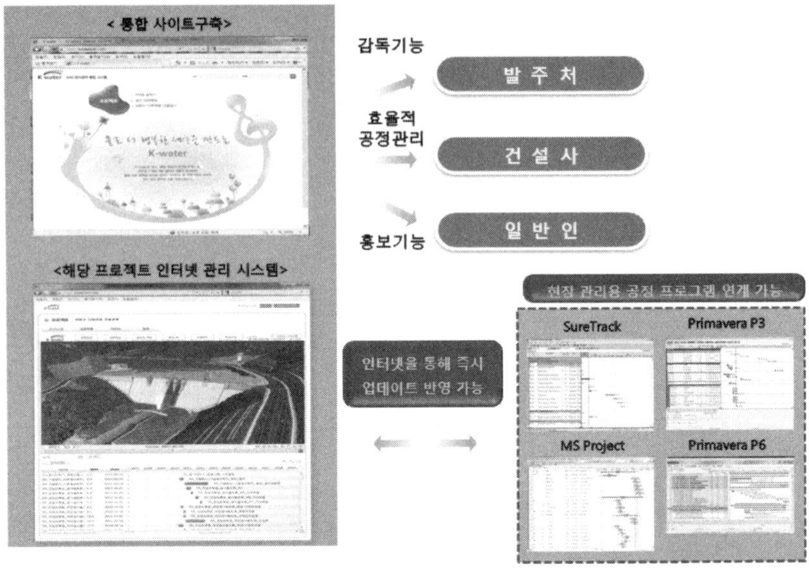

(4) 적용 프로그램

본 과업에서 사용한 프로그램은 미국 Bentley사의 Microstation V8i와 Rebar V8i이며, 주요 특징은 다음과 같다.

① Microstation V8i

- MicroStation V8i 는 엔지니어, 건축가, GIS 전문가, 건설 전문가와 오너 오퍼레이터에 의해 사회 기반시설을 위한 설계, 모델화, 시각화, 문서화, 지도 제작 등의 프로젝트에 사용
- MicroStation V8i 는 사용자의 데스크탑 환경에 완벽하게 통합되고, 직관적이면서 입증된 다양한 도구들, 대화식 도구 사용 및 타CAD 시스템과의 뛰어난 상호 호환성 기능들을 갖추고 있기 때문에, 다양한 산업 부문의 설계 엔지니어들이 선호
- 단일 환경에서 DWG와DGN를 통합하고, DWG 데이터의 가치를 확장하고 다양한 DWG 재사용에 대한 문제 해결
- 사용자는 다양한 소프트웨어 제품에서 작성된 3차원 모델을 재사용하고 통합할 수 있으며 대용량 래스터 이미지를 신속하게 처리함으로써 프로젝트 완료 시간을 효율적으로 관리

- MicroStation V8i 의 지리 좌표 도구를 사용하여 프로젝트 팀은, 같은 파일 내에서 벡터와 래스터 참조 데이터를 손쉽고 정확하게 부착
- 프로젝트 수행시 요구되는 3차원 모델에 대해 완벽하게 좌표를 유지한 상태에서 원하는 뷰의 모양을 잘라 내거나 필터링 할 수 있으며, 2D 도면을 추출 해 낼 수 있음.
- 직관적이고 쌍방향 형식의 도구를 통해 보다 신속하게 모델을 작성하고 편집 가능
- 실사에 가까운 이미지를 표현하는 Photo-realistic 룩솔로지(Luxology) 렌더링 엔진을 탑재하여 프로젝트에 대한 타당성 및 마무리에 대한 적합성을 확인

2D 도면 자동 산출 기능

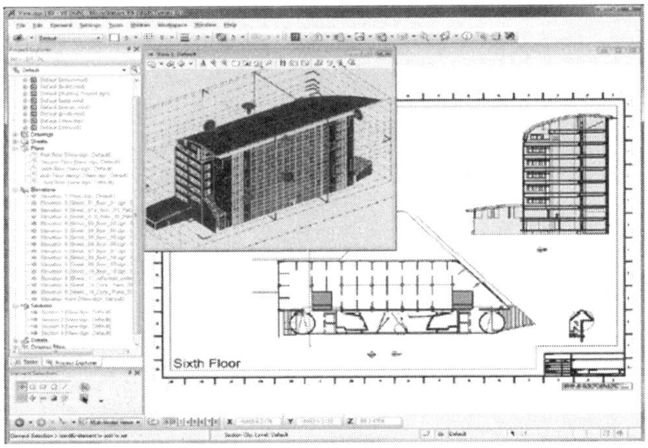

지리 좌표 프로젝트 정보

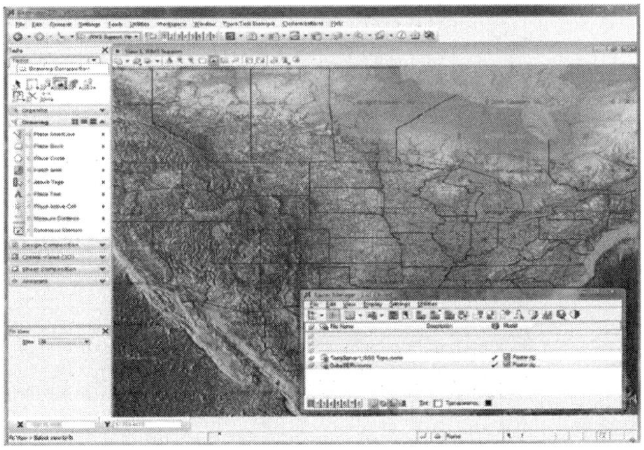

3D PDF 작성

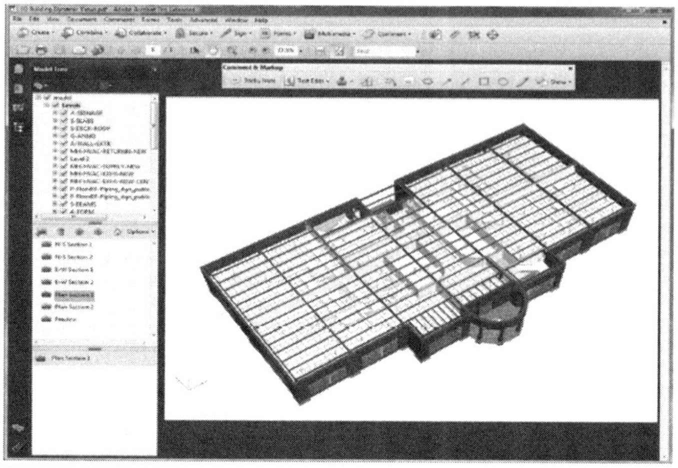

3차원 철근 모델 생성

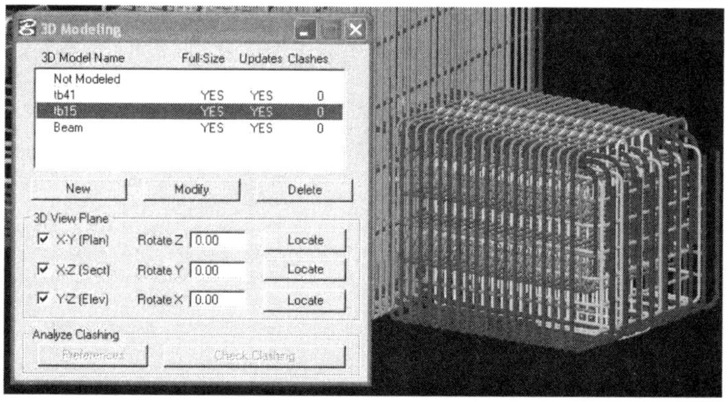

철근 재료표 작성

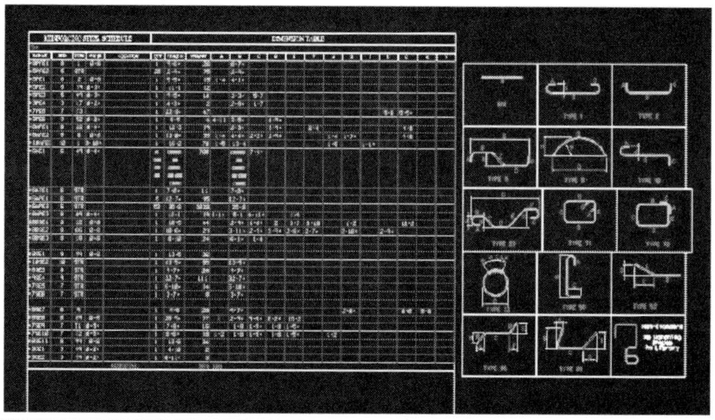

다양한 철근 코드 지정

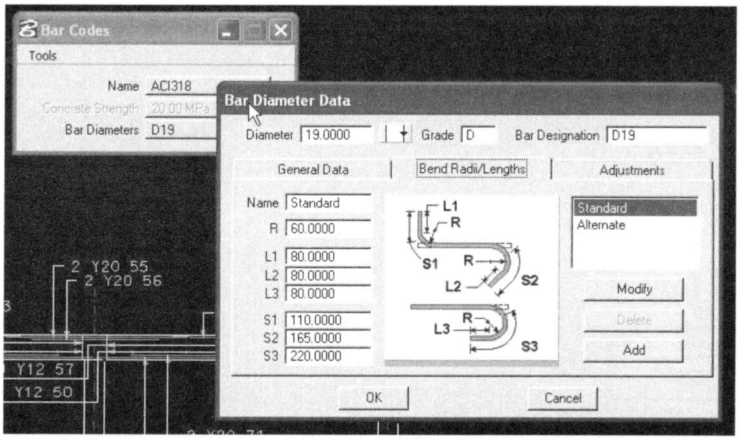

다양한 형상의 철근 라이브러리 제공

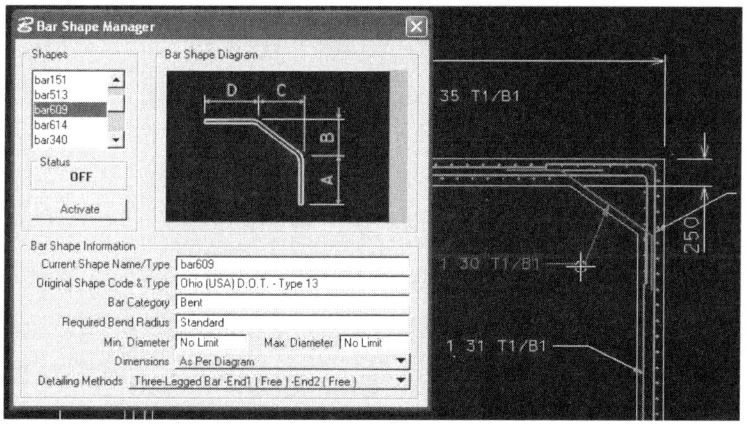

② Bentley Rebar V8i

- Bentley Rebar는 MicroStation 플랫폼을 최대한 사용하여 강력한 콘크리트 상세화 및 스케줄링 시스템을 구현
- 표준 강화 상세 요소를 동적으로 검색하고 평면, 단면 및 고도 뷰에서 3D 강화 모델을 만들고 지능형 파라메트릭 상세화로 막판 설계 변경 사항에도 신속하고 효율적으로 대응
- 철근 상세화 툴은 직철근 및 폐합철근, 나선철근 등에 대한 다양한 라이브러리를 제공

지형 모델의 특수성으로 인하여 원지형, 계획면 및 상하수도 관망에 대해서는 미국 Autodesk사의 Civil3D 2011를 보조 프로그램으로 사용하였으며, 주요 특징은 다음과 같다.

- Civil3D는 수치지도 또는 측량데이터를 직접 받아들여 3차원의 지형을 생성할 수 있으며, 3차원 지형은 최단거리의 3점을 선으로 연결하고, 그 3점을 면으로 구성하는 TIN 기법으로 생성
- Google Earth 응용프로그램에서 항공 이미지와 지형 모델을 가져온 다음, 이 모델에서 평면현황, 종단작성, 등고선 생성 기능을 이용하여 수치지도나 현장측량 없이도 기본 계획 도면을 작성. 상세 설계 단계에서, 구상 중인 지형을 보다 세부적인 지형으로 바꿀 수 있으며, 이 때 모든 관련 모델정보가 자동으로 업데이트
- 대형 3D지형 모델을 지원하면서도 등고선, 도로, 부지경계, 토공경사면, 계획단면 등 소스 데이터와 동적 관계를 유지. 3D지형을 생성한 후에는 이를 사용하여 등고선, 집수 지역, 수로, 입면 및 경사도 분석 그리고 3D 렌더 뷰를 표시할 수 있음. 지형을 종단면, 횡단면, 부지 정지면, 도로 및 철도 계획면 등을 작성하기 위한 기준으로 이용가능 하며, 소스 데이터에 대한 모든 변경사항이 기준에 맞춰 계획면과 함께 자동으로 업데이트
- 강력한 경사 끝단 및 사면 투영 도구가 포함되어 있어서 팀 구성원들이 모든 종류의 사면투영에 대해 손쉽게 3D지형 모델을 만들 수 있음. 어느 3D 지형을 계획하든 사용하기 쉬운 그래픽 및 표 형식의 사면 처리 조작 도구도 이용할 수 있음. Civil 3D 사면 처리 기능은 횡단모델(코리도 모델)과 선형/종단과의 동적 연결을 유지하므로 어려운 설계문제를 새로우면서 더욱 유연한 방식으로 해결
- 횡단모델링은 수평/수직 지오메트리 구속조건을 서브어셈블리라고 하는 사용자 지정 가능한 단면 구성요소와 결합하여 도로 및 철도 등 선형적 설계 모델을 제작. Civil 3D에는 차로, 인도, 배수시스템부터 복잡한 차로 구성요소까지 수많은 서브어셈블리(부속 라이브러리)가 함께 제공하며, 상상할 수 있는 어느 설계 표준과도 일치하는 복잡한 단면을 사용자 자신이 직접 만들 수도 있고, 선형, 측량값, 형상 선, AutoCAD 폴리선을 직접 이용하여 횡단모델(코리도) 전환을 정의 가능. 횡단모델을 디자인했으면 이를 이용하여 제안한 절토, 성토 물량과 측점별 횡단면을 자동 작성

- 자신이 직접 지정한 현지 설계기준에 따라 신속하게 평면도와 종단 형상을 설계할 수 있으며, 대화식 "최적" IP(교차점) 기반 레이아웃 접근법이나 매우 유연성 높은 요소 기반 레이아웃 접근법을 이용할 때 이러한 구속조건을 준수함. Civil 3D는 수평/수직 곡선을 자동으로 분석하면서도 정지/통과 시야 거리 및 헤드라이트 거리 등 구속조건을 기준으로 검증 가능
- 규칙에 기반을 둔 도구를 사용하여 상하수 및 폭우 대비 배수 시스템을 배치. 파이프 및 구조를 그래프나 숫자 입력을 사용하여 변경하고 간섭 요소를 확인. 평면도, 종단면도, 단면도에서 파이프 네트워크의 최종 도면을 구성하고 완성하며 재질이나 크기와 같은 파이프 네트워크 정보를 외부 분석 응용 프로그램과 공유.
- Civil 3D 고객들은 폭우 대비 하수 시스템 설계, 유역분석, 유수지 모델링, 수로 분석 등 새로운 빗물 처리 수리학 및 수문학용 익스텐션 세 가지를 사용할 수 있음. Hydraflow Hydrographs Extension은 간단한 유역 설계에서부터 복잡한 유역에 이르기까지 유역 분석 및 유수지 설계를 위한 종합 솔루션이며, Hydraflow Express Extension은 culverts, channels, inlets, hydrology, and weirs와 같은 수자원 설계와 관련된 수리학적 문제들을 해결하는 계산 기능을 제공

측량데이터 분석

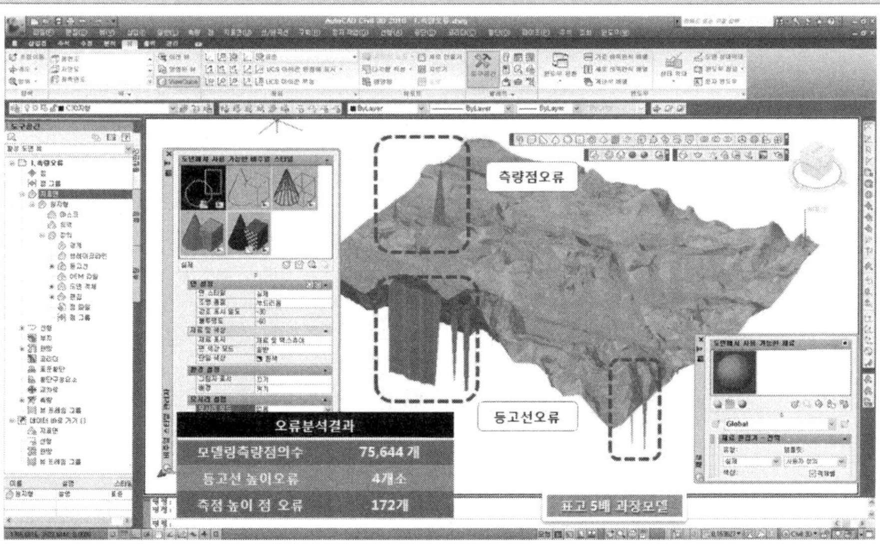

삼각망을 이용한 각종 지형 분석

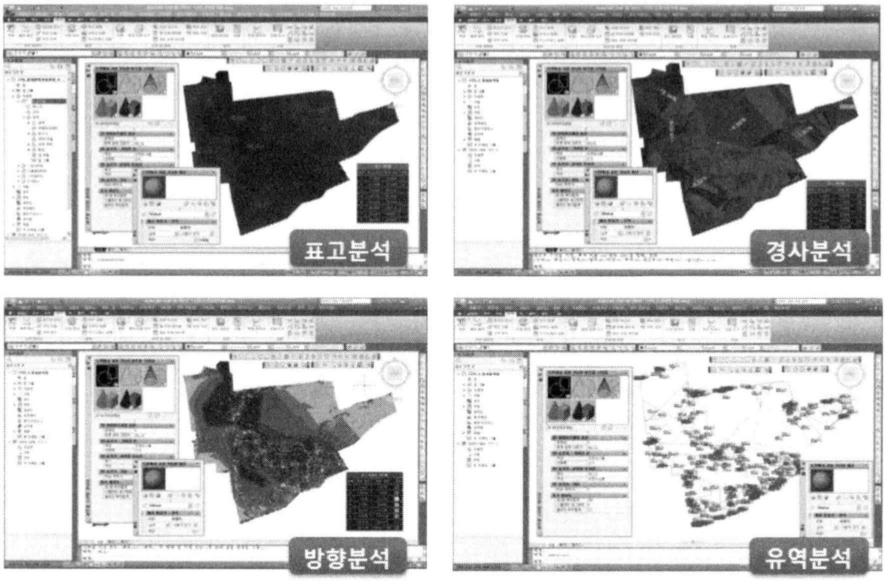

원지형 및 암층별 보간법에 의한 자동 생성

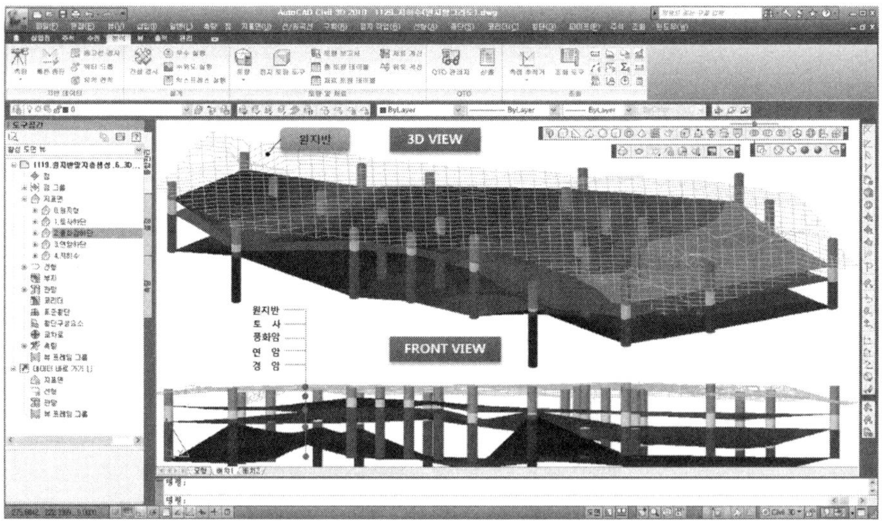

구글 어스와 연동 설계

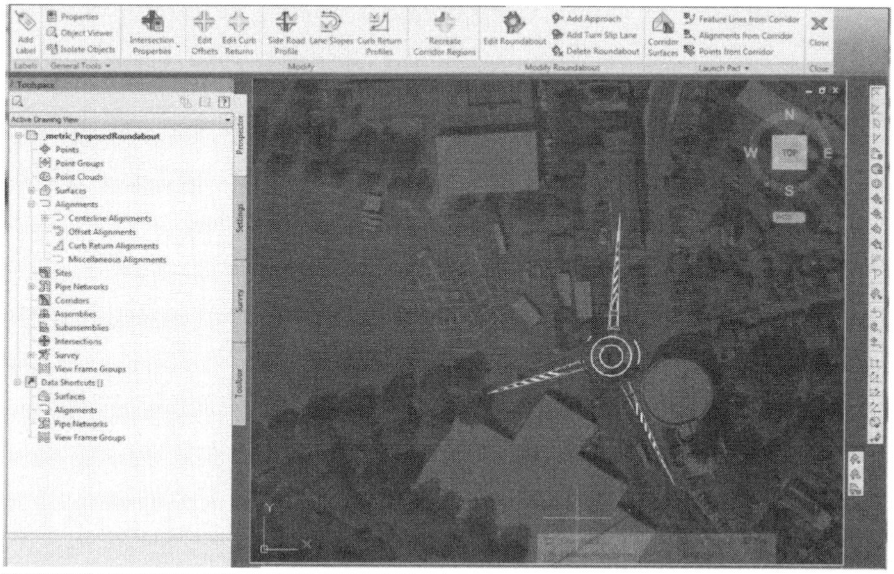

도로, 철도의 선형 및 종단면 작성

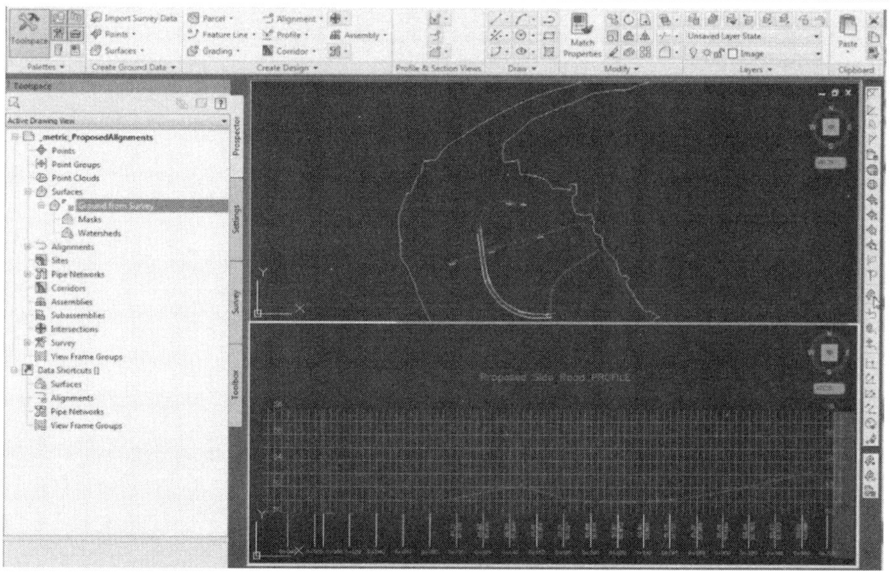

제 2 편

매트릭스

1. 매트릭스의 정의
2. 매트릭스 연산규칙의 기본적 규약
3. 매트릭스식
4. 역매트릭스
5. 매트릭스의 분할
6. 연립 1차방정식의 해와 계수와의 관계
7. 매트릭스의 미분 및 적분
8. 매트릭스의 고유치 및 고유벡터
9. 기하학적 또는 물리학적 벡터의
   좌표변환에 대한 매트릭스의 응용

제2편에서는 구조역학에 사용되는 수학의 매트릭스를 쉽게 설명하였다. 매트릭스는 구조해석의 이론에 응용되어 Computer 사용에 편리한 하나의 방법으로 더욱 구조이론의 전개를 쉽게 하고, 구조역학을 배우는 사람의 이해를 돕기 위해서도 대단히 강력한 수단이 되어 왔다. 그러한 이유 중에서도 특히 이것을 Computer의 프로그래밍 기술과 결부시키면, 한층 그 유용성이 인정되고, 구조해석을 하려는 사람들에게는 불가결한 수학적인 수단이 되었다.

저자는 매트릭스 연산의 규칙의 기초적인 부분의 설명을 알기 쉽게 기술하였다. 그리고 프로그래밍 그 자체에 대해서는 많은 책들에 상세히 설명되어 있으므로, 여기서는 언급하지 않고, 다만 매트릭스의 연산에 직접적인 배열 등에 대해서 일부 설명하였다. 그리고 구조해석을 하려는 사람들을 위해 매트릭스 연산의 규칙에 대한 입문을 돕고, 아울러 그 연산규칙의 룰을 기록한 일련의 메모로서 거리낌 없이 독자의 곁에 두고 사용할 수 있도록 유의하였다. 또한 매트릭스에 관련된 대수학은 그 전문분야에서 눈부시게 전개되어 많은 화려한 이론이 나와 있으므로 여기서는 대부분 생략하고, 구조해석을 하기 위해 실용상의 필요성이 큰 것에 한하며, 되도록 평이하게 다른 참고서 없이 이해할 수 있도록 설명하려고 노력하였다. 그러므로 더 일반적인 매트릭스이론 체계를 공부하려는 독자는 전문서적으로 배워나가길 바란다.

1 매트릭스의 정의

1.1 사각형매트릭스

$m \times n$개의 숫자를 사각형으로 늘어놓고, 여기에 괄호 [ ]를 붙여서 1조의 숫자의 세트로 취급하며, 이것을 매트릭스(matrix)라고 한다. 다만 m 및 n은 $1, 2, 3, \cdots$ 와 같은 플러스의 정수로 한다. 예를 들면,

$$A = \begin{bmatrix} 4 & 2 & 3 & 5 \\ 9 & 0 & 2 & 1 \\ 3 & 1 & 7 & 0 \end{bmatrix} \begin{matrix} \leftarrow 1\text{행} \\ \leftarrow 2\text{행} \\ \leftarrow 3\text{행} \end{matrix} \tag{1.1}$$

$$\begin{matrix} \uparrow & \uparrow & \uparrow & \uparrow \\ 1\text{열} & 2\text{열} & 3\text{열} & 4\text{열} \end{matrix}$$

A자체가 대표하는 매트릭스이고, A의 내용은 [ ]괄호 속에서 정해진 위치에 각각 정해진 숫자가 수록되어 있다. 이와 같은 숫자의 집합이 매트릭스이다. 이때 4 2 3 5, 9021, 3170으로 가로로 병행한 숫자의 집합을 행(row)이라고 하며, 각각 위로부터, 1행(first row), 2행(second row), 3행(third row), 4행(forth column)이라 한다.

또한 4 9 3, 2 0 1, 3 2 7, 5 1 0 등과 같이, 이것을 세로로 병행된 숫자의 집합을 열(column)이라고 하며, 이들을 각각 왼쪽으로부터, 1열(first column), 2열(second column), 3열(third column) 및 4열(forth column)이라 한다. 식(1.1)의 매트릭스를 구성하는 각각의 숫자를 요소(element)라고 한다.

식(1.1)의 A는 3행, 4열인 매트릭스이며, 이것을 $(3, 4)$ 매트릭스 또는 (3×4) 매트릭스라고 한다. 일반적으로 m행, n열인 매트릭스를 (m, n) 매트릭스라고 한다. 실제 구조공학(토목, 건축, 기계, 선박, 항공, 우주 등)에서 다루는 매트릭스의 행 및 열의 수는 수천·수만에 달한다.

또 일반적으로 $m \neq n$이지만, 이와 같은 매트릭스를 사각형매트릭스(rectangular matrix)라고 하고, 특히 $m = n$인 경우는 정방매트릭스(square matrix)라고 한다.

이와 같이 사각형매트릭스를 간단히 A대신에 $[A]$, $[a_{ij}]$ 등과 같이 쓰는 경우도 있다.

한편 매트릭스에 대해 독립적인 수 또는 변수를 매트릭스와 구별하여 스칼라(scalar)라고 하는 경우도 있다.

1.2 행매트릭스 및 열매트릭스

행의 수가 1인 사각형 매트릭스, 즉 $(1, n)$매트릭스를 행매트릭스(row matrix)라고 한다. 예를 들면, $[1\ 3\ 8]$은 $(1, 3)$행매트릭스이다. 일반적으로 그 요소가 a_1, a_2, a_3, $\cdots$, a_n인 $(1, n)$행매트릭스를 다음과 같이 나타낼 수도 있다.

$$[A]_{1\times n} = [a_1\ a_2\ a_3\ \cdots\ a_n] \tag{1.2}$$

또한 요소가 세로로 1열로 병행한 $(m, 1)$사각형 매트릭스를 열매트릭스 (column matrix)라고 한다. 예를 들면, $\begin{bmatrix}1\\3\\8\end{bmatrix}$은 $(3, 1)$ 열매트릭스이다. 일반적으로 다음과 같이 기호를 이용하여 열매트릭스를 표시한다.

$$\{B\} = \begin{Bmatrix} b_1 \\ b_2 \\ b_3 \\ \vdots \\ b_m \end{Bmatrix} = \{b_1\ b_2\ b_3\ \cdots\ b_m\}^T$$

또는 (1.3)

$$[B] = \begin{bmatrix} b_1 \\ b_2 \\ b_3 \\ \vdots \\ b_m \end{bmatrix} = [b_1\ b_2\ b_3\ \cdots\ b_m]^T$$

1.3 전치매트릭스

식(1.3)에 표시한 $\{\ \}^T$ 또는 $[\ ]^T$인 기법에 따라, $[b_1\ b_2\ b_3\ \cdots\ b_m]$로 나타낸 행매트릭스의 행의 각 요소의 병행방식을 열의 각 요소의 병행방식과 교환하고 세로로 병행한 열매트릭스를 나타낸다. 즉, $[\ ]$ 또는 이것을 나타내는 B의 우견에 ^{T} 또는 $'$의 부호를 붙여서 이것을 표시한다.

일반적으로 (m, n)사각형매트릭스 A의 제 i번째의 열에 있는 요소를 a_{ij}로 하며 매트릭스 $[a_{ij}]$에 대해서 매트릭스 $[a_{ji}] = [a_{ij}]^T = A^T = A'$ 등으로 나타내어 전치매트릭스(transposed matrix)라고 한다. 즉 $A = [a_{ij}]$의 전치매트릭스 $A^T = [a_{ij}]^T$의 제i행, 제j열인 요소는 원래의 매트릭스 제j행, 제i열인 요소와 같다.

따라서

$$A = \begin{bmatrix} a_{11} & a_{12} & \cdots & a_{1n} \\ a_{21} & a_{22} & \cdots & a_{2n} \\ \vdots & \vdots & \vdots & \vdots \\ a_{m1} & a_{m2} & \cdots & a_{mn} \end{bmatrix} \tag{1.4}$$

$$A^T = A' = \begin{bmatrix} a_{11} & a_{21} & \cdots & a_{m1} \\ a_{12} & a_{22} & \cdots & a_{m2} \\ \vdots & \vdots & \vdots & \vdots \\ a_{1n} & a_{2n} & \cdots & a_{mn} \end{bmatrix} \tag{1.5}$$

$A = [a_{ij}]$로 나타내면, $A^T = A' = [a_{ii}]^T = [a_{ii}]' = [a_{ii}]$ 등으로 나타낼 수 있다. 예를 들면,

$$A = \begin{bmatrix} 3 & 5 & -8 \\ 1 & -4 & 9 \end{bmatrix} \quad A^T = \begin{bmatrix} 3 & 1 \\ 5 & -4 \\ -8 & 9 \end{bmatrix} \tag{1.6}$$

또 행매트릭스의 전치매트릭스는 열매트릭스이며, 열매트릭스의 전치매트릭스는 행매트릭스이다. 따라서 다음 식으로도 쓸 수 있다.

$$[A]^T = A,\ A^T = [A] \tag{1.7}$$

예를 들면,

$$[2 \quad 5 \quad -3]^T = \begin{Bmatrix} 2 \\ 5 \\ -3 \end{Bmatrix},\ \begin{Bmatrix} 1 \\ -2 \\ 4 \end{Bmatrix}^T = [1 \quad -2 \quad 4]$$

1.4 정방매트릭스, 대각매트릭스 및 단위매트릭스

행의 수와 열의 수가 같은 매트릭스, 즉 일반적으로 (n, n)매트릭스를 n차 정방매트릭스(square matrix of order n)라고 한다. 예를 들면, 3차의 정방매트릭스는 다음과 같다.

$$A = \begin{bmatrix} 1 & 0 & 8 \\ 8 & 2 & 4 \\ 5 & 3 & 5 \end{bmatrix} \tag{1.8}$$

정방매트릭스 $[a_{ij}]$의 요소의 배열 속에서, 좌상에서 우하로 쏠리는 대각선 위치에 있는 요소 a_{11}, a_{22}, a_{33}, $\cdots$, a_{nn}를 주대각 요소(principal diagonal element)라고 한다.

주대각 요소만이 일반적으로 0이 아니고 그 외 요소가 모두 0인 정방매트릭

스를 대각매트릭스(diagonal matrix)라고 하며, $[A]$와 같이 쓰는 경우가 있다. 주대각 요소가 모두 1이며, 그 외 요소가 모두 0이 되는 정방매트릭스를 n차 단위매트릭스(unit matrix of order n)라 하며, 이것을 I 또는 I_n과 같이 나타낸다.

예를 들면, 3차의 단위매트릭스는 다음과 같다.

$$I = I_3 = \begin{bmatrix} 1 & 0 & 0 \\ 0 & 1 & 0 \\ 0 & 0 & 1 \end{bmatrix} \tag{1.9}$$

1.5 대칭매트릭스 및 역대칭매트릭스

정방매트릭스 $A = [a_{ij}]$의 각 요소가 $a_{ji} = a_{ij}$, 즉 $A = A^T$일 때, 이것을 대칭매트릭스(symmetric matrix)라고 한다. 예를 들면,

$$\begin{bmatrix} 1 & 3 & 5 \\ 3 & 2 & -4 \\ 5 & -4 & 7 \end{bmatrix}$$

정방매트릭스 $A = [a_{ij}]$의 각 요소가 $a_{ji} = -a_{ij}$, 즉 $A = -A^T$일 때, 이것을 역대칭매트릭스(skew symmetric matrix, antisymmetric matrix)라고 한다. 이 경우 대각 요소는 0이 되어야 한다. 예를 들면,

$$\begin{bmatrix} 0 & -3 & 5 \\ 3 & 0 & 4 \\ -5 & -4 & 0 \end{bmatrix}$$

1.6 영매트릭스

모든 요소가 0인 (m, n)매트릭스를 영매트릭스(zero matrix or null matrix)라고 하며, 이것을 0이라고 쓰는 경우가 있다. 따라서 영매트릭스는 사각형매트릭스, 정사각형매트릭스, 행매트릭스, 열매트릭스라도 모든 요소가 0이라면 영매트릭스라고 한다. 이것은 일반적 대수학에서 0에 해당한다.

2 매트릭스 연산규칙의 기본적 규약

2.1 매트릭스의 등식

같은 행의 수와 열의 수를 가진 2개의 매트릭스[함께 (m, n)매트릭스인 경우] $A=[a_{ij}]$ 및 $B=[b_{ij}]$에 있어서 같은 행 번호, 같은 열 번호의 위치에 있는 요소가 각각 같을 경우, 즉 $a_{ij}=b_{ij}$ $(i=1, 2, 3, \cdots, m, j=1, 2, 3, \cdots, n)$가 성립할 때, 매트릭스 A와 매트릭스 B는 같다고 규약하고, $A=B$ 라고 쓴다. 따라서 이 매트릭스에 관한 등식이 성립한다는 것은 $a_{11}=b_{11}$, $a_{21}=b_{21}$, $\cdots$ $a_{mn}=b_{mn}$인 $m \times n$개의 등식을 나타내고, 2가지의 매트릭스 모든 요소가 대응하는 요소사이에서 위의 등식이 각각 동시에 성립될 때 쌍방의 매트릭스는 똑같다고 한다.

2.2 매트릭스의 덧셈과 뺄셈

각각 같은 행의 수 및 열의 수인 요소를 가진 2개의 매트릭스 A, B의 덧셈 및 뺄셈을 다음과 같이 정의한다.

$$A=\begin{bmatrix} a_{11} & a_{12} & \cdots & a_{1n} \\ a_{21} & a_{22} & \cdots & a_{2n} \\ \vdots & \vdots & & \vdots \\ a_{m1} & a_{m2} & \cdots & a_{mn} \end{bmatrix} \tag{2.1}$$

$$B=\begin{bmatrix} b_{11} & b_{12} & \cdots & b_{1n} \\ b_{21} & b_{22} & \cdots & b_{2n} \\ \vdots & \vdots & & \vdots \\ b_{m1} & b_{m2} & \cdots & b_{mn} \end{bmatrix}$$

$$A+B=\begin{bmatrix} a_{11}+b_{11} & a_{12}+b_{12} & \cdots & a_{1n}+b_{1n} \\ a_{21}+b_{21} & a_{22}+b_{22} & \cdots & a_{2n}+b_{2n} \\ \vdots & \vdots & & \vdots \\ a_{m1}+b_{m1} & a_{m2}+b_{m2} & \cdots & a_{mn}+b_{mn} \end{bmatrix} \tag{2.2}$$

$$A - B = \begin{bmatrix} a_{11} - b_{11} & a_{12} - b_{12} & \cdots & a_{1n} - b_{1n} \\ a_{21} - b_{21} & a_{22} - b_{22} & \cdots & a_{2n} - b_{2n} \\ \vdots & \vdots & & \vdots \\ a_{m1} - b_{m1} & a_{m2} - b_{m2} & \cdots & a_{mn} - b_{mn} \end{bmatrix}$$

따라서 위의 정의에서 바로 다음식이 성립한다는 것을 알 수 있다.

$$A + B = B + A$$

그리고 2개의 매트릭스 A, B와 같은 행의 수 및 열의 수인 새로운 다른 (m, n)매트릭스 C가 주어졌을 때, 다음식이 성립한다는 것도 알 수 있다.

$$A + (B + C) = (A + B) + C$$

예를 들면, $A = \begin{bmatrix} 2 & -3 & 6 \\ -1 & 4 & 5 \end{bmatrix}$, $B = \begin{bmatrix} 1 & 4 & 3 \\ 5 & 1 & 9 \end{bmatrix}$라면,

$$A + B = \begin{bmatrix} 3 & 1 & 9 \\ 4 & 5 & 14 \end{bmatrix}, \quad A - B = \begin{bmatrix} 1 & -7 & 3 \\ -6 & 3 & -4 \end{bmatrix}$$

2.3 매트릭스와 스칼라와의 곱셈

식(2.1)의 A에 스칼라 k를 곱한 매트릭스 kA를 다음과 같이 정의한다.

$$kA = \begin{bmatrix} ka_{11} & ka_{12} & \cdots & ka_{1n} \\ ka_{21} & ka_{22} & \cdots & ka_{2n} \\ \vdots & \vdots & & \vdots \\ ka_{m1} & ka_{m2} & \cdots & ka_{mn} \end{bmatrix} \tag{2.3}$$

즉, A의 모든 요소에 k를 곱한 것을 요소로 하는 매트릭스가 kA이다. 바꿔 말하면 kA의 제i행, 제j열의 요소는 ka_{ij}로서 다음과 같이 쓸 수 있다.

$$kA = k[a_{ij}] = [ka_{ij}] \tag{2.4}$$

또 위의 식에서 다음과 같은 식들도 성립한다.

$$\left\{ \begin{aligned} &(k_1 + k_2)A = k_1 A + k_2 A \\ &k(A + B) = kA + kB \qquad\qquad (\text{다만 } A \text{ 및 } B\text{는 식 } (2.1)) \\ &k_1(k_2 A) = k_2(k_1 A) = (k_1 k_2)A \end{aligned} \right\} \tag{2.5}$$

2.4 매트릭스의 곱셈

일반적으로 (m, p)매트릭스 A와 (p, n)매트릭스 B인 2개의 매트릭스의 곱셈 C는 다음과 같이 정의한다. 즉

$$A = \begin{bmatrix} a_{11} & a_{12} & \cdots & a_{1p} \\ a_{21} & a_{22} & \cdots & a_{2p} \\ \vdots & \vdots & & \vdots \\ a_{m1} & a_{m2} & \cdots & a_{mp} \end{bmatrix}, \quad B = \begin{bmatrix} b_{11} & b_{12} & \cdots & b_{1n} \\ b_{21} & b_{22} & \cdots & b_{2n} \\ \vdots & \vdots & & \vdots \\ b_{p1} & b_{p2} & \cdots & b_{pn} \end{bmatrix} \tag{2.6}$$

$$A \times B = AB = C = \begin{bmatrix} c_{11} & c_{12} & \cdots & c_{1n} \\ c_{21} & c_{22} & \cdots & c_{2n} \\ \vdots & \vdots & & \vdots \\ c_{m1} & c_{m2} & \cdots & c_{mn} \end{bmatrix} \tag{2.7}$$

여기서 매트릭스 C의 요소 c_{ij}는 아래와 같이 정의된다.

$$c_{ij} = \sum_{r=1}^{p} a_{ij} b_{rj} = a_{i1} b_{1j} + a_{i2} b_{2j} + \cdots + a_{ip} b_{pj} \tag{2.8}$$

$$i = 1, 2, \cdots, m, \; r = 1, 2, \cdots p, \; j = 1, 2, \cdots, n$$

여기서 주의해야 할 것은 매트릭스 A와 B의 곱셈 C가 정의되기 위해서는 A의 열의 수와 B의 행 수가 같아야 한다는 것이다(이 경우 그 수치는 p). 그 이외의 경우에 대해서는 A와 B의 곱셈은 정의되지 않는다. 또 A와 B의 곱셈을 고려할 경우, A와 B의 순서를 고려할 필요가 있다. 이 경우의 매트릭스 C는 매트릭스 B에 A를 앞에서부터 곱셈(B premultiplied by A) 또는 A에 B를 뒤로부터 곱셈(A postmultiplied by B)이라고 하듯이 일반적으로 AB의 순서를 구별해야 한다. 그리고 앞의 매트릭스 A의 열 수 가 뒤의 매트릭스 B행의 수 p와 같아야 한다. 그리고 앞의 매트릭스 A의 열 수 p가 뒤의 매트릭스 B행의 수 p와 같아야 한다. 일반적으로 사각형매트릭스에 대해서, (m, p)매트릭스와 (p, n)매트릭스의 곱셈매트릭스는 식(2.8)의 정의에 따라 (m, n)매트릭스가 된다.

$$\underset{m \times p}{[A]} \;\; \underset{p \times n}{[B]} = \underset{m \times n}{[C]}$$

따라서 일반적으로 AB 및 BA가 함께 존재하기 위해서는 사각형매트릭스 A 및 B에 있어서 A의 열수가 B 행수와 같을 뿐만이 아니라, B의 열수가 A

의 행수와도 같아야 한다. 즉 A가 (m, p)매트릭스의 경우는, B는 (p, m)매트릭스이며, 따라서 AB 및 BA는 각각 (m, m)매트릭스 및 (p, p)매트릭스, 즉 m차 및 p차의 정사각형매트릭스가 된다. 그러나 A 및 B매트릭스가 함께 정사각형매트릭스의 경우를 포함하고, AB 및 BA가 함께 존재하는 경우라도 일반적으로 $AB \neq BA$인 것은 식(2.8)의 정의에서 쉽게 알 수 있다.

또한 뒤에 나타낸 예제에서 알 수 있듯이, $A \neq O$ 또는 $B \neq O$이라 해도, $AB = O$로 되는 경우가 있으며, 이 점이 형식상 일반적 대수학과 다르다.

2.5 예제에 의한 해설

(1) 매트릭스의 등식

다음과 같이 매트릭스의 등식이 성립한다면 6개의 스칼라의 등식도 동시에 성립한다.

$$\begin{bmatrix} a_{11} & a_{12} & a_{13} \\ a_{21} & a_{21} & a_{23} \end{bmatrix} = \begin{bmatrix} b_{11} & b_{12} & b_{13} \\ b_{21} & b_{22} & b_{23} \end{bmatrix}$$

$$a_{11} = b_{11},\ a_{12} = b_{12},\ a_{13} = b_{13},\ a_{21} = b_{21},\ a_{22} = b_{22},\ a_{23} = b_{23}$$

또한 위의 6개의 등식이 동시에 성립될 때는, 이것을 아래와 같은 매트릭스의 등식으로도 나타낼 수 있다.

$$\begin{bmatrix} a_{11} & a_{12} & a_{13} & a_{21} & a_{22} & a_{23} \end{bmatrix} = \begin{bmatrix} b_{11} & b_{12} & b_{13} & b_{21} & b_{22} & b_{23} \end{bmatrix}$$

또는 $$\begin{bmatrix} a_{11} \\ a_{12} \\ a_{13} \\ a_{21} \\ a_{22} \\ a_{23} \end{bmatrix} = \begin{bmatrix} b_{11} \\ b_{12} \\ b_{13} \\ b_{21} \\ b_{22} \\ b_{23} \end{bmatrix}$$

또는 $$\{a_{11}\ a_{12}\ a_{13}\ a_{21}\ a_{22}\ a_{23}\} = \{b_{11}\ b_{12}\ b_{13}\ b_{21}\ b_{22}\ b_{23}\}$$

또는 $$\begin{Bmatrix} a_{11} \\ a_{12} \\ a_{13} \\ a_{21} \\ a_{22} \\ a_{23} \end{Bmatrix} = \begin{Bmatrix} b_{11} \\ b_{12} \\ b_{13} \\ b_{21} \\ b_{22} \\ b_{23} \end{Bmatrix}$$

(2) 2개의 매트릭스의 곱셈

$A=\begin{bmatrix} 2 & 1 & -5 \\ -3 & 7 & 4 \end{bmatrix}$, $B=\begin{bmatrix} 9 & -6 \\ -2 & 1 \\ 3 & 8 \end{bmatrix}$ 이 주어졌을 때

$$AB=\begin{bmatrix} 2 & 1 & -5 \\ -3 & 7 & 4 \end{bmatrix}\begin{bmatrix} 9 & -6 \\ -2 & 1 \\ 3 & 8 \end{bmatrix}=\begin{bmatrix} 1 & -51 \\ -29 & 57 \end{bmatrix}$$

$$BA=\begin{bmatrix} 9 & -6 \\ -2 & 1 \\ 3 & 8 \end{bmatrix}\begin{bmatrix} 2 & 1 & -5 \\ -3 & 7 & 4 \end{bmatrix}=\begin{bmatrix} 36 & -33 & -69 \\ -7 & 5 & 14 \\ -18 & 59 & 17 \end{bmatrix}$$

그러므로 $AB \neq BA$이며, AB와 BA는 차수도 달라져 있다. 다만, 정사각형 매트릭스의 예를 들면 다음과 같다.

$A=\begin{bmatrix} a & c \\ b & d \end{bmatrix}$와 단위 매트릭스 $B=\begin{bmatrix} 1 & 0 \\ 0 & 1 \end{bmatrix}=I$

$$AB=\begin{bmatrix} a & c \\ b & d \end{bmatrix}\begin{bmatrix} 1 & 0 \\ 0 & 1 \end{bmatrix}=\begin{bmatrix} a & c \\ b & d \end{bmatrix}$$

$$BA=\begin{bmatrix} 1 & 0 \\ 0 & 1 \end{bmatrix}\begin{bmatrix} a & c \\ b & d \end{bmatrix}=\begin{bmatrix} a & c \\ b & d \end{bmatrix}=AB$$

따라서 일반적으로 n차의 정사각형매트릭스A와 n차의 단위매트릭스 I에 대해서는 다음과 같이 곱셈의 순서를 교환해도 지장이 없다.

$$AI=IA=A$$

예를 들면, 다음과 같은 정사각형매트릭스 A와 B의 곱셈을 고려해보자.

$A=\begin{bmatrix} 1 & -5 & -2 \\ -3 & 4 & 3 \\ 2 & 1 & -1 \end{bmatrix}$, $B=\begin{bmatrix} 1 & 1 & 1 \\ -1 & -1 & -1 \\ -3 & -3 & -3 \end{bmatrix}$

$$AB$$

$$=\begin{bmatrix} 1\times1+(-5)\times(-1)+(-2)\times(-3) & 1\times1+(-5)\times(-1)+(-2)\times(-3) & 1\times1+(-5)\times(-1)+(-2)\times(-3) \\ (-3)\times1+4\times(-1)+3\times(-3) & (-3)\times1+4\times(-1)+3\times(-3) & (-3)\times1+4\times(-1)+3\times(-3) \\ 2\times1+1\times(-1)+(-1)\times(-3) & 2\times1+1\times(-1)+(-1)\times(-3) & 2\times1+1\times(-1)+(-1)\times(-3) \end{bmatrix}$$

$$=\begin{bmatrix} 12 & 12 & 12 \\ -16 & -16 & -16 \\ 4 & 4 & 4 \end{bmatrix}$$

$$BA = \begin{bmatrix} 1\times1+1\times(-3)+1\times2 & 1\times(-5)+1\times4+1\times1 & 1\times(-2)+1\times3+1\times(-1) \\ (-1)\times1+(-1)\times(-3)+(-1)\times2 & (-1)\times(-5)+(-1)\times4+(-1)\times1 & (-1)\times(-2)+(-1)\times3+(-1)\times(-1) \\ (-3)\times1+(-3)\times(-3)+(-3)\times2 & (-3)\times(-5)+(-3)\times4+(-3)\times1 & (-3)\times(-2)+(-3)\times3+(-3)\times(-1) \end{bmatrix}$$

$$= \begin{bmatrix} 0 & 0 & 0 \\ 0 & 0 & 0 \\ 0 & 0 & 0 \end{bmatrix}$$

즉, $BA = O$가 된다. 즉, $A \neq O$ 또는 $B \neq O$이라도 $BA = O$이 되는 수도 있다는 것을 알 수 있다.

(3) 연립 1차방정식의 매트릭스 표시

$x_1, x_2, \cdots, x_n$를 미지수로 하는 n원 연립 1차방정식을 n차의 정사각형매트릭스 A, 열매트릭스 X 및 B를 다음과 같이 정의하면 매트릭스의 형식으로 간단히 나타낼 수 있다.

$$\begin{aligned} a_{11}x_1 + a_{12}x_2 + \cdots + a_{1n}x_n &= b_1 \\ a_{21}x_1 + a_{22}x_2 + \cdots + a_{2n}x_n &= b_2 \\ &\vdots \\ a_{n1}x_1 + a_{n2}x_2 + \cdots + a_{nn}x_n &= b_n \end{aligned} \tag{2.9a}$$

$$\begin{bmatrix} a_{11} & a_{12} & \cdots & a_{1n} \\ a_{21} & a_{22} & \cdots & a_{2n} \\ & & \vdots & \\ a_{n1} & a_{n2} & \cdots & a_{nn} \end{bmatrix} \begin{Bmatrix} x_1 \\ x_2 \\ \vdots \\ x_n \end{Bmatrix} = \begin{Bmatrix} b_1 \\ b_2 \\ \vdots \\ b_n \end{Bmatrix} \tag{2.9b}$$

$$AX = B \tag{2.10}$$

여기서, $A = \begin{bmatrix} a_{11} & a_{12} & \cdots & a_{1n} \\ a_{21} & a_{22} & \cdots & a_{2n} \\ \vdots & \vdots & & \vdots \\ a_{n1} & a_{n2} & \cdots & a_{nn} \end{bmatrix}$, $X = \begin{bmatrix} x_1 \\ x_2 \\ \vdots \\ x_n \end{bmatrix}$, $B = \begin{bmatrix} b_1 \\ b_2 \\ \vdots \\ b_n \end{bmatrix}$

위 식의 해법에 대해서는 뒤에서 설명하였다.

2.6 매트릭스의 거듭제곱

매트릭스 A, B 및 C를 각각 (a, m), (m, l) 및 (l, c)매트릭스로 한다. a, m, l, c 및 r, s는 모두 플러스(+)의 정수로 한다.

$X = AB$로 하면 매트릭스 X는 (a, l)매트릭스이며, 그 제i행, 제r열의 요소는 식(2.8)로부터 다음과 같이 된다.

$$X_{ir} = \sum_{s=1}^{m} A_{is}B_{sr} = A_{i1}B_{1r} + A_{i2}B_{2r} + \cdots + A_{im}B_{mr} \tag{2.11}$$

다음에 매트릭스 XC는 (a, c)매트릭스이며, 그 제i행, 제j열의 요소는 다음과 같이 된다.

$$\begin{aligned}\sum_{r=1}^{n} X_{ir}C_{rj} &= X_{i1}C_{1j} + X_{i2}C_{2j} + \cdots + X_{in}C_{nj} \\ &= (\sum_{s=1}^{m} A_{is}B_{s1}C_{1j}) + (\sum_{s=1}^{m} A_{is}B_{s2}C_{2j}) + \cdots + (\sum_{s=1}^{m} A_{is}B_{sn}C_{nj}) \\ &= \sum_{r=1}^{n}\left\{\sum_{s=1}^{m}(A_{is}B_{sr})\right\}C_{rj} = \sum_{s=1}^{m} A_{is}\sum_{r=1}^{n}(B_{sr}C_{rj}) \\ &= \sum_{s=1}^{m}\sum_{r=1}^{n} A_{is}B_{sr}C_{rj}\end{aligned} \tag{2.12}$$

같은 식으로 $Y = BC$로 하면, 매트릭스 Y는 (m, c)매트릭스로 되고, 그 제s행, 제j열의 요소는 다음과 같이 되어 식(2.12)의 우변과 같게 된다.

$$\begin{aligned}\sum_{s=1}^{m} A_{is}Y_{sj} &= \sum_{s=1}^{m} A_{is}(\sum_{r=1}^{n} B_{sr}C_{rj}) = \sum_{r=1}^{n}\left\{\sum_{s=1}^{m}(A_{is}B_{sr})\right\}C_{rj} \\ &= \sum_{s=1}^{m}\sum_{r=1}^{n} A_{is}B_{sr}C_{rj}\end{aligned} \tag{2.13}$$

바꿔 말하면 $XC = AY$, 즉

$$(AB)C = A(BC) = ABC \tag{2.14}$$

그리고 그 제i행, 제j열의 요소는 식(2.12)에 따라 주어진다. 따라서, 이 후 매트릭스 A, B 및 C의 거듭제곱을 다만 ABC로 쓰고, 이것은 $A(BC)$ 또는 $(AB)C$를 뜻하는 것으로 한다. 단 ABC가 존재하기 위해서는, A의 열수와 B의 행수가 똑같이, 또는, B의 열수가 C의 행수와 같아야 한다. ABC는 그와 같은 경우에만 정의된다.

이와 같이 하여, m개의 매트릭스 $A_1, A_2, \cdots, A_{m-1}, A_m$의 거듭제곱을 $A_1A_2 \cdots A_{m-1}A_m$로 쓰고, 이것을 $A_1(A_2(A_3 \cdots (A_{m-1}A_m))\cdots)$로 정의한다. 단 이 경우, 그것들은 각각 (a, c_1), (r_2, c_2), $\cdots$, (r_{m-1}, c_{m-1}) (r_m, b)매트릭스로 한다. 여기에 a, c_1, r_2, c_2, $\cdots$, c_{m-1}, r_m, b 등은 모두 임의의 플러스 정수이지만, 다음의 경우만 거듭제곱 $A_1A_2 \cdots A_m$이 정의된다.

$$c_1 = r_2,\ c_2 = r_3, \cdots,\ c_{m-1} = r_m \tag{2.15}$$

또한 A가 정사각형매트릭스일 때, AA를 A^2, $AA \cdots A$를 A^m로 나타낸다.

$$A(D+F)C = ADC + AFC \tag{2.16}$$

위의 식(2.16)이 성립한다는 것은 다음과 같이 D 및 F의 제s행, 제r열의 요소를 각각D_{sr} 및 F_{sr}로 하고, $B_{sr} = D_{sr} + F_{sr}$를 식(2.12)에 대입함으로써 알 수 있다.

$$\sum_{s=1}^{m}\sum_{r=1}^{n} A_{is}(D_{sr} + F_{sr})C_{rj} = \sum_{s=1}^{m}\sum_{r=1}^{n} A_{is}D_{sr}C_{rj} + \sum_{s=1}^{m}\sum_{r=1}^{n} A_{is}F_{sr}C_{rj}$$

2.7 대각매트릭스 및 단위매트릭스의 성질

A, B 및 C를 모두 (m, m)인 대각매트릭스로 하고, $A = BC$의 각각의 요소를 표시하면 다음과 같이 됨을 알 수 있다.

$$\begin{aligned}\begin{bmatrix} a_1 & & & \\ & a_2 & & \\ & & \ddots & \\ & & & a_m \end{bmatrix} &= \begin{bmatrix} b_1 & & & \\ & b_2 & & \\ & & \ddots & \\ & & & b_m \end{bmatrix}\begin{bmatrix} c_1 & & & \\ & c_2 & & \\ & & \ddots & \\ & & & c_m \end{bmatrix} = \begin{bmatrix} b_1c_1 & & & \\ & b_2c_2 & & \\ & & \ddots & \\ & & & b_mc_m \end{bmatrix} \\ &= \begin{bmatrix} c_1 & & & \\ & c_2 & & \\ & & \ddots & \\ & & & c_m \end{bmatrix}\begin{bmatrix} b_1 & & & \\ & b_2 & & \\ & & \ddots & \\ & & & b_m \end{bmatrix}\end{aligned} \tag{2.17}$$

$$A = BC = CB \tag{2.18}$$

즉, 이 경우는 곱셈의 순서를 변경해도 지장이 없다. 단, 식(2.17)에 있어서 공백 부분의 각 요소는 0이다.

특히 $b_1 c_1 = b_2 c_2 = \cdots = b_m c_m = 1$일 때는, m차의 단위매트릭스 I라고 하면 다음과 같이 된다.

$$A = I = BC = CB \tag{2.19}$$

이 경우 C를 B^{-1}이라고 쓰면

$$C = B^{-1} = \begin{bmatrix} \frac{1}{b_1} & & & \\ & \frac{1}{b_2} & & \\ & & \ddots & \\ & & & \frac{1}{b_m} \end{bmatrix} \tag{2.20}$$

즉, $c_i = 1/b_i\,(i = 1, 2, \cdots, m)$이고, B^{-1}의 대각요소는 각각 B의 대각요소의 역수와 같다. 단, 이것은 B가 대각매트릭스인 경우에 한정된다.

또 위와 같이 식(2.20)이 성립할 때는 $B = C^{-1}$로도 쓸 수 있다.

더구나 B가 m차의 단위매트릭스 I_m이며, C가 임의의 매트릭스(반드시 대각매트릭스라고는 할 수 없다)의 경우는 다음과 같다.

$$A = IC = C = CI \tag{2.21}$$

즉, 단위매트릭스를 임의의 매트릭스에 앞에서부터 곱하나 뒤쪽에서 곱해도, 결과는 원래의 매트릭스와 같다.

2.8 매트릭스곱셈의 전치매트릭스

(a, m)매트릭스 A 및 (m, b)매트릭스 B의 전치매트릭스를 각각 A^T 및 B^T로 하고, A와 B의 곱셈(AB)의 전치매트릭스를 $C^T = (AB)^T$로 한다.

A, B, A^T, B^T 및 C의 제i행, 제j열의 요소를 각각 $a_{ij}, b_{ij}, a_{ij}', b_{ij}'$ 및 c_{ij}로 하면 전치매트릭스의 정의에 의해 식(2.8)로부터 다음과 같이 된다.

$$a_{ij} = a_{ri}', \quad b_{rj} = b_{jr}' \tag{2.22}$$
$$(i = 1, 2, \cdots, a, \; r = 1, 2, \cdots m, \; j = 1, 2, \cdots, b)$$

$$c_{ij} = \sum_{r=1}^{m} a_{ir} b_{rj} = \sum_{r=1}^{m} a_{ri}{}' \, b_{jr}{}' = \sum_{r=1}^{m} b_{jr}{}' \, a_{ri}{}' \tag{2.23}$$

식(2.23)의 마지막 항은 $(B^T A^T)$의 제j행, 제i열의 요소와 같다. 따라서 C의 제i행, 제j열의 요소 c_{ij}가 $(B^T A^T)$의 제j행, 제i열의 요소와 같으므로, C의 전치매트릭스 $C^T = (AB)^T$의 제j열의 요소는 $(B^T A^T)$의 제j행, 제i열의 요소와 같다. 따라서

$$(AB)^T = B^T A^T \tag{2.24}$$

[좌변은 $(AB)^T$의 순, 우변은 $B^T A^T$에서 순서 역전에 주의]

예를 들어,

$$A = \begin{bmatrix} 1 & 3 \\ 2 & 4 \end{bmatrix}, \quad B = \begin{bmatrix} 1 & 3 & 5 \\ 2 & 4 & 6 \end{bmatrix}$$

$$AB = \begin{bmatrix} 1\times1+3\times2 & 1\times3+3\times4 & 1\times5+3\times6 \\ 2\times1+4\times2 & 2\times3+4\times4 & 2\times5+4\times6 \end{bmatrix} = \begin{bmatrix} 7 & 15 & 23 \\ 10 & 22 & 34 \end{bmatrix}$$

따라서 $(AB)^T = \begin{bmatrix} 7 & 10 \\ 15 & 22 \\ 23 & 34 \end{bmatrix}$

또 $A^T = \begin{bmatrix} 1 & 2 \\ 3 & 4 \end{bmatrix}, \quad B^T = \begin{bmatrix} 1 & 2 \\ 3 & 4 \\ 5 & 6 \end{bmatrix}$이므로

$$B^T A^T = \begin{bmatrix} 1 & 2 \\ 3 & 4 \\ 5 & 6 \end{bmatrix} \begin{bmatrix} 1 & 2 \\ 3 & 4 \end{bmatrix} = \begin{bmatrix} 1\times1+2\times3 & 1\times2+2\times4 \\ 3\times1+4\times3 & 3\times2+4\times4 \\ 5\times1+6\times3 & 5\times2+6\times4 \end{bmatrix} = \begin{bmatrix} 7 & 10 \\ 15 & 22 \\ 23 & 34 \end{bmatrix} = (AB)^T$$

(a, r)매트릭스 A, (r, s)매트릭스 B, (s, c)매트릭스 C에 대해서 $AB = X$로 하면, 식(2.24)에 의해 $(AB)^T = X^T$ 같이 $(XC)^T = C^T X^T$, X대신에 AB를 대입하면 다음과 같이 된다.

$$\{(AB)C\}^T = C^T (AB)^T = C^T (B^T A^T)$$

식(2.14)에 의해

$$(ABC)^T = C^T B^T A^T \tag{2.25}$$

이와 같이 하여, 식(2.15)를 만족시키는 m개의 매트릭스 A_1, A_2, $\cdots$ A_{m-1}, A_m에 대해서도

$$(A_1 A_2 \cdots A_{m-1} A_m)^T = A_m^T A_{m-1}^T \cdots A_2^T A_1^T \tag{2.26}$$

3 매트릭스식

3.1 2원 연립 1차방정식의 매트릭스에 의한 표시와 매트릭스식

x와 y를 미지수로 하는 2원 연립 1차방정식을 매트릭스를 이용하여 나타내면 다음과 같이 된다.

$$\begin{aligned} ax + by &= \alpha \\ cx + dy &= \beta \end{aligned} \tag{3.1}$$

$$\begin{bmatrix} a & b \\ c & d \end{bmatrix} \begin{Bmatrix} x \\ y \end{Bmatrix} = \begin{Bmatrix} \alpha \\ \beta \end{Bmatrix} \tag{3.2}$$

식(3.1)의 해는 소거법에 의해 쉽게 다음과 같이 얻을 수 있다.

$$\begin{Bmatrix} x = \dfrac{d\alpha - b\beta}{ad - bc} \\ y = \dfrac{-c\alpha + a\beta}{ad - bc} \end{Bmatrix} \tag{3.3}$$

여기서 $\Delta \equiv \begin{vmatrix} a & b \\ c & d \end{vmatrix} = ad - bc$ (3.4)

식(3.3)은 매트릭스형식으로 다음과 같이 쓸 수 있다.

$$\begin{Bmatrix} x \\ y \end{Bmatrix} = \begin{bmatrix} d/\Delta & -b/\Delta \\ -c/\Delta & a/\Delta \end{bmatrix} \begin{Bmatrix} \alpha \\ \beta \end{Bmatrix} = \frac{1}{\Delta} \begin{bmatrix} d & -b \\ -c & a \end{bmatrix} \begin{Bmatrix} \alpha \\ \beta \end{Bmatrix} \tag{3.5}$$

여기서 $A = \begin{bmatrix} a & b \\ c & d \end{bmatrix}$, $X = \begin{Bmatrix} x \\ y \end{Bmatrix}$, $\Gamma = \begin{Bmatrix} \alpha \\ \beta \end{Bmatrix}$ (3.6)

식(3.2)는 다음과 같이 쓸 수 있다.

$$AX = \Gamma \tag{3.7}$$

또

$$A^{-1} = \frac{1}{\Delta}\begin{bmatrix} d & -b \\ -c & a \end{bmatrix} \tag{3.8}$$

식(3.5)는 다음과 같이 쓸 수 있다.

$$X = A^{-1}\Gamma \tag{3.9}$$

또 식(3.4)에서 다음과 같으므로, 이것은 스칼라에 관한 식 $a \times a^{-1} = 1$과 비슷한 형식이 되어 있어, 매트릭스 A^{-1}이 구해지면 식(3.7)은 바로 식(3.9)의 형식에서 X가 구해진다.

$$AA^{-1} = \begin{bmatrix} a & b \\ c & d \end{bmatrix}\begin{bmatrix} d & -b \\ -c & a \end{bmatrix}1/\Delta = \begin{bmatrix} 1 & 0 \\ 0 & 1 \end{bmatrix} = I_2 \tag{3.10}$$

여기서, A^{-1}을 A의 역매트릭스(inverse matrix, reciprocal matrix)라고 한다.

3.2 매트릭스식의 정의 및 매트릭스식의 전개

위의 연립 1차방정식의 해를 구할 때 나타낸 식(3.4)에서 Δ를 a, b, c 및 d를 요소로 하는 2차 매트릭스식(determinant)이라고 한다. 이것은 식(3.6)에 주어진 정사각형매트릭스의 요소 및 그 배열과 똑같지만 매트릭스는 그러한 각 요소를 배열한 채로 이것을 하나의 수 또는 양의 집합으로서 취급하는데 대해 매트릭스식 Δ는 식(3.4)와 같이 그러한 각 요소사이에 정해진 대수연산으로 구한 Δ인 하나의 스칼라로 정의한다. 매트릭스식은 연립 1차 방정식의 해를 매트릭스법에 의해 표시할 때 소홀히 할 수 없는 것이다.

일반적으로 n원 연립 1차방정식 및 그 해도 각각 식(3.7) 및 식(3.9)의 형식으로 나타낼 수 있다. 단, 이 경우 정사각형매트릭스 A, 열매트릭스 X 및 Γ는 다음과 같이 나타낼 수 있다.

$$A=\begin{bmatrix} a_{11} & a_{12} & \cdots & a_{1n} \\ a_{21} & a_{22} & \cdots & a_{2n} \\ \vdots & \vdots & & \vdots \\ a_{n1} & a_{n2} & \cdots & a_{nn} \end{bmatrix},\ X=\begin{bmatrix} x_1 \\ x_2 \\ \vdots \\ x_n \end{bmatrix},\ \Gamma=\begin{bmatrix} \alpha_1 \\ \alpha_2 \\ \vdots \\ \alpha_n \end{bmatrix} \tag{3.11}$$

이 때, 다음이 성립하는 역매트릭스 A^{-1}의 각 요소를 구할 때, 다음에 정의되는 Δ가 필요하다.

$$AA^{-1}=I_n \tag{3.12}$$

$$\Delta=\begin{bmatrix} a_{11} & a_{12} & \cdots & a_{1\,j-1} & a_{1\,j} & a_{1\,j+1} & \cdots & a_{1n} \\ a_{2\,1} & a_{22} & \cdots & a_{2\,j-1} & a_{2\,j} & a_{2\,j+1} & \cdots & a_{2n} \\ \vdots & \vdots & & \vdots & \vdots & \vdots & & \vdots \\ a_{i-11} & a_{i-12} & & a_{i-1\,j-} & a_{i-1\,j} & a_{i-1\,j+1} & \cdots & a_{i-1\,n} \\ a_{i\,1} & a_{i\,2} & & a_{i\,j-1} & a_{ij} & a_{i\,j+1} & \cdots & a_{i\,n} \\ a_{i+11} & a_{i+12} & & a_{i+1\,j-1} & a_{i+1\,j} & a_{i+1\,j+1} & \cdots & a_{i+1\,n} \\ \vdots & \vdots & & \vdots & \vdots & \vdots & & \vdots \\ a_{n1} & a_{n2} & \cdots & a_{n\,j-1} & a_{nj} & a_{n\,j+1} & \cdots & a_{nn} \end{bmatrix} \tag{3.13}$$

위의 매트릭스식 Δ는 정사각형매트릭스 A와 같은 요소 및 배열을 갖고 있지만, 매트릭스와는 다르며 그러한 각 요소를 다음에 기술하는 대수연산규칙에 의해 결합된 것이다. 이와 같은 Δ를 n차 매트릭스식이라고 하며, Δ대신에 $|A|$, $\det A$ 또는 A_{ij}(단, 이 경우에는 A_{ij}의 정의를 부기한다) 등으로도 쓰고, 또 그 대수연산 결과를 그 매트릭스식의 전개(expansion)라고 한다.

(1) 2차 매트릭스식의 전개

2차 매트릭스식에 대해서는 앞에서 기술한 식(3.4)와 같다.

$$\begin{vmatrix} a_{11} & a_{12} \\ a_{21} & a_{22} \end{vmatrix} = a_{11}a_{22}-a_{12}a_{21}$$

(2) 3차 매트릭스식의 전개

3차 매트릭스식의 전개는 다음 식과 같이 나타낸다.

$$\begin{vmatrix} a_{11} & a_{12} & a_{13} \\ a_{21} & a_{22} & a_{23} \\ a_{31} & a_{32} & a_{33} \end{vmatrix} = \begin{aligned} &(a_{11}a_{22}a_{33}+a_{12}a_{23}a_{21}+a_{13}a_{32}a_{21}) \\ &-(a_{13}a_{22}a_{31}+a_{12}a_{21}a_{33}+{}_{aa}a_{32}a_{23}) \end{aligned} \tag{3.14}$$

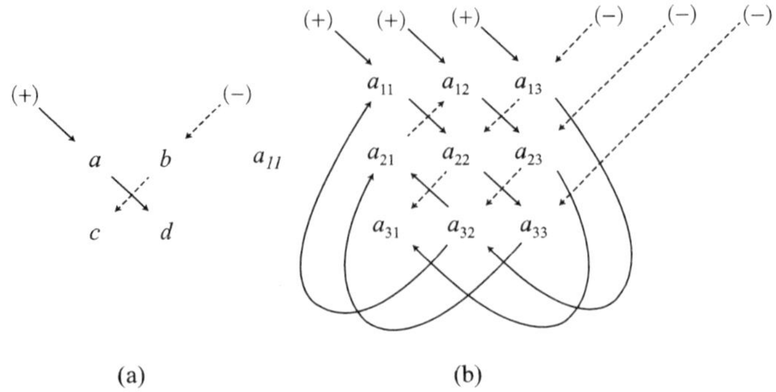

[그림 3.1] 매트릭스식의 전개

이 규칙은 2차 매트릭스식에서 [그림 3.1(a)]에서와 같이 적용되는 것으로 간주하고 이 규칙에 의해 식(3.4)를 얻을 수 있지만 4차 이상($n \geq 4$)의 경우에 이와 같은 규칙은 적용할 수 없다는 점에 주의하여야 한다.

위의 식(3.14)의 우변의 각 항은 [그림 3.1(b)]에 나타내었듯이 우선 실선으로 나타낸 화살표시의 각 요소 각각의 곱셈의 합을 구하고 점선으로 나타낸 화살표시의 각 요소의 각각의 곱셈의 합에 (−)를 붙여 모두 더한 것이다.

예를 들면, 다음과 같다.

$$\begin{vmatrix} 1 & 3 \\ 2 & 4 \end{vmatrix} = 1 \times 4 - 3 \times 2 = -2$$

$$\begin{vmatrix} 1 & 6 & 7 \\ 2 & 5 & 8 \\ 3 & 4 & 9 \end{vmatrix} = \begin{matrix} (1 \times 5 \times 9 + 6 \times 8 \times 3 + 7 \times 4 \times 2) \\ -(7 \times 5 \times 3 + 6 \times 2 \times 9 + 1 \times 4 \times 8) \end{matrix}$$

$$= (45 + 144 + 56) - (105 + 108 + 32) = 245 - 245 = 0$$

$$\begin{vmatrix} 1 & 6 & 5 \\ 7 & 2 & 4 \\ 8 & 9 & 3 \end{vmatrix} = \begin{matrix} (1 \times 2 \times 3 + 6 \times 4 \times 8 + 5 \times 9 \times 7) \\ -(5 \times 2 \times 8 + 6 \times 7 \times 3 + 1 \times 9 \times 4) \end{matrix}$$

$$= (6 + 192 + 315) - (805 + 126 + 36) = 513 - 242 = 271$$

(3) n차 매트릭스식의 여인수 전개

n차($n = 1, 2, \cdots$) 매트릭스식의 수치는 일반적으로 다음의 규칙에 따라 구할 수 있다. 식(3.13)의 임의의 행, 예를 들어 제i행에 대한 전개는 다음과 같다.

$$|A| = A_{i1}a_{i1} + A_{i2}a_{i2} + \cdots + A_{ij}a_{ij} + \cdots + A_{in}a_{in} \tag{3.15}$$

그리고 제j열에 대한 전개는 다음과 같다.

$$|A| = A_{1j}a_{i1} + A_{2j}a_{2j} + \cdots + A_{ij}a_{ij} + \cdots + A_{nj}a_{nj} \tag{3.16}$$

위의 식 중에 A_{ij}는 $(n-1)$다음 매트릭스식이며 식(3.13)에서 제i행 및 제j열을 제거하고 그 이외의 각 요소의 배열을 그대로 작성한 $(n-1)$다음 매트릭스식에 $(-1)^{i+j}$를 곱한 것이다. 즉,

$$A_{ij} = (-1)^{i+j}\begin{bmatrix} a_{11} & \cdots & a_{1\,j-1} & a_{1\,j+1} & \cdots & a_{1n} \\ \vdots & & \vdots & \vdots & & \vdots \\ a_{i-1\,1} & \cdots & a_{i-1\,j-1} & a_{i-1\,j+1} & \cdots & a_{i-1\,n} \\ a_{i+1\,1} & \cdots & a_{i+1\,j-1} & a_{i+1\,j+1} & \cdots & a_{i+1\,n} \\ \vdots & & \vdots & \vdots & & \vdots \\ a_{n1} & \cdots & a_{n\,j-1} & a_{n\,j+1} & \cdots & a_{nn} \end{bmatrix} \tag{3.17}$$

위의 식에서 A_{ij}를 식(3.13)에 나타낸 매트릭스식의 (i, j)요소의 여인수(cofactor)하고 식(3.17)에서 $(-1)^{i+j}$를 제거한 것을 (i,j)요소의 소매트릭스식(minor determinant)이라고 한다. 또 식(3.15)를 그 매트릭스식의 제i행에 대한 여인수 전개(expansion cofactors)이라고 하며 식(3.16)을 제j열에 대한 여인수 전개라고 한다.

예를 들면, $n=3$의 경우에 대해서는 제1행에 대한 전개를 생각하면 여인수는 각각 다음과 같이 된다.

$$|A| = \begin{vmatrix} a_{11} & a_{12} & a_{13} \\ a_{21} & a_{22} & a_{23} \\ a_{31} & a_{32} & a_{33} \end{vmatrix}$$

$$A_{11} = \begin{vmatrix} a_{22} & a_{23} \\ a_{32} & a_{33} \end{vmatrix},\quad A_{12} = -\begin{vmatrix} a_{21} & a_{23} \\ a_{31} & a_{33} \end{vmatrix},\quad A_{13} = \begin{vmatrix} a_{21} & a_{22} \\ a_{31} & a_{32} \end{vmatrix}$$

따라서

$$\begin{aligned} |A| &= A_{11}a_{11} + A_{12}a_{12} + A_{13}a_{13} \\ &= a_{11}\begin{vmatrix} a_{22} & a_{23} \\ a_{32} & a_{33} \end{vmatrix} - a_{12}\begin{vmatrix} a_{21} & a_{23} \\ a_{31} & a_{33} \end{vmatrix} + a_{13}\begin{vmatrix} a_{21} & a_{22} \\ a_{31} & a_{32} \end{vmatrix} \\ &= a_{11}a_{22}a_{33} - a_{12}a_{21}a_{32} - a_{12}a_{21}a_{33} + a_{12}a_{23}a_{31} + a_{13}a_{21}a_{32} - a_{13}a_{22}a_{31} \end{aligned}$$

$$= \begin{vmatrix} a_{11} & a_{12} & a_{13} \\ a_{21} & a_{22} & a_{23} \\ a_{31} & a_{32} & a_{33} \end{vmatrix} = |A|$$

이와 같이 제2열에 대한 전개는 다음과 같다.

$$\begin{aligned} |A| &= A_{12}a_{12} + A_{22}a_{22} + A_{32}a_{32} \\ &= -a_{11}\begin{vmatrix} a_{21} & a_{23} \\ a_{31} & a_{33} \end{vmatrix} + a_{22}\begin{vmatrix} a_{11} & a_{13} \\ a_{31} & a_{33} \end{vmatrix} - a_{32}\begin{vmatrix} a_{11} & a_{13} \\ a_{21} & a_{23} \end{vmatrix} \\ &= -a_{12}a_{21}a_{33} + a_{12}a_{23}a_{31} + a_{22}a_{11}a_{33} - a_{32}a_{13}a_{31} - a_{32}a_{11}a_{23} + a_{32}a_{13}a_{21} \\ &= \begin{vmatrix} a_{11} & a_{12} & a_{13} \\ a_{21} & a_{22} & a_{23} \\ a_{31} & a_{32} & a_{33} \end{vmatrix} = |A| \end{aligned}$$

(4) n차 매트릭스식의 전개

n차 매트릭스식은 위와 같이 식(3.15) 또는 식(3.16)과 식(3.17)에서 그 임의의 1행 또는 1열에 대해 여인수가 전개되고 그 행 또는 열의 여인수, 즉 $(n-1)$다음의 매트릭스식과 그 행 또는 열의 요소의 수치에 따라 이것을 나타낼 수 있다. 그 각각의 여인수는 $(n-1)$다음의 매트릭스식이므로 각각 위와 같게 하여 그 임의의 행 또는 열의 요소와 그것들에 대한 여인수 전개를 하면 $(n-2)$다음의 매트릭스식에 의해 나타낼 수 있다. 이 절차를 반복함으로써 결국 $n \geq 4$의 경우에 대해서도 원래의 n차 매트릭스식을 3차 또는 2차 매트릭스식과 원래의 매트릭스식에 관련된 요소와의 복합에 의해 나타낼 수 있으므로 (1) 또는 (2)에서 나타낸 절차에 따라 원래의 n차 매트릭스식의 수치를 구할 수 있다. 예를 들면,

$$\begin{vmatrix} 1 & 6 & 5 \\ 7 & 2 & 4 \\ 8 & 9 & 3 \end{vmatrix} = -7\begin{vmatrix} 6 & 5 \\ 9 & 3 \end{vmatrix} + 2\begin{vmatrix} 1 & 5 \\ 8 & 3 \end{vmatrix} - 4\begin{vmatrix} 1 & 6 \\ 8 & 9 \end{vmatrix}$$
$$= -7 \times (6 \times 3 - 5 \times 9) + 2(1 \times 3 - 5 \times 8) - 4(1 \times 9 - 6 \times 8)$$
$$= 271$$

$$\begin{vmatrix} 1 & 8 & 0 & 6 \\ 9 & 2 & 7 & 5 \\ 0 & 11 & 3 & 0 \\ 5 & 1 & 2 & 4 \end{vmatrix} = 1\begin{vmatrix} 2 & 7 & 5 \\ 11 & 3 & 0 \\ 1 & 2 & 4 \end{vmatrix} - 9\begin{vmatrix} 8 & 0 & 6 \\ 11 & 3 & 0 \\ 1 & 2 & 4 \end{vmatrix} - 0\begin{vmatrix} 8 & 0 & 6 \\ 2 & 7 & 5 \\ 1 & 2 & 4 \end{vmatrix} - 5\begin{vmatrix} 8 & 0 & 6 \\ 2 & 7 & 5 \\ 11 & 3 & 0 \end{vmatrix}$$
$$= 1 \times (-189) - 9 \times (210) + 0 \times (126) - 5 \times (-546)$$
$$= 651$$

4 역매트릭스

4.1 역매트릭스의 정의

2장에 있어서 매트릭스의 덧셈, 뺄셈 및 곱셈에 대해 설명했다. 다음에는 매트릭스의 나눗셈에 대해 설명한다.

일반적 초등대수학에서 2개의 수 A와 b의 곱셈이 1, 즉 $ab=1$일 때 $b=1/a=a^{-1}$, 즉 $aa^{-1}=1$ 써서, b는 a의 역수라 나타냄에 대응하여, 매트릭스 연산규칙에 있어서는 A 및 B를 각각 차수가 같은 정사각매트릭스 I를 같은 차수의 단위매트릭스로 했을 때, 다음과 같이 된다.

$$AB=I \tag{4.1}$$

$$B=A^{-1} \tag{4.2}$$

$$AA^{-1}=I \tag{4.3}$$

식(4.3)을 만족시키는 매트릭스 A^{-1}을 A의 역매트릭스(inverse matrix)라고 한다. 여기에서, 매트릭스 A의 요소가 주어졌을 때 그 역매트리스의 각 요소를 계산하는 것은, 그 매트릭스의 차수가 적을 때는 비교적 쉽지만 차수가 커지면, 일반적으로 수계산으로 이것을 계산하는 것은 쉽지 않다. 그러나 디지털 컴퓨터의 이용에 따라 수치적으로 이것을 구할 수 있게 되었고, 결과 정도의 확보에 대해서는 충분한 고려를 필요로 하지만, 그 차수가 수천 이상에 이르는 매트릭스의 역매트릭스도 구할 수 있게 되었다.

4.2 역매트릭스에 관한 공식 및 그 응용

이하 이장에서는 A, B 등의 매트릭스 및 단위매트릭스 I는, 모두 n차의 정사각형매트릭스로 한다.

(1) A^{-1}의 각 요소를 구하는 법

$$A = \begin{bmatrix} a_{11} & a_{12} & \cdots & a_{1n} \\ a_{21} & a_{22} & \cdots & a_{2n} \\ \vdots & \vdots & & \vdots \\ a_{n1} & a_{n2} & \cdots & a_{nn} \end{bmatrix} \tag{4.4}$$

얻어진 매트릭스의 요소 $a_{ij}(i,j=1,2,\cdots,n)$의 여인수 A_{ij}를 요소로 하는 정사각형매트릭스의 전치매트릭스$[A_{ij}]$를 여인수매트릭스 또는 수반매트릭스(adjoint matrix)라고 하며, 이것을 다음과 같이 쓴다.

$$adjA = \begin{bmatrix} A_{11} & A_{21} & \cdots & A_{n1} \\ A_{12} & A_{22} & \cdots & A_{n2} \\ \vdots & \vdots & & \vdots \\ A_{1n} & A_{2n} & & A_{nn} \end{bmatrix} \tag{4.5}$$

식(4.4) 및 (4.5)의 각 매트릭스를 이용하여 식(3.15) 및 (3.25)의 양식을 하나의 매트릭스곱셈의 형식으로 쓰면 다음과 같이 된다.

$$\begin{bmatrix} a_{11} & a_{12} & \cdots & a_{1n} \\ a_{21} & a_{22} & \cdots & a_{2n} \\ \vdots & \vdots & & \vdots \\ a_{n1} & a_{n2} & \cdots & a_{nn} \end{bmatrix} \begin{bmatrix} A_{11} & A_{21} & \cdots & A_{n1} \\ A_{12} & A_{22} & \cdots & A_{n2} \\ \vdots & \vdots & & \vdots \\ A_{1n} & A_{2n} & & A_{nn} \end{bmatrix} = \begin{bmatrix} |A| & 0 & \cdots & 0 \\ 0 & |A| & \cdots & 0 \\ \vdots & \vdots & & \vdots \\ 0 & 0 & \cdots & |A| \end{bmatrix} \tag{4.6}$$

위의 곱셈법을 요소에 대해 실행하고, 식(3.15) 및 (3.25)와 비교해 보면 알 수 있다. 따라서

$$A_{adj}\,A = |A|\,I \quad \text{또는} \quad A({}_{adj}\,A/|A|) = I \tag{4.7}$$

즉, 식(4.3) $AA^{-1}=I$와 식(4.7)을 비교[1]하면 다음과 같이 된다.

$$A^{-1} = (1/|A|)_{adj}A \tag{4.8}$$

다만 A^{-1}이 존재하기 위해서는 $|A| \neq 0$이라고 하는 점이 필요하다.

또는 ${}_{adj}A$의 각 요소를 구하는 방식은 3.2절의 (3)에 기술되어있다.

---

1) 이 경우 $I \neq 0$의 조건 하에 식(4.8)을 얻지만 $AB=AC=0$의 경우는 반드시 $B=C$에 한하지 않는다는 것에 주의를 요한다. 예를 들면,
$A=\begin{pmatrix} 2 & 0 \\ 0 & 0 \end{pmatrix}$, $B=\begin{pmatrix} 0 & 0 \\ 0 & 3 \end{pmatrix}$, $C=\begin{pmatrix} 0 & 0 \\ 0 & 5 \end{pmatrix}$라면 $AB=AC=0$으로 $B \neq C$

(2) $AA^{-1}=I$ 라면 $A^{-1}A=I$

식(4.6) 대신 매트릭스곱셈의 형식으로 나타내면 다음과 같다.

$$\begin{bmatrix} A_{11} & A_{21} & \cdots & A_{n1} \\ A_{12} & A_{22} & \cdots & A_{n2} \\ \vdots & \vdots & & \vdots \\ A_{1n} & A_{2n} & & A_{nn} \end{bmatrix} \begin{bmatrix} a_{11} & a_{12} & \cdots & a_{1n} \\ a_{21} & a_{22} & \cdots & a_{2n} \\ \vdots & \vdots & & \vdots \\ a_{n1} & a_{n2} & \cdots & a_{nn} \end{bmatrix} = \begin{bmatrix} |A| & 0 & \cdots & 0 \\ 0 & |A| & \cdots & 0 \\ \vdots & \vdots & & \vdots \\ 0 & 0 & \cdots & |A| \end{bmatrix} \quad (4.10)$$

따라서

$$(1/|A|)_{adj}\, A \cdot A = I$$

즉,

$$A^{-1}A = I \quad (4.11)$$

예를 들면,

$$A = \begin{bmatrix} 3 & 8 & 1 \\ 1 & 3 & -2 \\ 1 & 5 & 4 \end{bmatrix}, \quad |A| = 20$$

$$A_{11} = \begin{vmatrix} 3 & -2 \\ 5 & 4 \end{vmatrix} = 22, \quad A_{21} = -\begin{vmatrix} 8 & 1 \\ 5 & 4 \end{vmatrix} = -27, \quad A_{31} = \begin{vmatrix} 8 & 1 \\ 3 & -2 \end{vmatrix} = -19$$

$$A_{12} = -\begin{vmatrix} 1 & -2 \\ 1 & 4 \end{vmatrix} = -6, \quad A_{22} = \begin{vmatrix} 3 & 1 \\ 1 & 4 \end{vmatrix} = 11, \quad A_{32} = -\begin{vmatrix} 3 & 1 \\ 1 & -2 \end{vmatrix} = 7,$$

$$A_{13} = \begin{vmatrix} 1 & 3 \\ 1 & 5 \end{vmatrix} = 2, \quad A_{23} = -\begin{vmatrix} 3 & 8 \\ 1 & 5 \end{vmatrix} = -7, \quad A_{33} = \begin{vmatrix} 3 & 8 \\ 1 & 3 \end{vmatrix} = 1$$

$$A^{-1} = \begin{bmatrix} 22/20 & -27/20 & -19/20 \\ -6/20 & 11/20 & 7/20 \\ 2/20 & -7/20 & 1/20 \end{bmatrix}$$

또 $AA^{-1} = A^{-1}A = I_3$ 라는 것도 쉽게 검증할 수 있다.

(3) $(AB)^{-1} = B^{-1}A^{-1}$ (4.12)

왜냐하면 $(AB)(B^{-1}A^{-1}) = A(BB^{-1})A^{-1} = AIA^{-1} = AA^{-1} = I$

여기서 $AB = C, B^{-1}A^{-1} = D$ 로 하면 $CD = I$, 즉 $C^{-1} = D$

따라서 $(AB)^{-1} = B^{-1}A^{-1}$

(우변과 좌변의 A 및 B의 곱셈의 순서가 반대가 되어 있는 점에 주의)

(4) $\boldsymbol{A_1A_2A_3 \cdots A_{n-1}A_n)^{-1} = A_n^{-1}A_{n-1}^{-1} \cdots A_3^{-1}A_2^{-1}A_1^{-1}}$ (4.13)

왜냐하면 $A_2A_3 \cdots A_n = B$로 하면

$(A_1A_2A_3 \cdots A_{n-1}A_n)^{-1} = (A_1B)^{-1} = B^{-1}A_1^{-1}$

다시 $A_3 \cdots A_n = C$로 하면 $B = A_2C$

그러므로 $B^{-1} = C^{-1}A_2^{-1}$

따라서 $(A_1A_2A_3 \cdots A_{n-1}A_n)^{-1} = (A_3 \cdots A_n)^{-1}A_2^{-1}A_1^{-1}$

이것을 차례로 $(n-1)$회 반복하면 식(4.13)을 얻는다.

(5) $\boldsymbol{A_nA_{n-1} \cdots A_2A_1B = I}$ (4.14)

$$B^{-1} = A_nA_{n-1} \cdots A_2A_1 \tag{4.15}$$

왜냐하면 식(4.14)의 양변을 뒤에서(우측에서) B^{-1}을 곱셈하면

$A_nA_{n-1} \cdots A_2A_1BB^{-1} = IB^{-1} = B^{-1}$

$BB^{-1} = I$

그러므로 $B^{-1} = A_nA_{n-1} \cdots A_2A_1$

(6) 매트릭스의 곱셈에 의한 B의 역매트릭스 B^{-1}을 구하는 방법

B의 역매트릭스 B^{-1}을 구하려고 할 때, 만일 식(4.14)을 만족시키는 n개의 매트릭스 $A_1, A_2, \cdots, A_n$가 구해졌다고 하면, 그러한 매트릭스의 곱셈식 (4.15)을 계산함으로써 B^{-1}을 구할 수 있다. 작성법은 다음과 같이 하면 된다.

우선

$$B = \begin{bmatrix} b_{11} & b_{12} & \cdots & b_{1n} \\ b_{21} & b_{22} & \cdots & b_{2n} \\ \vdots & \vdots & & \vdots \\ b_{n1} & b_{n2} & \cdots & b_{nn} \end{bmatrix} \tag{4.16}$$

$$A = \begin{bmatrix} 1/b_{11} & 0 & \cdots & 0 \\ -b_{n1}/b_{11} & 1 & \cdots & 0 \\ \vdots & \vdots & & \vdots \\ -b_{n1}/b_{11} & 0 & \cdots & 1 \end{bmatrix} \tag{4.17}$$

$$A_1B = \begin{bmatrix} 1 & b_{12}/b_{11} & \cdots & b_{1n}/b_{11} \\ 0 & b_{22}-(b_{21}/b_{11})b_{12} & \cdots & b_{2n}-(b_{21}/b_{11})b_{1n} \\ \vdots & \vdots & & \vdots \\ 0 & b_{n2}-(b_{n1}/b_{11})b_{12} & \cdots & b_{nn}-(b_{n1}/b_{11})b_{1n} \end{bmatrix}$$

이것을 $A_1B = C$로 적으면

$$C = \begin{bmatrix} 1 & c_{12} & \cdots & c_{1n} \\ 0 & c_{22} & \cdots & c_{2n} \\ \vdots & \vdots & \cdots & \vdots \\ 0 & c_{n2} & \cdots & c_{nn} \end{bmatrix} \tag{4.18}$$

의 형식이 된다. 다음에

$$A_2 = \begin{bmatrix} 1 & -c_{12}/c_{22} & 0 & \cdots & 0 \\ 0 & 1/c_{22} & 0 & \cdots & 0 \\ \vdots & \vdots & \vdots & & \vdots \\ 0 & -c_{n2}/c_{22} & 0 & \cdots & 1 \end{bmatrix} \tag{4.19}$$

이것을 앞에서부터(좌측에서부터) C에 곱셈하면 다음과 같은 형식이 된다.

$$A_2C = A_2A_1B = \begin{bmatrix} 1 & 0 & d_{13} & \cdots & d_{1n} \\ 0 & 1 & d_{23} & \cdots & d_{2n} \\ \vdots & \vdots & \vdots & & \vdots \\ 0 & 0 & d_{n3} & \cdots & d_{nn} \end{bmatrix} \equiv D \tag{4.20}$$

계속하여 같게 하여 이것을 반복하면, 드디어 $A_nA_{n-1}\cdots A_2A_1B = I$의 형식으로 할 수 있다. 이러한 $A_1, A_2, \cdots A_n$을 이용하여 식(4.15)에 따라 B의 역매트릭스 B^{-1}을 구할 수 있다.

(7) 전치매트릭스의 역매트릭스는 역매트릭스의 전치매트릭스와 같다.

즉, $(A^T)^{-1} = (A^{-1})^T$ (4.21)

왜냐하면 매트릭스 A의 제i행, 제j열의 요소를 a_{ij}, 여인수를 A_{ij}로 하면, 정의에 따라 다음과 같이 된다.

$$A = [a_{ij}],\ A^T = [a_{ji}],\ A^{-1} = (1/|A|)[A_{ji}] \tag{4.22}$$

$$[A^T]^{-1} = (1/|A|)[A_{ij}] = (A^{-1})^T$$

예를 들면,

$$A=\begin{bmatrix}3 & 8 & 1\\ 1 & 3 & -2\\ 1 & 5 & 4\end{bmatrix},\ A^T=\begin{bmatrix}3 & 1 & 1\\ 8 & 3 & 5\\ 1 & -2 & 4\end{bmatrix},\ (A^T)^{-1}=(1/20)\begin{bmatrix}22 & -6 & 2\\ -27 & 11 & -7\\ -19 & 7 & 1\end{bmatrix}$$

한편, A^{-1}은 4, -2, (2)의 예에서 표시된 바와 같이

$$A^{-1}=(1/20)\begin{bmatrix}22 & -27 & -19\\ -6 & 11 & 7\\ 2 & -7 & 1\end{bmatrix}$$

즉, $(A^T)^{-1}=(A^{-1})^T$가 된다.

(8) 대각매트릭스의 전치매트릭스 및 역매트릭스

대각매트릭스

$$d=\begin{bmatrix}d_1 & 0 & \cdots & 0\\ 0 & d_2 & \cdots & 0\\ \vdots & \vdots & \ddots & \vdots\\ 0 & 0 & \cdots & d_n\end{bmatrix}$$

전치매트릭스는 정의에 의하여 다음과 같이 된다.

$$d^T=d$$

또 d의 역매트릭스 d^{-1}은 다음과 같다는 것은 쉽게 알 수 있다.

$$d^{-1}=\begin{bmatrix}1/d_1 & 0 & \cdots & 0\\ 0 & 1/d_2 & \cdots & 0\\ \vdots & \vdots & \ddots & \vdots\\ 0 & 0 & \cdots & 1/d_n\end{bmatrix}$$

$$dd^{-1}=d^{-1}d=I$$

(9) 대칭매트릭스의 역매트릭스는 대칭매트릭스이다.

대칭매트릭스를 A로 하면 정의에 따라

$$A=A^T$$

위 식의 역매트릭스를 생각하고, 식(4.21)을 이용하면

$$A^{-1} = (A^T)^{-1} = (A^{-1})^T$$

대칭매트릭스의 정의에 따라 위 식은 이 경우 A^{-1}도 대칭매트릭스이라는 점을 나타내고 있다.

(10) 특이매트릭스

일반적인 수에 있어서는, $a \neq 0$이라면 a^{-1}은 반드시 존재하지만, A의 역매트릭스A^{-1}은 $A \neq 0$이라도 $|A| = 0$ 이라면 존재하지 않는다. 예를 들어,

$$A = \begin{bmatrix} 2 & 1 \\ 6 & 3 \end{bmatrix}$$

$A \neq 0$이지만 $|A| = 0$이므로 $A^{-1} = (1/|A|)_{adj} A$는 존재하지 않는다.

이와 같이 $|A| = 0$이 되는 매트릭스 A를 특이매트릭스(singular matrix)라고 한다.

5 매트릭스의 분할

5.1 매트릭스의 분할에 의한 연산

예를 들면, 매트릭스의 요소를 다음에 표시하는 바와 같이 몇 가지 블록으로 분할한다.

$$A = \begin{bmatrix} a_{11} & a_{12} & a_{13} & a_{14} & a_{15} \\ a_{21} & a_{22} & a_{23} & a_{24} & a_{25} \\ a_{31} & a_{32} & a_{33} & a_{34} & a_{35} \\ a_{41} & a_{42} & a_{43} & a_{44} & a_{45} \\ a_{51} & a_{52} & a_{53} & a_{54} & a_{55} \end{bmatrix} \tag{5.1}$$

$$A = \begin{bmatrix} a_{11} & a_{12} & \vdots & a_{13} & a_{14} & a_{15} \\ a_{21} & a_{22} & \vdots & a_{23} & a_{24} & a_{25} \\ \cdots & \cdots & \cdots & \cdots & \cdots & \cdots \\ a_{31} & a_{32} & \vdots & a_{33} & a_{34} & a_{35} \\ a_{41} & a_{42} & \vdots & a_{43} & a_{44} & a_{45} \\ a_{51} & a_{52} & \vdots & a_{53} & a_{54} & a_{55} \end{bmatrix} \tag{5.2}$$

그리고

$$A_{11} = \begin{bmatrix} a_{11} & a_{12} \\ a_{21} & a_{22} \end{bmatrix}, \ A_{12} = \begin{bmatrix} a_{13} & a_{14} & a_{15} \\ a_{23} & a_{24} & a_{25} \end{bmatrix}, \tag{5.3}$$

$$A_{21} = \begin{bmatrix} a_{31} & a_{32} \\ a_{41} & a_{42} \\ a_{51} & a_{52} \end{bmatrix}, \ A_{22} = \begin{bmatrix} a_{33} & a_{34} & a_{35} \\ a_{43} & a_{44} & a_{45} \\ a_{53} & a_{54} & a_{55} \end{bmatrix}$$

식(5.1)은 다음과 같이 쓸 수 있다.

$$A = \begin{bmatrix} A_{11} & A_{12} \\ A_{21} & A_{22} \end{bmatrix} \tag{5.4}$$

여기서 A_{11}, A_{12}, A_{21} 및 A_{23}을 분할된 매트릭스 A의 부매트릭스(submatrix)라고 한다.

이와 같이 하여 식(5.1) 및 (5.3)의 각 매트릭스와 각각 같은 행수 및 열수를 가진 B, B_{11}, B_{12}, B_{21} 및 B_{22}(위에 여러 식에 있어서, 각각 $a \to b$, $A \to B$와 대치하여 얻은 매트릭스)를 다음과 같이 쓸 수 있다.

$$B = \begin{bmatrix} B_{11} & B_{12} \\ B_{21} & B_{22} \end{bmatrix} \tag{5.5}$$

여기서, $A+B=C$로 하면, C는 다음과 같이 쓸 수 있다.

$$C = \begin{bmatrix} C_{11} & C_{12} \\ C_{21} & C_{22} \end{bmatrix} \tag{5.6}$$

$$\begin{Bmatrix} C_{11} = A_{11} + B_{11}, & C_{12} = A_{12} + B_{12} \\ C_{21} = A_{21} + B_{21}, & C_{22} = B_{22} + C_{22} \end{Bmatrix} \tag{5.7}$$

이와 같이 되는 것은 매트릭스의 덧셈법의 정의에서 쉽게 알 수 있다.

다음에 매트릭스A와 매트릭스B의 곱셈을 C로 하면 다음과 같이 분할된 매트릭스끼리 매트릭스 요소의 곱셈법 규칙과 같은 규칙에 따른다.

$$C = AB = \begin{bmatrix} A_{11} & A_{12} \\ A_{21} & A_{22} \end{bmatrix} \begin{bmatrix} B_{11} & B_{12} \\ B_{21} & B_{22} \end{bmatrix} \tag{5.8}$$

$$= \begin{bmatrix} A_{11}B_{11} + A_{12}B_{21} & A_{11}B_{12} + A_{12}B_{22} \\ A_{21}B_{11} + A_{22}B_{21} & A_{21}B_{12} + A_{22}B_{22} \end{bmatrix} = \begin{bmatrix} C_{11} & C_{12} \\ C_{21} & C_{22} \end{bmatrix}$$

단지 그러한 제각기의 매트릭스의 적, 예컨대 $A_{11}B_{11}$이 존재해야만 한다. 그러기 위해서는 A_{11}의 열수와 B_{11}의 행수가 같아야만 한다. 이하, $A_{12}B_{21}$ 등에 대해서도 같다. 그러기 위해서는 A 또는 B의 행 및 열수가 각각 같으며, 또 양쪽의 매트릭스가 같은 분할법에 따라야만 한다. 그 결과로 얻어지는 매트릭스 $C = AB$의 행 및 열수는 A및 B의 행 및 열수와 각각 같으며, C의 행의 분할법은 A행의 분할법으로, C열의 분할법은 B열의 분할법과 같게 된다.

예를 들면,

$$A = \begin{bmatrix} A_{11} & A_{12} \\ A_{21} & A_{22} \end{bmatrix} = \left[\begin{array}{cc:ccc} 1 & 2 & 11 & 12 & 13 \\ 3 & 4 & 14 & 15 & 16 \\ \hdashline 5 & 6 & 17 & 18 & 19 \\ 7 & 8 & 20 & 21 & 22 \\ 9 & 10 & 23 & 24 & 25 \end{array}\right]$$

$$B = \begin{bmatrix} B_{11} & B_{12} \\ B_{21} & B_{22} \end{bmatrix} = \left[\begin{array}{cc:ccc} 26 & 27 & 36 & 37 & 38 \\ 28 & 29 & 39 & 40 & 41 \\ \hdashline 30 & 31 & 42 & 43 & 44 \\ 32 & 33 & 45 & 46 & 47 \\ 34 & 35 & 48 & 49 & 50 \end{array}\right]$$

$$AB = \begin{bmatrix} A_{11}B_{11} + A_{12}B_{21} & A_{11}B_{12} + A_{12}B_{22} \\ A_{21}B_{11} + A_{22}B_{21} & A_{21}B_{12} + A_{22}B_{22} \end{bmatrix}$$

$$A_{11}B_{11} + A_{12}B_{21} = \begin{bmatrix} 1 & 2 \\ 3 & 4 \end{bmatrix} \begin{bmatrix} 26 & 27 \\ 28 & 29 \end{bmatrix} + \begin{bmatrix} 11 & 12 & 13 \\ 14 & 15 & 16 \end{bmatrix} \begin{bmatrix} 30 & 31 \\ 32 & 33 \\ 34 & 35 \end{bmatrix}$$

$$= \begin{bmatrix} 1\times 26+2\times 28 & 1\times 27+2\times 29 \\ 3\times 26+4\times 28 & 3\times 27+4\times 29 \end{bmatrix} + \begin{bmatrix} 11\times 30+12\times 32+13\times 34 & 11\times 31+12\times 33+13\times 35 \\ 14\times 30+15\times 32+16\times 34 & 14\times 31+15\times 33+16\times 35 \end{bmatrix}$$

$$= \begin{bmatrix} 1\times 26+2\times 28+11\times 30+12\times 32+13\times 34 & 1\times 27+2\times 29+11\times 31+12\times 33+13\times 35 \\ 3\times 26+4\times 28+14\times 30+15\times 32+16\times 34 & 3\times 27+4\times 29+14\times 31+15\times 33+16\times 35 \end{bmatrix}$$

AB를 분할하지 않고 직접 구한 매트릭스 C의 각각 제1행 제1열, 제1행 제2열, 제2행 제1열 및 제2행 제2열과 같게 되어 있다. C의 다른 요소에 대해서도 같다.

5.2 매트릭스의 분할에 의한 연산의 응용

(1) 매트릭스의 곱셈 검산에 대한 응용

$(m,\ p)$매트릭스 A와 $(p,\ n)$ 매트릭스B의 곱셈 $C = AB$의 각 요소의 수치를 수계산으로 했을 때, 검산을 하기 위해서는 다음과 같이 해보면 된다.

우선 모든 요소가 1인 $(1\times m)$매트릭스 M_1과 $(n\times 1)$매트릭스 N_1의 곱셈을 작성해본다.

$$M_1 = [1\ \ 1\ \cdots\ \ 1] \tag{5.9}$$

$$N_1 = \begin{bmatrix} 1 \\ 1 \\ \vdots \\ 1 \end{bmatrix} \tag{5.10}$$

$$\begin{bmatrix} A \\ \cdots\cdots \\ M_1A \end{bmatrix} [B \ \vdots \ BN_1] = \begin{bmatrix} AB & \vdots & ABN_1 \\ \cdots\cdots & & \cdots\cdots \\ M_1AB & \vdots & M_1ABN_1 \end{bmatrix} \tag{5.11}$$

여기서 매트릭스 M_1A는 A의 요소를 제각기 각렬마다 세로로 덧셈한 것이 그 요소가 되어 있다. 예를 들면,

$$A = \begin{bmatrix} 5 & 2 \\ 1 & 4 \\ 3 & 5 \end{bmatrix} \text{라면 } M_1A = [1\ \ 1\ \ 1]\begin{bmatrix} 5 & 2 \\ 1 & 4 \\ 3 & 5 \end{bmatrix} = [5+1+3\ \ 2+4+5]$$
$$= [9\ \ 11]$$

매트릭스 BN_1은 B의 요소를 제각기 각행마다 가로로 덧셈한 것이 그 요소가 된다. 예를 들면,

$$B = \begin{bmatrix} 8 & 3 & 7 \\ 5 & 1 & 2 \end{bmatrix} \text{라면 } BN_1 = \begin{bmatrix} 8 & 3 & 7 \\ 5 & 1 & 2 \end{bmatrix}\begin{bmatrix} 1 \\ 1 \\ 1 \end{bmatrix} = \begin{bmatrix} 8+3+7 \\ 5+1+2 \end{bmatrix} = \begin{bmatrix} 18 \\ 8 \end{bmatrix}$$

따라서 식(5.11)에 대해서 M_1AB 및 ABN_1은 각각 매트릭스 $C = AB$의 각 요소를 세로로 덧셈한 것을 요소로 하는 행 매트릭스 및 C의 각 요소를 가로로 덧셈한 것을 요소로 하는 열 매트릭스이다.

다음에 식(5.11)에 있어서의 M_1ABN_1은 다음과 같이 된다.

$$M_1ABN_1 = (M_1A)(BN_1) = M_1(ABN_1) = (M_1AB)N_1 \tag{5.12}$$

위의 식(5.12)는 (1×1) 매트릭스, 즉 스칼라에서 열매트릭스 (ABN_1)의 각 요소를 세로로 덧셈한 것이고, 같은 행매트릭스 (M_1AB)의 각 요소를 가로로 덧셈한 것이며, 또 그 양자는 같아야 한다는 것을 표시하고 있다. 즉, 위의 예에서는

$$
\begin{aligned}
AB &= \begin{bmatrix} 5\times8+2\times5 & 5\times3+2\times1 & 5\times7+2\times2 \\ 1\times8+4\times5 & 1\times3+4\times1 & 1\times7+4\times2 \\ 3\times8+5\times5 & 3\times3+5\times1 & 3\times7+5\times2 \end{bmatrix} \\
&= \begin{bmatrix} 50 & 17 & 39 \\ 28 & 7 & 15 \\ 49 & 14 & 31 \end{bmatrix}
\end{aligned} \tag{5.13}
$$

$$
ABN_1 = \begin{bmatrix} 50 & 17 & 39 \\ 28 & 7 & 15 \\ 49 & 14 & 31 \end{bmatrix}\begin{bmatrix} 1 \\ 1 \\ 1 \end{bmatrix} = \begin{bmatrix} 50+17+39 \\ 28+7+15 \\ 49+14+31 \end{bmatrix} = \begin{bmatrix} 106 \\ 50 \\ 94 \end{bmatrix}
$$

$$
M_1(ABN_1) = \begin{bmatrix} 1 & 1 & 1 \end{bmatrix}\begin{bmatrix} 106 \\ 50 \\ 94 \end{bmatrix} = 106+50+94 = 250
$$

$$
\begin{aligned}
M_1AB &= \begin{bmatrix} 1 & 1 & 1 \end{bmatrix}\begin{bmatrix} 50 & 17 & 39 \\ 28 & 7 & 15 \\ 49 & 14 & 31 \end{bmatrix} \\
&= \begin{bmatrix} 50+28+49 & 17+7+14 & 39+15+31 \end{bmatrix} = \begin{bmatrix} 127 & 38 & 85 \end{bmatrix}
\end{aligned}
$$

$$
(M_1AB)N_1 = \begin{bmatrix} 127 & 38 & 85 \end{bmatrix}\begin{bmatrix} 1 \\ 1 \\ 1 \end{bmatrix} = 127+38+85 = 250
$$

그러므로 식(5.12)가 성립되는 것을 알 수 있다. 이상의 예를 식(5.13) 등을 참조하여 식(5.11)의 형식으로 나타내면 다음과 같이 된다.

$$
\left[\begin{array}{c:c} AB & ABN_1 \\ \hdashline M_1AB & M_1ABN_1 \end{array}\right] = \left[\begin{array}{ccc:c} 50 & 17 & 39 & 106 \\ 28 & 7 & 15 & 50 \\ 49 & 14 & 31 & 94 \\ \hdashline 127 & 38 & 85 & 250 \end{array}\right]\downarrow \\ \rightarrow
$$

위의 식에서 화살표로 표시된 각각 3개 요소의 합이 모두 250과 같아야만 된다는 것을 표시했으며, 그 양자가 맞지 않을 때는 중간 계산에서 착오가 있다는 것을 알 수 있다. 이 검산 방법은 임의의 $(m\times p)$매트릭스 A와 $(p\times n)$매트릭스 B의 곱셈에 대해서도 응용된다.

(2) 연립1차 방정식의 해법에 대한 응용

구조해석에 있어서, 가끔 다음과 같은 형식의 연립1차 방정식을 푸는 것이 필요할 때가 있다. 예를 들면,

$$\begin{bmatrix} A_1 \\ A_2 \\ \cdots \\ y_3 \\ y_4 \\ y_5 \end{bmatrix} = \begin{bmatrix} a_{11} & a_{12} & \vdots & b_{13} & b_{14} & b_{15} \\ a_{21} & a_{22} & \vdots & b_{23} & b_{24} & b_{25} \\ \cdots & \cdots & \cdots & \cdots & \cdots & \cdots \\ c_{31} & c_{32} & \vdots & d_{33} & d_{34} & d_{35} \\ c_{41} & c_{42} & \vdots & d_{43} & d_{44} & d_{45} \\ c_{51} & c_{52} & \vdots & d_{53} & d_{54} & d_{55} \end{bmatrix} \begin{bmatrix} x_1 \\ x_2 \\ \cdots \\ B_3 \\ B_4 \\ B_5 \end{bmatrix} \tag{5.14}$$

여기서 x_1, x_2, y_3, y_4, y_5는 미지수, 기타 A_1, A_2, B_3, B_4, B_5 및 a_{11}, $\cdots$, b_{13}, $\cdots$, c_{31}, $\cdots$, d_{33}, $\cdots$ 등은 기지수이다. 위 식을 기지수를 나타내는 부매트릭스로 나타내면 다음과 같이 된다.

$$A = \begin{bmatrix} A_1 \\ A_2 \end{bmatrix},\ B = \begin{bmatrix} B_3 \\ B_4 \\ B_5 \end{bmatrix},\ a = \begin{bmatrix} a_{11} & a_{12} \\ a_{21} & a_{22} \end{bmatrix},\ b = \begin{bmatrix} b_{13} & b_{14} & b_{15} \\ b_{23} & b_{24} & b_{25} \end{bmatrix}$$

$$c = \begin{bmatrix} c_{31} & c_{32} \\ c_{41} & c_{42} \\ c_{51} & c_{52} \end{bmatrix},\ d = \begin{bmatrix} d_{33} & d_{34} & d_{35} \\ d_{43} & d_{44} & d_{45} \\ d_{53} & d_{54} & d_{55} \end{bmatrix},\ x = \begin{bmatrix} x_1 \\ x_2 \end{bmatrix},\ y = \begin{bmatrix} y_3 \\ y_4 \\ y_5 \end{bmatrix}$$

$$\begin{bmatrix} A \\ y \end{bmatrix} = \begin{bmatrix} a & b \\ c & d \end{bmatrix} \begin{bmatrix} x \\ B \end{bmatrix} \tag{5.15}$$

부매트릭스 사이에 곱셈법을 적용하면 위의 식은 다음 2가지의 방정식이 된다.

$$\begin{Bmatrix} A = ax + bB \\ y = cx + dB \end{Bmatrix} \tag{5.16}$$

식(5.15)의 제1식에서 다음과 같이 x를 얻을 수 있다.

$$x = a^{-1}(A - bB) \tag{5.17}$$

이것을 그 제2식에 대입하면 다음과 같이 y를 얻을 수 있다.

$$y = c\{a^{-1}(A - bB)\} + dB \tag{5.18}$$

예를 들면, 다음 방정식에서 $y_1 = 2$, $y_2 = 1$, $x_3 = -1$일 때 x_1, x_2 및 y_3를 구한다.

$$\begin{aligned} y_1 &= x_1 + 2x_2 + 3x_3 \\ y_2 &= 3x_1 + x_2 + 2x_3 \\ y_3 &= x_1 + 3x_2 + x_3 \end{aligned} \tag{5.19}$$

식(5.19)를 분할된 매트릭스 방정식의 형식으로 나타내면 다음과 같다.

$$\begin{bmatrix} 2 \\ 1 \\ \cdots \\ y_3 \end{bmatrix} = \begin{bmatrix} 1 & 2 & \vdots & 3 \\ 3 & 1 & \vdots & 2 \\ \cdots & \cdots & \cdots & \cdots \\ 1 & 3 & \vdots & 1 \end{bmatrix} \begin{bmatrix} x_1 \\ x_2 \\ \cdots \\ -1 \end{bmatrix} \tag{5.20}$$

부매트릭스를 각각 다음과 같이 분할한다.

$$A = \begin{bmatrix} 2 \\ 1 \end{bmatrix},\ B = [-1],\ a = \begin{bmatrix} 1 & 2 \\ 3 & 1 \end{bmatrix},\ b = \begin{bmatrix} 3 \\ 2 \end{bmatrix},\ c = [1\ \ 3],\ d = [1]$$

식(5.20)은 식(5.15)의 형식이 된다.

$$a^{-1} = -\frac{1}{5}\begin{bmatrix} 1 & -2 \\ -3 & 1 \end{bmatrix} = \frac{1}{5}\begin{bmatrix} -1 & 2 \\ 3 & -1 \end{bmatrix}$$

그러므로 식(5.17)은 다음과 같이 된다.

$$\begin{aligned} x = a^{-1}(A - bB) &= \frac{1}{5}\begin{bmatrix} -1 & 2 \\ 3 & -1 \end{bmatrix}\left\{\begin{bmatrix} 2 \\ 1 \end{bmatrix} - \begin{bmatrix} 3 \\ 2 \end{bmatrix}(-1)\right\} \\ &= \frac{1}{5}\begin{bmatrix} -1 & 2 \\ 3 & -1 \end{bmatrix}\begin{bmatrix} 5 \\ 3 \end{bmatrix} = \frac{1}{5}\begin{bmatrix} 1 \\ 12 \end{bmatrix} = \begin{bmatrix} x_1 \\ x_2 \end{bmatrix} \end{aligned}$$

따라서 위 식과 식(5.18)에서

$$y = ca^{-1}(A - bB) + dB = \frac{1}{5}[1\ \ 3]\begin{bmatrix} 1 \\ 12 \end{bmatrix} + 1 \times (-1) = \frac{32}{5} = y_3$$

(3) 매트릭스의 분할에 의해 역매트릭스의 구하는 방법

A를 특이하지 않은($|A| \neq 0$) m차의 정사각매트릭스로 하고 A의 역매트릭스 A^{-1}을 분할에 의해 구한다. 우선 A를 다음과 같이 부매트릭스로 분할한다.

$$A = \begin{bmatrix} a_{11} & a_{12} \\ a_{21} & a_{22} \end{bmatrix} \tag{5.21}$$

여기서 a_{11}은 r차 a_{22}를 s차의 정사각매트릭스로 하고, a_{12} 및 a_{21}을 각각 $(r \times s)$ 및 $(s \times r)$ 사각매트릭스로 한다. 단지 $r+s=m$로 한다. 또

$$A^{-1}=B=\begin{bmatrix} b_{11} & b_{12} \\ b_{21} & b_{22} \end{bmatrix} \tag{5.22}$$

단, B의 분할법은 A와 같게 한다. 즉 b_{11}, b_{12}, b_{21} 및 b_{22}는 각각 $(r \times r)$, $(r \times s)$, $(s \times r)$ 및 $(s \times s)$매트릭스로 한다. 정의에 따라

$$\begin{aligned} I = A^{-1}A = BA &= \begin{bmatrix} b_{11} & b_{12} \\ b_{21} & b_{22} \end{bmatrix} \begin{bmatrix} a_{11} & a_{12} \\ a_{21} & a_{22} \end{bmatrix} \\ &= \begin{bmatrix} b_{11}a_{11}+b_{12}a_{21} & b_{11}a_{12}+b_{12}a_{22} \\ b_{21}a_{11}+b_{22}a_{21} & b_{21}a_{12}+b_{22}a_{22} \end{bmatrix} \\ &\equiv \begin{bmatrix} I_r & O \\ O & I_s \end{bmatrix} \end{aligned} \tag{5.23}$$

여기서 I_r 및 I_s는 각각 r차 및 s차의 단위매트릭스이다.

따라서 영매트릭스(zero matrix or null matrix)를 O라 하고 다음과 같이 나타낼 수 있다.

$$b_{11}a_{11}+b_{12}a_{21}=I_r \tag{5.24a}$$

$$b_{11}a_{12}+b_{12}a_{22}=O \tag{5.24b}$$

$$b_{21}a_{11}+b_{22}a_{21}=O \tag{5.24c}$$

$$b_{21}a_{12}+b_{22}a_{22}=I_s \tag{5.24d}$$

식(5.24a)에서

$$b_{11}=(I_r-b_{12}a_{21})a_{11}^{-1} \tag{5.25}$$

위 식을 구하는 데 $a_{11}a_{11}{}^{-1}=I_r$를 이용해서 식(5.24a) 의 좌변의 $b_{12}a_{21}$을 우변으로 이항한 다음, 그 양변에 $a_{11}{}^{-1}$을 우측으로부터 곱셈하여 구한다.

$$b_{11}a_{11}a_{11}^{-1}=(I_r-b_{12}a_{21})a_{11}^{-1}$$

매트릭스의 곱셈법의 규칙에 따라 일반적으로 $b_{11} \neq a_{11}{}^{-1}(I_r-b_{12}a_{21})$인 것에 주의를 요한다. 다음에 식(5.25)를 식(5.24b)에 대입하면 다음과 같이 된다.

$$(I_r - b_{12}a_{21})a_{11}^{-1}a_{12} + b_{12}a_{22} = O \tag{5.26}$$

그러므로

$$P = a_{11}^{-1}a_{12} \tag{5.27a}$$

$$Q = a_{21}a_{11}^{-1} \tag{5.27b}$$

$$R = a_{22} - Qa_{12} \tag{5.27c}$$

식(5.26)은

$$P + b_{12}R = O \tag{5.28}$$
$$b_{12} = -PR^{-1}$$

또 식(5.25)에서

$$b_{11} = a_{11}^{-1} - b_{12}a_{21}a_{11}^{-1} = a_{11}^{-1} + PR^{-1}a_{21}a_{11}^{-1} = a_{11}^{-1} + PR^{-1}Q \tag{5.29}$$

식(5.27)의 양변에 a_{12}를 곱하여 식(5.27a)를 이용하면

$$Qa_{12} = a_{21}a_{11}^{-1}a_{12} = a_{21}P$$

또 식(5.27c)에서

$$R = a_{22} - Qa_{12} = a_{22} - a_{21}P$$

식(5.24c)와 (5.27b)에서

$$b_{21} = -b_{22}a_{21}a_{11}^{-1} = -b_{22}Q \tag{5.30}$$

위의 식을 식(5.24d)에 대입하면

$$-b_{22}Qa_{12} + b_{22}a_{22} = I_s$$

즉,

$$b_{22}(a_{22} - Qa_{12}) = I_s$$

식(5.27c)에서

$$b_{22}R = I_s \tag{5.31}$$
$$b_{22} = R^{-1}$$

식(5.31)을 (5.30)에 대입하면

$$b_{21} = - R^{-1} Q \tag{5.32}$$

결국, 식(5.22), (5.29), (5.28), (5.32) 및 (5.31)에서 다음 식을 얻을 수 있다.

$$A^{-1} = \begin{bmatrix} a_{11}^{-1} + PR^{-1}Q & -PR^{-1} \\ -R^{-1}Q & R^{-1} \end{bmatrix} \tag{5.33}$$

여기서, $r = m-1, s-1$이 되는 경우를 생각하면, a_{12}는 $[(m-1)\times 1]$ 매트릭스, 즉 열매트릭스가 되며, a_{21}은 $[1\times(m-1)]$매트릭스, 즉 행매트릭스, a_{22}는 (1×1)매트릭스, 즉 일반적인 수(스칼라)가 된다. 따라서 R^{-1}도 스칼라가 된다. 여기서 식(5.27a), (5.27b) 및 (5.27c)를 구하면, 식(5.33)에서 A^{-1}을 구할 수 있다. R는 스칼라이므로 $R^{-1} = 1/R$로 구하여지므로, 결국 a_{11}^{-1}이 구해져 있으면 식(5.33)에서 A^{-1}을 구할 수 있다.

예를 들어, 다음 매트릭스의 역매트릭스 A^{-1}를 구해보자.

$$A = \begin{bmatrix} a_{11} & a_{12} & a_{13} & a_{14} \\ a_{21} & a_{22} & a_{23} & a_{24} \\ a_{31} & a_{32} & a_{33} & a_{34} \\ a_{41} & a_{42} & a_{43} & a_{44} \end{bmatrix} \tag{5.34}$$

A^{-1}을 구하기 위해서는 다음과 같이 분할한다.

$$A_1 = a_{11} \tag{5.35a}$$

$$A_2 = \left[\begin{array}{c:c} a_{11} & a_{12} \\ \hdashline a_{21} & a_{22} \end{array}\right] = \left[\begin{array}{c:c} A_1 & a_{12} \\ \hdashline a_{21} & a_{22} \end{array}\right] \tag{5.35b}$$

$$A_3 = \left[\begin{array}{cc:c} a_{11} & a_{12} & a_{13} \\ a_{21} & a_{22} & a_{23} \\ \hdashline a_{31} & a_{32} & a_{33} \end{array}\right] = \left[\begin{array}{cc:c} \multicolumn{2}{c:}{\multirow{2}{*}{A_2}} & a_{13} \\ & & a_{23} \\ \hdashline a_{31} & a_{32} & a_{33} \end{array}\right] \tag{5.35c}$$

$$A_4 = \left[\begin{array}{ccc:c} a_{11} & a_{12} & a_{13} & a_{14} \\ a_{21} & a_{22} & a_{23} & a_{24} \\ a_{31} & a_{32} & a_{33} & a_{34} \\ \hdashline a_{41} & a_{42} & a_{43} & a_{44} \end{array}\right] = \left[\begin{array}{ccc:c} & & & a_{14} \\ & A_3 & & a_{24} \\ & & & a_{34} \\ \hdashline a_{41} & a_{42} & a_{43} & a_{44} \end{array}\right] \tag{5.35d}$$

우선 식(5.35a)에서 $A^{-1}=1/a_{11}$, 다음에(5.35b)의 역매트릭스는 쉽게 구해진다.

$$A_2^{-1}=\{1/(a_{11}a_{22}-a_{12}a_{21})\}\begin{bmatrix} a_{22} & -a_{12} \\ -a_{21} & a_{11} \end{bmatrix} \tag{5.35e}$$

다음에 A_2^{-1}을 이용하여, 식(5.33), (5.27a), (5.27b) 및 (5.27c)에서 A_3^{-1}이 구해져서, 이와 같이 하여 A_3^{-1}을 이용하여 A_4^{-1}을 구할 수 있다. 이와 같이 하여 n차의 매트릭스 A_n의 역매트릭스 A_n^{-1}을 구할 수 있다. 단지 위와 같이 원래의 매트릭스 A의 부매트릭스의 역매트릭스를 순서에 따라 구하는 도중에서, 부매트릭스가 특이매트릭스가 되는 수가 있다. 예를 들면, A_i가 특이매트릭스가 된 경우는, 원래의 매트릭스 A_n의 제i행의 요소를 최후의 행, 즉 제 n행의 요소와 교환하여 계산을 속행한다. 이것은 원래의 매트릭스 A_n에 다음에 표시하는 매트릭스 T_i를 곱한 것에 의해 얻을 수 있다. 즉, 제i행과 제n행을 교환한 매트릭스를 B_n로 하면 다음과 같이 된다.

$$T_iA_n = B_n \tag{5.36a}$$

여기서,

$$T_i = \left[\begin{array}{c|c|c} & 0 & & 0 \\ I_{i-1} & \vdots & O & \vdots \\ & 0 & & 0 \\ 0\ 0 \cdots 0 & 0 & 0 \cdots 0 & 1 \\ & 0 & & 0 \\ O & \vdots & I_{n-i-1} & \vdots \\ & 1 & & 0 \end{array}\right] \tag{5.36b}$$

$$A_n = \begin{bmatrix} a_{11} & a_{12} \cdots & a_{1n} \\ a_{21} & a_{22} \cdots & a_{2n} \\ \vdots & \vdots & \vdots \\ a_{i1} & a_{i2} \cdots & a_{in} \\ \vdots & \vdots & \vdots \\ a_{n1} & a_{n2} \cdots & a_{nn} \end{bmatrix} \tag{5.36c}$$

$$B_n = \begin{bmatrix} a_{11} & a_{12} \cdots & a_{1n} \\ a_{21} & a_{22} \cdots & a_{2n} \\ \vdots & \vdots & \vdots \\ a_{n1} & a_{n2} \cdots & a_{nn} \\ \vdots & \vdots & \vdots \\ a_{i1} & a_{i2} \cdots & a_{in} \end{bmatrix} \tag{5.36d}$$

B_n^{-1}이 구해지면 식(5.36a) 및 식(4.12)에서 다음과 같이 된다.

$$B_n^{-1} = A_n^{-1} T_i^{-1}$$

그러므로 다음과 같이 쉽게 구할 수 있다.

$$A_n^{-1} = B_n^{-1} T_i \tag{5.37}$$

또 같은 것은 행의 교환 대신에 열의 교환에서도 할 수 있다. 더욱 4.2절, (1)에 있어서 설명한 여인수 매트릭스의 정의에 따라 $r = n-1, s = 1$의 경우의 식(5.33)의 형식으로 구해진 A_n^{-1}의 제n행 제n열의 요소 R_s^{-1}에 대응하는 여인수는 $|A_{n-1}|$이므로 다음과 같이 된다.

$$R_s^{-1} = |A_{n-1}| \,/\, |A_n|$$

그러므로

$$R_s = R_s = |A_n|/|A_{n-1}| \equiv r_n \tag{5.38}$$

따라서, N차 매트릭스의 역매트릭스를 구하는 계산을 위의 방법으로 할 경우의 각 단계에 있어서 식(5.33) 속의 R_s^{-1}에서 얻어지고, R_s의 수치를 순서를 따라서 $n = 1, 2, 3, \cdots, N$에 대해서 구해두면, 구하는 N차 매트릭스의 요소를 요소로 하는 행렬식 $|A_N|$은 다음 식으로 구할 수 있다.

$$\begin{aligned} |A_N| &= (|A_N|/|A_{N-1}|)(|A_{N-1}|/|A_{N-2}|) \cdots (|A_2|/|A_1|)(|A_1|/|A_0|) \\ &= r_N r_{N-1} \cdots r_1 \end{aligned} \tag{5.39}$$

$$|A_0| = 1, \; r_1 = |A_1| = a_{11} \tag{5.40}$$

예를 들면,

$$A_3 = \begin{bmatrix} 1 & 3 & 5 \\ -2 & 4 & 1 \\ -3 & 2 & -1 \end{bmatrix}$$

$$A_1 = 1, \; A_2 = \begin{bmatrix} 1 & 3 \\ -2 & 4 \end{bmatrix}, \; A_3 = \begin{bmatrix} 1 & 3 & 5 \\ -2 & 4 & 1 \\ -3 & 2 & -1 \end{bmatrix}$$

$$|A_1| = 1,\ |A_2| = 10$$

$$r_1 = 1,\ r_2 = |A_2|/|A_1| = 10/1,\ r_3 = |A_3|/|A_2|$$

A_2에 대해서 식(5.27a), (5.27b) 및 (5.27c)는 각각

$$P = a_{11}^{-1} a_{12} = 1 \times 3 = 3$$

$$Q = a_{21} a_{11}^{-1} = -2 \times 1 = -2$$

$$R = a_{22} - Q a_{12} = 4 - (-2) \times 3 = 10 \equiv r_2$$

따라서

$$A_2^{-1} = \begin{bmatrix} a_{11}^{-1} + PR^{-1}Q & -PR^{-1} \\ -R^{-1}Q & R^{-1} \end{bmatrix} = \begin{bmatrix} 1 + 3 \times (1/10) \times (-2) & -3 \times (1/10) \\ -(1/10) \times (-2) & (1/10) \end{bmatrix} = \frac{1}{10} \begin{vmatrix} 4 & -3 \\ 2 & 1 \end{vmatrix}$$

A_3에 대해 식(5.27a), (5.27b) 및 (5.27c)는 각각

$$P = \frac{1}{10} \begin{vmatrix} 4 & -3 \\ 2 & 1 \end{vmatrix} \begin{vmatrix} 5 \\ 1 \end{vmatrix} = \frac{1}{10} \begin{vmatrix} 17 \\ 11 \end{vmatrix}$$

$$Q = \frac{1}{10} [-3\ \ 2] \begin{vmatrix} 4 & -3 \\ 2 & 1 \end{vmatrix} = \frac{1}{10} [-8\ \ 11]$$

$$R = -1 - \frac{1}{10} [-8\ \ 11] \begin{vmatrix} 5 \\ 1 \end{vmatrix} = \frac{19}{10} \equiv r_3$$

따라서 $|A_3| = r_1 r_2 r_3 = 1 \times 10 \times \dfrac{19}{10} = 19$

$$A_3^{-1} = \frac{1}{19} \left[\begin{array}{cc:c} -6 & 13 & -17 \\ -5 & 14 & -11 \\ \hdashline 8 & -11 & 10 \end{array}\right]$$

6 연립 1차방정식의 해와 계수와의 관계

n차 연립 1차방정식에 해가 존재하기 위한 조건에 대해 검토해 보자.

$$
\begin{aligned}
&a_{11}x_1 + a_{12}x_2 + \cdots + a_{1n}x_n = b_1 \\
&a_{21}x_1 + a_{22}x_2 + \cdots + a_{2n}x_n = b_2 \\
&\cdots\cdots\cdots\cdots\cdots\cdots\cdots\cdots \\
&\cdots\cdots\cdots\cdots\cdots\cdots\cdots\cdots \\
&a_{n1}x_1 + a_{n2}x_2 + \cdots + a_{nn}x_n = b_n
\end{aligned}
\tag{6.1}
$$

우선 위의 연립 1차방정식을 매트릭스를 이용하여 나타내면 다음과 같다.

$$
\begin{bmatrix} a_{11} & a_{12} \cdots & a_{1n} \\ a_{21} & a_{22} \cdots & a_{2n} \\ & \cdots\cdots & \\ & \cdots\cdots & \\ a_{n1} & a_{n2} \cdots & a_{nn} \end{bmatrix} \begin{Bmatrix} x_1 \\ x_2 \\ \vdots \\ x_n \end{Bmatrix} = \begin{Bmatrix} b_1 \\ b_2 \\ \vdots \\ b_n \end{Bmatrix}
\tag{6.1-a}
$$

여기서,

$$
A = \begin{bmatrix} a_{11} & a_{12} & \cdots & a_{1n} \\ a_{21} & a_{22} & \cdots & a_{2n} \\ \vdots & \vdots & & \vdots \\ a_{n1} & a_{n2} & \cdots & a_{nn} \end{bmatrix}
\tag{6.2}
$$

$$
B = \begin{bmatrix} a_{11} & a_{12} & \cdots & a_{1n} & b_1 \\ a_{21} & a_{22} & \cdots & a_{2n} & b_2 \\ \vdots & \vdots & & \vdots & \vdots \\ a_{n1} & a_{n2} & \cdots & a_{nn} & b_n \end{bmatrix}
\tag{6.3}
$$

$$
x = \begin{Bmatrix} x_1 \\ x_2 \\ \vdots \\ x_n \end{Bmatrix}
\tag{6.4}
$$

$$
b = \begin{Bmatrix} b_1 \\ b_1 \\ \vdots \\ b_n \end{Bmatrix}
\tag{6.5}
$$

식(6.1)은 다음과 같이 된다.

$$Ax = b \tag{6.6}$$

식(6.6)의 해는 $A \neq 0$이라면 곧 $x = A^{-1}b$로 되고, A의 역행렬 A^{-1}은 4.2절에 따라 계산할 수 있으므로 x는 구할 수 있다. 또한 식(6.6)은 다음과 같이 쓸 수 있다.

$$f = Ax - b = 0 \tag{6.7}$$

즉, 식(6.7)은 $q = 1, 2, \cdots, n$에 대해서 다음과 같이도 쓸 수 있다.

$$f_q = a_{q1}x_1 + a_{q2}x_2 + \cdots + a_{qn}x_n - b_q = 0 \tag{6.8}$$

다만

$$f = \begin{Bmatrix} f_1 \\ f_2 \\ \vdots \\ f_n \end{Bmatrix} \tag{6.9}$$

식(6.7), 즉 식(6.8)이 해를 지닌다고 가정하여, 그 해를 식(6.8)에 대입하면 $b_1, b_2, \cdots, b_n$는 $x_1, x_2, \cdots, x_n$의 1차 결합으로 나타낼 수 있다. 그와 같은 경우, 식(6.2)의 A와 식(6.3)의 B의 계수가 같다는 것은 쉽게 알 수 있다. 즉, 이 경우 B속에 가장 우단 열의 요소는 반드시 이 이외 열의 요소의 1차 결합되어 있으므로, B의 소요를 n행을 취해 작성할 수 있는 행렬식 가운데 우단 열의 요소 b_q를 포함하는 행렬식은, B에 있어서의 b_q 이외의 열의 요소가 각각 대응하는 A의 요소를 요소로 하는 행렬식과 완전히 같으며, b_q에 대응하는 1열만이 다르지만, A에서 작성한 그 행렬식의 수치가 0이면 그 속의 1열을 b_q행렬 계수의 정의에 따라, A와 B의 계수는 같다.

$$A = \begin{vmatrix} 1 & 2 & 1 \\ 2 & 4 & 3 \\ 3 & 6 & 4 \end{vmatrix}$$

위의 매트릭스에서 $A = 0$이지만

$$\begin{vmatrix} 4 & 3 \\ 6 & 4 \end{vmatrix} = 16 - 18 = -2$$

그러므로 A의 계수는 2, 따라서 $Ax = b$에 있어서의 b가 x의 1차 결합에서 나타나므로 $x_1 = \alpha$, $x_2 = \beta$, $x_3 = \gamma$가 되는 1조를 풀이하면 다음과 같이 된다.

$$b_1 = \alpha + 2\beta + \gamma\,,\ \ b_2 = 2\alpha + 4\beta + 3\gamma\,,\ \ b_3 = 3\alpha + 6\beta + 4\gamma$$

$$B = \begin{bmatrix} 1 & 2 & 1 & \alpha + 2\beta + \gamma \\ 2 & 4 & 3 & 2\alpha + 4\beta + 3\gamma \\ 3 & 6 & 4 & 3\alpha + 6\beta + 4\gamma \end{bmatrix}$$

B의 계수를 구하기 위해서는, 예컨대 위의 제2, 제3 및 제4열을 가지고 행렬식을 작성하면 다음과 같이 된다.

$$\begin{vmatrix} 2 & 1 & \alpha + 2\beta + \gamma \\ 4 & 3 & 2\alpha + 4\beta + 3\gamma \\ 6 & 4 & 3\alpha + 6\beta + 4\gamma \end{vmatrix} = a\begin{vmatrix} 2 & 1 & 1 \\ 4 & 3 & 2 \\ 6 & 4 & 3 \end{vmatrix} + \beta\begin{vmatrix} 2 & 1 & 2 \\ 4 & 3 & 4 \\ 6 & 4 & 6 \end{vmatrix} + \gamma\begin{vmatrix} 2 & 1 & 1 \\ 4 & 3 & 3 \\ 6 & 4 & 4 \end{vmatrix} = 0$$

B에서 얻을 수 있는 다른 3행 3열의 행렬식은, 모두 0과 같다.

단지 $\begin{vmatrix} 4 & 3 \\ 6 & 4 \end{vmatrix} = -2$, 그러므로 B계수도 2와 같다.

또 반대로 식(6.2)의 A와 식(6.3)의 B의 계수가 모두 γ로서 다음으로 하면, 전절에 의해 식(6.7) 또는 식(6.8)에 표시하는 f의 제$r+1$행 이하는, 그 제1행~제r행의 1차 결합에 의해 나타낼 수 있다.

$$\begin{vmatrix} a_{11} & a_{12} \cdots & a_{1r} \\ a_{21} & a_{22} \cdots & a_{2r} \\ \vdots & \vdots & \vdots \\ a_{31} & a_{32} \cdots & a_{3r} \end{vmatrix} \neq 0 \tag{6.10}$$

그러므로

$$f_1 = 0,\ f_2 = 0, \cdots,\ f_r = 0 \tag{6.11}$$

위 식에서 식(6.1) 또는 식(6.6)의 해를 구할 수 있다. 다만 이 때 식(6.8)을 다음과 같이 쓰고, x_1, x_2, $\cdots$, x를 구할 수 있다.

$$a_{q1}x_1 + a_{q2}x_2 + \ \cdots\ + a_{qr}x_r = b_{q\,r+1}x_{r+1} - \ \cdots\ - a_{qn}x_n$$
$$(q = 1, 2, \cdots, r)$$

여기서 x_{r+1}, $x_{r+2}, \cdots$, x_n의 수치는 임의로 취할 수 있다. 즉, 이 경우의 해의 수는 무한개이다. 예를 들면,

$$1x + 2y + 3z = 5 \tag{6.12a}$$

$$2x + 4y + 3z = 1 \tag{6.12b}$$

$$3x + 6y + 4z = 0 \tag{6.12c}$$

$$A = \begin{bmatrix} 1 & 2 & 3 \\ 2 & 4 & 3 \\ 3 & 6 & 4 \end{bmatrix},\ B = \begin{bmatrix} 1 & 2 & 3 & 5 \\ 2 & 4 & 3 & 1 \\ 3 & 6 & 4 & 0 \end{bmatrix},\ b = \begin{bmatrix} 5 \\ 1 \\ 0 \end{bmatrix}$$

A 및 B의 계수는 모두 2라는 것은, 쉽게 알 수 있다. 따라서 y 및 z는 x의 1차 결합에 의해 나타난다고 생각하여 식(6.12a)와 (6.12b), 또는 (6.12b)와 (6.12c), 또는 (6.12a)와 (6.12c)에서 다음과 같이 된다.

$$2y = -4 - x \tag{6.12d}$$

식(6.12a) 및 (6.12b)에서 z를 얻게 된다.

$$z = 3 \tag{6.12e}$$

좀 더 확실히 하기 위해, 식(6.12d) 및 (6.12c)를 각각 (6.12.a), (6.12b) 및 (6.12c)에 대입하면 다음과 같이 된다.

$$\begin{aligned} &x - 4 \ - x \ \ + 9 = 5 \\ &2x - 8 \ - 2x \ + 9 = 1 \\ &3x - 12 - 3x + 12 = 0 \end{aligned} \tag{6.12f}$$

즉, 각각 식(6.12a), (6.12b) 및 (6.12c)를 얻는다. 이 경우 $z = 3$이지만 x 또는 y에 대해, 식(6.12d)에 표시하듯이, x 또는 y의 어느 것에 대해서 하나의 자유도가 남아 있으며, 어느 것의 하나를 임의로 취할 수 있다.

이상의 고찰에 의해, 방정식(6.1)을 풀 수 있는 조건을 총괄하여 나타내면 다음과 같이 된다.

해의 존폐	A의 계수 r_a와 B의 계수 r_b의 관계	해가 존재
해가 존재하는 경우	$r_a = r_b = n$	단 1조의 해가 존재함
	$r_a = r_b = r < n$	해는 $(n-r)$개의 자유도를 가짐 (해의 수는 무한개)
해가 존재 않는 경우	$r_a < r_b$	해가 없음
재차방정식의 경우 ($b=0$인 특별한 경우)	$r_a = r_b = n$	모든 수치가 0과 같다. 단 1조의 해가 존재함
	$r_a = r_b = r < n$	$(n-r)$개의 자유도를 갖는다. (해의 수는 무한개)

7 매트릭스의 미분 및 적분

7.1 정의

$$F=\begin{bmatrix} f_{11} & f_{12} & \cdots & f_{1n} \\ f_{21} & f_{22} & \cdots & f_{2n} \\ \vdots & \vdots & & \vdots \\ f_{n1} & f_{n2} & \cdots & f_{nn} \end{bmatrix}$$

임의의 매트릭스 F의 각요소가 변수일 경우, 하나의 매트릭스의 미분 및 적분은 각각 각요소의 미분 및 적분을 다음과 같이 정의한다.

(1) 매트릭스 F의 각요소가 1변수 t만의 함수인 경우의 미분

$$\frac{dF}{dt}=\begin{bmatrix} df_{11}/dt & df_{12}/dt & \cdots & df_{1n}/dt \\ df_{21}/dt & df_{22}/dt & \cdots & df_{2n}/dt \\ \vdots & \vdots & & \vdots \\ df_{n1}/dt & df_{n2}/dt & \cdots & df_{nn}/dt \end{bmatrix} \equiv DF \tag{7.1}$$

위의 식(7.1)의 미분계수를 우변에 표시하듯이 간단히 DF로 나타낼 수 있다. 또한 높은 차수의 미분계수는 다음과 같이 나타낼 수 있다.

$$\frac{d^iF}{dt^i} \equiv D^iF \tag{7.2}$$

(2) 매트릭스 F의 각요소가 1변수 t만의 함수인 경우의 적분

다음과 같이 적분을 좌변에 표시하듯이 적분의 상하한이 명확히 $\int_{t_0}^{t_1} Fdt$ 또는

$$\int_{t_0}^{t_1} Fdt=\begin{bmatrix} \int_{t_0}^{t_1} f_{11}dt & \int_{t_0}^{t_1} f_{12}dt & \cdots & \int_{t_0}^{t_1} f_{1n}dt \\ \int_{t_0}^{t_1} f_{21}dt & \int_{t_0}^{t_1} f_{22}dt & \cdots & \int_{t_0}^{t_1} f_{2n}dt \\ \vdots & \vdots & & \vdots \\ \int_{t_0}^{t_1} f_{n1}dt & \int_{t_0}^{t_1} f_{n2}dt & \cdots & \int_{t_0}^{t_1} f_{nn}dt \end{bmatrix} \equiv Q_{t_0}^{t_1}F \tag{7.3}$$

간단히 $Q_{t_0}^{t_1}F$이며, 이것을 쓸 필요가 없는 경우는 간단히 QF라고 쓸 경우가 있다.

(3) 매트릭스 F의 각요소가 다변수의 함수인 경우의 편미분

예를 들면,

$$F(x,y)=\begin{bmatrix} f_{11}(x,y) & f_{12}(x,y) & \cdots & f_{1n}(x,y) \\ f_{21}(x,y) & f_{22}(x,y) & \cdots & f_{2n}(x,y) \\ \vdots & \vdots & & \vdots \\ f_{m1}(x,y) & f_{m2}(x,y) & \cdots & f_{mn}(x,y) \end{bmatrix} \tag{7.4}$$

다변수의 함수인 경우에 대해서도 다음과 같이 정의한다.

$$\frac{\partial F}{\partial x}=\begin{bmatrix} \partial f_{11}/\partial x & \partial f_{12}/\partial x & \cdots & \partial f_{1n}/\partial x \\ \partial f_{21}/\partial x & \partial f_{22}/\partial x & \cdots & \partial f_{2n}/\partial x \\ \vdots & \vdots & & \vdots \\ \partial f_{m1}/\partial x & \partial f_{m2}/\partial x & \cdots & \partial f_{mn}/\partial x \end{bmatrix}$$

및

$$\frac{\partial F}{\partial y}=\begin{bmatrix} \partial f_{11}/\partial y & \partial f_{12}/\partial y & \cdots & \partial f_{1n}/\partial y \\ \partial f_{21}/\partial y & \partial f_{22}/\partial t & \cdots & \partial df_{2n}/\partial y \\ \vdots & \vdots & & \vdots \\ \partial f_{m1}/\partial y & \partial f_{m2}/\partial y & \cdots & \partial f_{mn}/\partial y \end{bmatrix} \tag{7.5}$$

(4) 쌍1차 형식의 미분

다음과 같은 변수 x 및 y와 계수 a를 다음과 같이 부여한다.

$$x=\begin{bmatrix} x_1 & x_2 & \cdots & {}_m x \end{bmatrix},\ y=\begin{bmatrix} y_1 \\ y_2 \\ \vdots \\ y_n \end{bmatrix},\ a=\begin{bmatrix} a_{11} & a_{12} & \cdots & a_{1n} \\ a_{21} & a_{22} & \cdots & a_{2n} \\ \vdots & \vdots & & \vdots \\ a_{m1} & a_{m2} & \cdots & a_{mn} \end{bmatrix}$$

이 경우 변수 x와 y에 관해 각각 아래 식과 같은 재차 1차 결합 $F(x,y)$를 쌍1차 형식(bilinear form)이라고 한다.

$$F(x,y) = \sum_{\tau=1}^{m}(a_{1\tau}x_1 + a_{2\tau}x_2 + \cdots + a_{m\tau}x_\tau)y_\tau \tag{7.6a}$$

$$= \begin{bmatrix} x_1 & x_2 & \cdots & x_m \end{bmatrix} \begin{bmatrix} a_{11} & a_{12} & \cdots & a_{1n} \\ a_{21} & a_{22} & \cdots & a_{2n} \\ \vdots & \vdots & & \vdots \\ a_{m1} & a_{m2} & \cdots & a_{mn} \end{bmatrix} \begin{bmatrix} y_1 \\ y_2 \\ \vdots \\ y_n \end{bmatrix}$$

또한 위의 식은 다음과 같이 쓸 수 있다.

$$F(x,y) = xay = y^T a^T x^T = \sum_{\tau=1}^{m}(a_{1\tau}y_1 + a_{2\tau}y_2 + \cdots + a_{\tau n}y_n)x_\tau \tag{7.6b}$$

위의 식(7.6b)에 표시하는 쌍1차 형식을 x_τ에 대해 편미분하면 다음과 같이 쓸 수 있다.

$$\frac{\partial F(x,y)}{\partial x_\tau} = a_{\tau 1}y_1 + a_{\tau 2}y_2 + \cdots + a_{\tau n}y_n \; (\tau = 1,\, 2,\, \cdots,\, m) \tag{7.7a}$$

$$\begin{bmatrix} \partial/x_1 \\ \partial/x_2 \\ \vdots \\ \partial/x_m \end{bmatrix} F \equiv \{\partial/x_i\}F \quad 및 \quad [\partial/x_1 \;\; \partial/x_2 \;\; \cdots \;\; \partial/x_m]F = \lfloor \partial/x_j \rfloor F \tag{7.7b}$$

$$\{\partial/x_i\}F = ay \quad 및 \quad \lfloor \partial/x_j \rfloor F = y^T a^T \tag{7.8}$$

$$\{\partial/y_i\}F = a^T x^T \quad 및 \quad \lfloor \partial/y_j \rfloor F = xa \tag{7.9}$$

7.2 매트릭스의 미분에 관한 공식

매트릭스 $A(t)$, $B(t)$ 및 $C(t)$ 등의 각 요소가 변수 t의 함수일 때, 위의 정의에서 다음과 같은 여러 가지 함수들이 성립한다.

$$\frac{d}{dt}[A(t) + B(t)] = \frac{dA}{dt} + \frac{dB}{dt} \tag{7.10}$$

$$\frac{d}{dt}[A(t)B(t)] = \frac{dA}{dt}B + A\frac{dB}{dt} \tag{7.11}$$

$$\frac{d}{dt}[A(t)B(t)C(t)] = \frac{dA}{dt}BC + A\frac{dB}{dt}C + AB\frac{dC}{dt} \tag{7.12}$$

$A(t)^{-1}A(t) = I$에 위의 식을 이용하면 다음과 같이 된다.

$$\frac{dA^{-1}}{dt}A + A^{-1}\frac{dA}{dt} = 0, \text{ 즉 } \frac{dA^{-1}}{dt}A = -A^{-1}\frac{dA}{dt} \tag{7.13}$$

따라서 위의 식(7.13)의 양변에 A^{-1}을 곱하여 다음 식을 얻는다.

$$\frac{dA^{-1}}{dt} = -A^{-1}\frac{dA}{dt}A^{-1} \tag{7.14}$$

또한 $f(t)$를 스칼라함수로 하면 다음과 같이 된다.

$$\frac{d}{dt}\{f(t)A(t)\} = \frac{df}{dt}A + f\frac{dA}{dt} \tag{7.15}$$

A를 t에 관계없는 정수로 정하면 다음과 같이 된다.

$$\frac{d}{dt}\{f(t)A\} = \frac{df}{dt}A \tag{7.16}$$

더구나 F가 x의 2차 형식으로, a가 n차의 대칭 매트릭스인 경우에는 다음과 같이 된다.

$$F = xax^T = [x_1\ x_2 \cdots x_n]\begin{bmatrix} a_{11} & a_{12} & \cdots & a_{1n} \\ a_{21} & a_{22} & \cdots & a_{2n} \\ \vdots & \vdots & & \vdots \\ a_{n1} & a_{n2} & \cdots & a_{nn} \end{bmatrix}\begin{bmatrix} x_1 \\ x_2 \\ \vdots \\ x_n \end{bmatrix} = \sum_{\tau=1}^{n}\sum_{\tau=1}^{n} a_{\tau s}x_\tau x_s \tag{7.17}$$

$$\{\partial/\partial x_i\}F = 2ax \text{ 및 } \lfloor \partial/\partial x_j \rfloor F = 2x^T a \tag{7.18}$$

$$\frac{\partial^2 F}{\partial x_i \partial x_j} = 2a_{ij} \text{ 및 } \lfloor \partial/\partial y_j \rfloor F = xa$$

[예]

$$F = [x\ y]\begin{bmatrix} a & b \\ b & c \end{bmatrix}\begin{bmatrix} x \\ y \end{bmatrix} = ax^2 + 2bxy + cy^2 \tag{7.19}$$

$$\begin{bmatrix} \partial/\partial x \\ \partial/\partial y \end{bmatrix}F = \begin{bmatrix} 2ax + 2by \\ 2bx + 2cy \end{bmatrix} = 2\begin{bmatrix} a & b \\ b & c \end{bmatrix}\begin{bmatrix} x \\ y \end{bmatrix}$$

$$[\partial/x \quad \partial/y]\,F = [2ax + 2by \quad 2bx + 2cy] = 2\,[x \quad y]\begin{bmatrix} a\,b \\ b\,c \end{bmatrix} \tag{7.20}$$

$$\begin{bmatrix} \partial^2/\partial x^2 \\ \partial^2/\partial x \partial y \\ \partial^2/\partial y^2 \end{bmatrix} F = 2\begin{bmatrix} a \\ b \\ c \end{bmatrix} \tag{7.21}$$

8 매트릭스의 고유치 및 고유벡터

8.1 고유치 문제

고유값을 구하는 문제는 미분방정식의 형태로 표시되는 방정식, 즉 물리학에서 양자역학의 파동방정식, 진동 등 통계학에서 주성분 분석, 토목, 건축, 기계공학 등에서 응력해석문제의 해결에서 진동이나 안정문제 등을 다룰 때에 다음과 같은 문제에 접할 경우가 있다.

n차의 정사각매트릭스 A 및 변수 x가 다음과 같다.

$$A = \begin{bmatrix} a_{11} & a_{12} & \cdots & a_{1n} \\ a_{21} & a_{22} & \cdots & a_{2n} \\ \vdots & \vdots & & \vdots \\ a_{n1} & a_{n2} & \cdots & a_{nn} \end{bmatrix} \tag{8.1a}$$

$$x = \begin{Bmatrix} x_1 \\ x_2 \\ \vdots \\ x_n \end{Bmatrix} \tag{8.1b}$$

여기서 λ를 스칼라 양으로 하고, A의 각 요소가 주어졌을 때, 다음을 만족시키는 λ와 x를 구하는 것이다.

$$Ax = \lambda x \tag{8.2}$$

만약 식(8.1)을 만족시키는 λ의 수치가 구해지면, 그 수치를 A의 고유치(Characteristic Value 또는 Eigen Value)라고 한다[식(8.1)에서 일반적으로 n개의 λ의 수치가 존재한다]. 이와 같은 λ의 하나 λ_i를 식(8.1) 및 (8.2)에 대입하면 다음과 같은 식을 만족한다.

$$A\,x_i = \lambda_i\,x_i \tag{8.3}$$

$$x_i = \begin{Bmatrix} x_{1i} \\ x_{2i} \\ \vdots \\ x_{ni} \end{Bmatrix}, \quad (i = 1, 2, \cdots, n) \tag{8.4}$$

위의 x_i를 λ_i에 속하는 고유벡터(Eigen Vector)라고 한다.

8.2 2차 정방매트릭스에 대한 고유치문제

위의 고유치문제를 쉽게 설명하기 위해 우선 $n = 2$인 경우에 대해 고려해 본다.

$$A = \begin{bmatrix} a\ b \\ c\ d \end{bmatrix}, \quad \vec{x} = \begin{bmatrix} x \\ y \end{bmatrix} \tag{8.5}$$

이 경우 식(8.2)는 다음과 같이 된다.

$$\begin{bmatrix} a\ b \\ c\ d \end{bmatrix} \begin{Bmatrix} x \\ y \end{Bmatrix} = \lambda \begin{Bmatrix} x \\ y \end{Bmatrix} \tag{8.6}$$

이것을 각 요소로 나타내면, 대수방정식의 형식으로 다음과 같이 된다.

$$\begin{aligned} ax + by &= \lambda x \\ cx + dy &= \lambda y \end{aligned} \tag{8.7}$$

또는

$$\begin{aligned} (a-\lambda)x + \qquad by &= 0 \\ cx + (d-\lambda)y &= 0 \end{aligned} \tag{8.8}$$

또한, 이것은 다음과 같은 형식으로 나타낼 수 있다.

$$\begin{bmatrix} a-\lambda & b \\ c & d-\lambda \end{bmatrix} \begin{Bmatrix} x \\ y \end{Bmatrix} = 0$$

여기서 매트릭스 $\begin{bmatrix} a-\lambda & b \\ c & d-\lambda \end{bmatrix}$를 매트릭스 A의 특성매트릭스(Characteristic Matrix)라고 한다. 식(8.8)은 연립제차방정식이므로, 임의의 λ의 수치에 대해서

도 $x=y=0$은 확실히 1조의 근이다. 그러나 일반적으로 $x=y=0$ 이외의 1차 독립적인 2근이 존재하기 위해서는 다음 식이 성립해야만 한다.

$$\begin{bmatrix} a-\lambda & b \\ c & d-\lambda \end{bmatrix} = 0 \tag{8.9}$$

이것을 특성방정식(Characteristic Equation)이라고 한다. 행렬식(8.9)를 전개하면 다음과 같다.

$$(a-\lambda)(d-\lambda)-bc=0 \tag{8.10}$$

위의 식(8.10)은 λ에 관한 2차방정식이므로, 2개의 근으로 매트릭스 A의 고유치, 즉 다음과 같은 λ_1, λ_2를 얻을 수 있다.

$$\lambda_1 = \frac{D_1}{2} + \sqrt{\frac{D_1^2}{4} - D_2} \tag{8.11}$$

$$\lambda_2 = \frac{D_1}{2} - \sqrt{\frac{D_1^2}{4} - D_2}$$

여기서, $D_1 = a+d$: 매트릭스 A의 대각요소의 합

$$D_2 = ad-bc = \begin{bmatrix} a\ b \\ c\ d \end{bmatrix} \tag{8.12}$$

먼저 $\lambda_1 \neq \lambda_2$로 설정하고, 식(8.11)을 식(8.8)의 λ의 수치로 대입하면, 각각 $\lambda=\lambda_1$ 및 $\lambda=\lambda_2$에 대응하는 (y/x)를 구할 수 있다.

먼저 식(8.8)의 제1식에서 (y/x)는 일반적으로 λ의 함수이므로, 이것을 $\tau(\lambda)=(y/x)$라고 하면 다음과 같이 나타낼 수 있다.

$$\tau(\lambda_1) \equiv (y/x)_{\lambda=\lambda_1} = \frac{\lambda_1 - a}{b} \tag{8.13}$$

및

$$\tau(\lambda_2) \equiv (y/x)_{\lambda=\lambda_2} = \frac{\lambda_2 - a}{b}$$

그리고 식(8.8)의 제2식에서도 다음과 같이 나타낼 수 있다.

$$\tau(\lambda_1) \equiv (y/x)_{\lambda=\lambda_1} = \frac{c}{\lambda_1 - d} \tag{8.14}$$

및

$$\tau(\lambda_2) \equiv (y/x)_{\lambda=\lambda_2} = \frac{c}{\lambda_2 - d}$$

위의 식(8.13)과 (8.14)의 양 식은 일반적으로 임의의 λ의 수치에 대해 성립할 수 없지만, 특히 식(8.9)가 성립하는 경우에만, 즉 λ의 수치가 식(8.11)에서 얻어지는 수치를 취할 때에 한해 식(8.10)에서 다음과 같이 성립한다.

$$\frac{\lambda_1 - a}{b} = \frac{c}{\lambda_1 - d} \tag{8.15}$$

및

$$\frac{\lambda_2 - a}{b} = \frac{c}{\lambda_2 - d}$$

이 경우는 식(8.8)의 어느 것이든 하나를 취하면, 다른 것은 만족되어 있고, 그리고 이것에서 식(8.6)을 만족시키고, 또한 $x = y = 0$ 이외의 x 및 y의 수치가 존재한다는 것을 알 수 있다. 단지 이 경우 식(8.8)은 재차방정식이므로, x와 y의 절대치는 정하지 않고, 일반적으로 각각 $\tau(\lambda_1)$ 및 $\tau(\lambda_2)$로 주어지는 (y/x)의 비만을 정한다. 여기서 K를 임의의 수치로서, 이러한 2개의 고유수치 λ_1, λ_2에 대응하는 x_1, x_2가 주어진다.

$$x_1 = \begin{bmatrix} K \\ \tau(\lambda_1)K \end{bmatrix}, \quad x_2 = \begin{bmatrix} K \\ \tau(\lambda_2)K \end{bmatrix} \tag{8.16a}$$

식(8.16a)와 같이 주어지는 2개조의 $x = \begin{bmatrix} x \\ y \end{bmatrix}$의 수치를 각각 매트릭스 A의 고유벡터(Eigen Vector)라고 한다. 더구나 식(8.10)이 중근[$\lambda \equiv \lambda_1 = \lambda_2 = \frac{(a+b)}{2}$]을 갖고, $b \neq 0$인 경우의 고유벡터는 다음과 같이 된다.

$$x_1 = x_2 = \begin{bmatrix} K \\ \tau(\lambda)K \end{bmatrix} \tag{8.16b}$$

또한 식(8.10)이 중근을 갖고, $b = 0$인 경우에는 $\lambda = a = d$가 되고, 고유벡터는 다음과 같이 된다.

$$x_1 = x_2 = \begin{bmatrix} 0 \\ cK \end{bmatrix} \tag{8.16c}$$

이들을 식(8.8)에 직접 대입함으로써 검증할 수 있다.

8.3 n차의 정방매트릭스에 대한 고유치문제

일반적으로 식(8.1)에서 주어진 n개의 수 x_1, x_2,⋯, x_n와 정방매트릭스 A에 관한 고유치문제는 방정식(8.2), 즉 $Ax = \lambda x$를 만족하는 λ 및 x를 구하는 것이다. 이것을 수식으로 나타내면 다음과 같다.

$$(A - \lambda I)x = 0 \tag{8.17}$$

여기서 λ는 스칼라이며, 이것을 각 요소에 대한 방정식으로 나타내면 다음과 같다.

$$\begin{aligned}(a_{11} - \lambda)x_1 + \quad a_{12}x_2 + \cdots + \quad a_{1n}x_n &= 0 \\ a_{21}x_1 + (a_{22} - \lambda)x_2 + \cdots + \quad a_{2n}x_n &= 0 \\ \cdots \\ \cdots \\ a_{n1}x_1 + \quad a_{n2}x_2 + \cdots + (a_{nn} - \lambda)x_n &= 0\end{aligned} \tag{8.18}$$

여기서 a_{1n}, a_{12}, ⋯ 등은 주어진 정수이며, 임의의 λ의 수치에 대해 $x_1 = x_2 = \cdots = x_n = 0$은 식(8.18)을 만족시키지만, 식(8.18)에 그 이외의 근이 존재하기 위해서는 다음과 같은 수식이 성립할 필요가 있다.

$$g(\lambda) = |A - \lambda I| = \begin{vmatrix} a_{11} - \lambda & a_{12} & \cdots a_{1n} \\ a_{21} & a_{22} - \lambda & \cdots a_{2n} \\ \vdots & \vdots & \cdots \quad \vdots \\ a_{na} & a_{n2} & \cdots \; a_{nn} - \lambda \end{vmatrix} = 0 \tag{8.19}$$

위의 식(8.19)은 λ에 관한 n차의 대수방정식이므로 n개의 근(실근 또는 허근)을 얻을 수 있다. 이것들을 매트릭스 A의 고유치라고 한다. 이 n개의 고유치 λ_1, λ_2, ⋯ , λ_n을 차례로 식(8.18)의 n개의 방정식 속에서 임의로 취한 $(n-1)$개의 방정식에서 x_2/x_1, x_3/x_1, ⋯ , x_n/x_1의 수치가 각각 재각기의 고유치 λ_i $(i = 1, 2, \cdots, n)$의 값에 대해 정해진다. 이것을 각각 $i = 1, 2, \cdots$, n에 대해 각각 x_2/x_1, x_3/x_1, ⋯ , x_n/x_1의 n개조의 수치를 구할 수 있다.

$$\begin{aligned} r_1(\lambda_i) &= (x_2/x_1)_{\lambda = \lambda_i} \\ r_2(\lambda_i) &= (x_3/x_1)_{\lambda = \lambda_i} \\ &\vdots \end{aligned}$$

$$r_{n-1}(\lambda_i) = (x_n/x_1)_{\lambda=\lambda_i}$$

이렇게 하여 고유치 λ_i에 대한 n조의 고유벡터가 다음과 같이 구해진다.

$$x_i = (x)_{\lambda=\lambda_i} = \begin{bmatrix} x_1 \\ x_2 \\ \vdots \\ x_n \end{bmatrix} = x_1 \begin{bmatrix} 1 \\ r_1(\lambda_i) \\ \vdots \\ r_{n-1}(\lambda_i) \end{bmatrix}, \quad (i = 1, 2, \cdots, n) \tag{8.20}$$

여기서 식(8.1)에 있어서 매트릭스 A가 대칭매트릭스인 경우에는 $i \neq j$, 즉 다른 2개의 고유치를 λ_i 및 λ_j에 대응하는 벡터 x_i와 x_j 사이에 $x_i^T x_j = 0$인 관계가 있다. 이것을 고유벡터의 직교성(Orthogonality)라고 한다. 이것을 증명하기 위해 식(8.2)에서

$$Ax_i = \lambda_i x_i \text{ 및 } Ax_j = \lambda_j x_j$$

그러므로

$$x_j^T A x_i = \lambda_i x_j^T x_i \tag{8.21a}$$

$$x_i^T A x_j = \lambda_j x_i^T x_j \tag{8.21b}$$

위의 2식의 전치매트릭스 방정식을 세우면, 식(2.25)에 의해 매트릭스 A는 대칭이므로 다음과 같이 된다.

$$A^T = A$$

그러므로

$$x_i^T A x_j = \lambda_i x_i^T x_j \tag{8.21c}$$

$$x_j^T A x_i = \lambda_j x_j^T x_i \tag{8.21d}$$

식(8.21a)와 (8.21d)에서

$$(\lambda_i - \lambda_j) x_j^T x_i = 0$$

따라서 $\lambda_i \neq \lambda_j$에 대해서는 다음과 같이 된다.

$$x_j^T x_i = 0$$

같은 식으로

$$x_i^T x_j = 0$$

그리고 식(8.19)의 행렬식을 전개하면, 일반적으로 다음 형식으로 쓸 수 있다.

$$f(\lambda) = \lambda_n + c_1\lambda_{n-1} + c_2\lambda_{n-2} + \ \cdots \ + c_{n-1}\lambda + c_n = 0 \tag{8.22}$$

식(8.22)에서 $\lambda = 0$이라면, $f(0) = c_n$가 되므로, 식(8.19)에 있어서 $\lambda = 0$으로 됨으로 $g(0) = |A|$이지만, 식(8.19)와 (8.22)도 같은 방정식을 나타내고 있으며, 더구나 식(8.19) 및 (8.22)에 있어서 λ^n의 계수를 비교하면, 각각 $(-1)^n$ 및 1이므로 λ_0의 계수를 비교함으로써 다음과 같이 된다는 것을 알 수 있다.

$$c_n = (-1)^n |A|$$

식(8.22)의 근 $\lambda_1, \lambda_2, \cdots, \lambda_n$을 이용하여 식(8.22)를 다시 쓰면, 다음과 같다.

$$f(\lambda) = (\lambda - \lambda_1)(\lambda - \lambda_2) \cdots (\lambda - \lambda_n) = 0 \tag{8.23}$$

따라서 식(8.22)와 (8.23)의 λ^0의 계수를 비교하여 나타내면 다음과 같이 된다.

$$c_n = (-1)^n |A| = (-1)^n \lambda_1 \lambda_2 \ \cdots \ \lambda_n \tag{8.24}$$

따라서 다음 식을 얻을 수 있다.

$$|A| = \lambda_1 \lambda_2 \ \cdots \ \lambda_n \tag{8.25}$$

다시 식(8.22)와 (8.23)의 $\lambda_i (i = 1, 2, \cdots, n-1)$의 계수를 각각 비교함으로서 $c_i (i = 1, 2, \cdots, n-1)$를 구할 수 있다. 먼저 λ_{n-1}의 계수에서 다음과 같이 된다.

$$c_1 = -(\lambda_1 + \lambda_2 + \ \cdots \ + \lambda_n) \tag{8.26}$$

한편, 식(8.19)의 λ_{n-1}의 계수에서 다음과 같이 된다.

$$c_1 = -(a_{11} + a_{22} + \ \cdots \ + a_{nn}) \tag{8.27}$$

식(8.27)의 좌변의 ( )속의 수치는 매트릭스 A의 대각선요소의 합이며, 이것을 정사각 매트릭스 A의 트래스(Trace)라고 한다.

위와 같이 하면 다음과 같이 된다.

$$\begin{aligned} s_1 &= \lambda_1 + \lambda_2 + \cdots + \lambda_n \\ s_2 &= \lambda_1\lambda_2 + \lambda_1\lambda_3 + \cdots \\ s_3 &= \lambda_1\lambda_2\lambda_3 + \lambda_1\lambda_2\lambda_4 + \cdots \\ &\vdots \\ s_n &= \lambda_1\lambda_2\lambda_3 + \cdots \end{aligned} \tag{8.28}$$

여기서 $s_j\,(j=1, 2, \cdots, n)$는 $\lambda_1, \lambda_2, \cdots, \lambda_n$ 가운데서 j개를 꺼내고, 그 속에 같은 첨자를 포함하는 $\lambda_i\ (i=1, 2, \cdots, n)$를 하나 이상 포함하지 않게 하여 작성한 $[n!/(n-j)!j!]$개의 λ_i의 모든 복합으로 작성된 적의 총계이다. 식(8.28)에 의해 주어지는 c_j를 이용하여 식(8.22)와 식(8.23)의 λ_i의 계수를 비교함으로서 다음과 같이 된다는 것을 알 수 있다.

$$c_j = (-1)^j s_j \quad (j=1, 2, \cdots, n) \tag{8.29}$$

여기서 c_j는 주어진 수치이므로, 식(8.29)에서 이론상 n개의 고유치 $\lambda_1, \lambda_2, \cdots, \lambda_n$을 구할 수 있다. 이러한 근의 수치를 구하는 것은 n이 적을 경우에는 비교적 쉽지만, n가 클 경우에는 일반적으로 곤란함으로 여러 가지 방법이 제안되고 있다. 이러한 고유치해석에 대해서는 고유방정식에서 매트릭스 A가 주어졌을 때, 식(8.22) 형식의 방정식을 구하는 방법에 대해 설명하였다.

8.4 특성 방정식의 표준형을 구하는 Danilevsky의 방법

일반적으로 식(8.18)에 대한 고유방정식(8.19)에서 식(8.22) 형식의 고유치에 관한 대수방정식을 구하는 방법으로 A. M. Danilevsky의 방법이다. 이것을 설명하기 위해 매트릭스 A가 (4 × 4)인 정방매트릭스의 경우를 예를 들어 보았다.

$$A = \begin{bmatrix} a_{11} & a_{12} & \cdots & a_{1n} \\ a_{21} & a_{22} & \cdots & a_{2n} \\ \vdots & \vdots & & \vdots \\ a_{n1} & a_{n2} & \cdots & a_{nn} \end{bmatrix} \tag{8.30}$$

위의 매트릭스 A의 고유치를 구한다.

$$|A - \lambda I| = 0 \tag{8.31}$$

여기에 적당한 (4 × 4)인 정방매트릭스 M을 작성한다. 즉, 다음과 같이 A의 뒤쪽에서부터 곱하여, 그 적의 제4행이 0 0 1 0이 되게 한다.

$$M_1 = \begin{bmatrix} 1 & 0 & 0 & 0 \\ 0 & 1 & 0 & 0 \\ -a_{41}/a_{43} & -a_{42}/a_{43} & 1/a_{43} & -a_{44}/a_{43} \\ 0 & 0 & 0 & 1 \end{bmatrix} \tag{8.32}$$

$$AM_1 = \begin{bmatrix} b_{11} & b_{12} & b_{13} & b_{14} \\ b_{21} & b_{22} & b_{23} & b_{24} \\ b_{31} & b_{32} & b_{33} & b_{34} \\ 0 & 0 & 1 & 0 \end{bmatrix} \tag{8.33}$$

다만, $b_{11} = a_{11} - (a_{13}a_{41})/a_{43}$, $b_{12} = a_{12} - (a_{13}a_{42})/a_{43}$, $\cdots$ 등으로 구해진다. 여기서 M_1^{-1}은 다음과 같다.

$$M_1^{-1} = \begin{bmatrix} 1 & 0 & 0 & 0 \\ 0 & 1 & 0 & 0 \\ a_{41} & a_{42} & a_{43} & a_{44} \\ 0 & 0 & 0 & 1 \end{bmatrix} \tag{8.34}$$

식(8.34)와 같이 되는 것은 $M_1 M_1^{-1} = I$에서도 쉽게 알 수 있다. 여기서, M_1^{-1}의 제3행의 요소는 각각 매트릭스 A의 제4행과 같다. 또한,

$$C = M_1^{-1} A M_1 \tag{8.35}$$

위의 식(8.35)를 구하면 다음과 같이 된다.

$$C = \begin{bmatrix} c_{11} & c_{12} & c_{13} & c_{14} \\ c_{21} & c_{22} & c_{23} & c_{24} \\ c_{31} & c_{32} & c_{33} & c_{34} \\ 0 & 0 & 1 & 0 \end{bmatrix} \tag{8.36}$$

여기서 $|A - \lambda I| = 0$의 고유치와 $|M_1^{-1} A M_1 - \lambda I| = 0$의 고유치가 같다는 것을 증명해보자. 다만, 다음의 증명에서는 M_1은 반드시 식(8.32)의 매트릭스일 필요는 없이 임의의 매트릭스 V에 대해서도 성립한다. 즉, $V^{-1} I V = I$이므로 다음과 같음을 알 수 있다.

$$[V^{-1}A\,V - \lambda I] = V^{-1}[A - \lambda I]\,V$$

따라서 식(3.28)에서 다음과 같이 된다.

$$|V^{-1}A\,V - \lambda I| = |V^{-1}| \cdot |A - \lambda I| \cdot |V|$$

또한, $V^{-1}V = I$이므로, 이에 대응하여 $|V^{-1}| \cdot |V| = |I| = 1$, 즉 $|A - \lambda I| = 0$의 고유치는 $|V^{-1}A\,V - \lambda I| = 0$의 고유치와 같다. 그러므로 다음과 같이 된다.

$$|C - \lambda I| = [M_1^{-1}A\,M_1 - \lambda I] = [A - \lambda I] = 0 \tag{8.37}$$

식(8.31)에서 매트릭스 A의 대신에 식(8.35)의 매트릭스 C를 사용해도 λ에 관한 같은 대수방정식이 되고, 같은 고유치를 얻을 수 있다.

이와 같이 하여 매트릭스 C의 요소에서 M_2^{-1}, M_2를 작성하여 $D = M_2^{-1}CM_2$를 구한다.

$$M_2^{-1} = \begin{bmatrix} 1 & 0 & 0 & 0 \\ c_{31} & c_{32} & c_{33} & c_{34} \\ 0 & 0 & 0 & 0 \\ 0 & 0 & 0 & 1 \end{bmatrix} \tag{8.38}$$

$$M_2 = \begin{bmatrix} 1 & 0 & 0 & 0 \\ -c_{31}/c_{32} & 1/c_{32} & -c_{33}/c_{32} & -c_{34}/c_{32} \\ 0 & 0 & 1 & 0 \\ 0 & 0 & 0 & 1 \end{bmatrix}$$

식(8.31)과 같은 고유치를 갖는다.

$$|D - \lambda I| = 0 \tag{8.39}$$

$$D = \begin{bmatrix} d_{11} & d_{12} & d_{13} & d_{14} \\ d_{21} & d_{22} & d_{23} & d_{24} \\ 0 & 1 & 0 & 0 \\ 0 & 0 & 1 & 0 \end{bmatrix} \tag{8.40}$$

마지막으로

$$M_3^{-1} = \begin{bmatrix} d_{21} & d_{22} & d_{23} & d_{24} \\ 0 & 1 & 0 & 0 \\ 0 & 0 & 1 & 0 \\ 0 & 0 & 0 & 1 \end{bmatrix} \tag{8.41}$$

$$M_3 = \begin{bmatrix} 1/d_{21} & -d_{22}/d_{21} & -d_{23}/d_{21} & -d_{24}/d_{21} \\ 0 & 1 & 0 & 0 \\ 0 & 0 & 1 & 0 \\ 0 & 0 & 0 & 1 \end{bmatrix}$$

$$F = M_3^{-1} D M_3 = \begin{bmatrix} f_{11} & f_{12} & f_{13} & f_{14} \\ 1 & 0 & 0 & 0 \\ 0 & 1 & 0 & 0 \\ 0 & 0 & 1 & 0 \end{bmatrix} \tag{8.42}$$

λ에 관한 4차방정식을 얻을 수 있다.

$$|F - \lambda I| = \begin{bmatrix} f_{11}-\lambda & f_{12} & f_{13} & f_{14} \\ 1 & -\lambda & 0 & 0 \\ 0 & 1 & -\lambda & 0 \\ 0 & 0 & 1 & -\lambda \end{bmatrix} \tag{8.43}$$

$$= (\lambda^4 - f_{11}\lambda^3 - f_{12}\lambda^2 - f_{13}\lambda - f_{14}) = 0$$

일반적으로 매트릭스 A가 n차 정사각 매트릭스일 때, 위에서와 같은 순서를 반복하게 되면 최종적으로 다음과 같은 방정식을 얻을 수 있다.

$$\begin{bmatrix} p_{11}-\lambda & p_{12} & \cdots & p_{1n} \\ 1 & -\lambda & \cdots & 0 \\ \vdots & \vdots & & \vdots \\ 0 & 0 & \cdots & -\lambda \end{bmatrix} = 0 \tag{8.44}$$

결국, $|A - \lambda I| = 0$의 고유치는 위의 식(8.44)의 제1행에 관해 전개하여 다음과 같은 λ에 관한 n차방정식의 근임을 알 수 있다.

$$(-1)^n(\lambda^n - p_{11}\lambda^{n-1} - p_{12}\lambda^{n-2} - \cdots - p_{1n}) = 0 \tag{8.45}$$

9 기하학적 또는 물리학적 벡터의 좌표변환에 대한 매트릭스의 응용

9.1 벡터의 좌표변환 공식의 매트릭스에 의한 표시

우선 평면문제에 대해 생각하고, $x0y$를 임의로 취한 직각좌표계로 한다.

벡터 v와 방향 α([그림 9.1]에 있어서, x축에 대해 α적인 각도를 이루는 직선방향) 및 방향(화살표로 표시하는 방향)을 가진 방향성분에 의해 나타나는 기하학적 또는 물리학적(또는 역학적)인 양을 말한다. 벡터 v의 x축 및 y축에 관한 성분은 다음과 같다.

$$v_x = v \cdot \cos\alpha, \quad v_y = v \cdot \sin\alpha \tag{9.1}$$

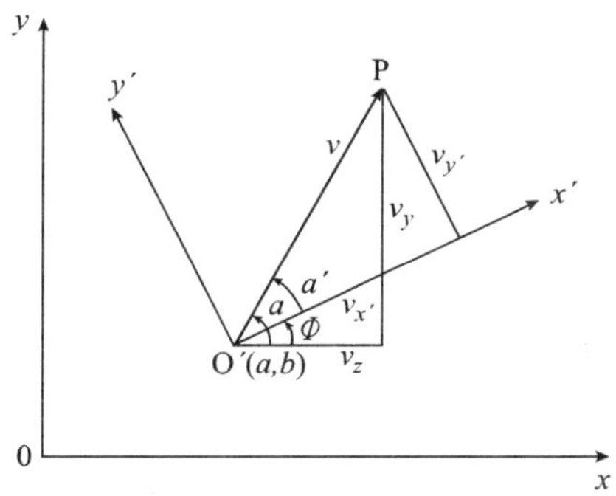

[그림 9.1] 직각좌표계

$\{v_x \ \ v_y\}^T$ 또는 $\begin{Bmatrix} v_x \\ v_y \end{Bmatrix}$와 같이 매트릭스에 의해 나타낼 수 있다.

또, 새롭게 임의로 정한 다른 직각좌표계 $x'0'y'$(그 원점$0'$의 $x0y$축에 있어서 좌표를 (a, b), x축과 x'축을 이루는 각을 Φ로 한다)에 관한 이 벡터의 성분은 다음과 같다.

$$v_{x'} = v \cdot \cos\alpha', \quad v_{y'} = v \cdot \sin\alpha' \tag{9.2}$$

$x0y$축에 관한 성분 식(9.1)과의 사이에는 다음의 관계가 있다.

$$v_{x'} = \ v_x \cdot \cos\Phi + v_y \cdot \sin\Phi$$
$$v_{y'} = - v_x \cdot \sin\Phi + v_y \cdot \cos\Phi \tag{9.3}$$

이것을 매트릭스의 형식으로 쓰기 위해 다음과 같이 나타낼 수 있다.

$$v = \{v_x \ \ v_y\}^T, \ v' = \{v_{x'} \ \ v_{y'}\}^T, \ A(\Phi) = \begin{bmatrix} \cos\Phi & \sin\Phi \\ -\sin\Phi & \cos\Phi \end{bmatrix} \tag{9.4}$$

식(9.3)은 다음과 같이 된다.

$$\begin{Bmatrix} v_{x'} \\ v_{y'} \end{Bmatrix} = \begin{bmatrix} \cos\Phi & \sin\Phi \\ -\sin\Phi & \cos\Phi \end{bmatrix} \begin{Bmatrix} v_x \\ v_y \end{Bmatrix} \tag{9.5a}$$

즉,

$$v' = Av \tag{9.5b}$$

그리고

$$v = A^{-1}v' \tag{9.6}$$

위의 식(9.6)에서 $v^{'} = \{v_{x^{'}} \ \ v_{y^{'}}\}^T$를 알면, $v = \{v_x \ \ v_y\}^T$를 구할 수 있다. A를 좌표변환매트릭스라고 부른다. 다만

$$A^{-1} = \begin{bmatrix} \cos\Phi & -\sin\Phi \\ \sin\Phi & \cos\Phi \end{bmatrix} \tag{9.7}$$

또 [그림 9.1]에 있어서 벡터 v의 끝을 표시하는 점을 P로 하고, 좌표계 $x0y$ 및 $x'0'y'$에 있어서 P점의 좌표를 각각 $(x, \ y)$ 및 (x', y')로 하면 다음과 같이 된다.

$$x' = \ (x-a)\cos\Phi + (y-b)\sin\Phi$$
$$y' = -(x-a)\sin\Phi + (y-b)\cos\Phi \tag{9.8}$$

그리고

$$x = x'\cos\Phi - y'\sin\Phi + a$$
$$y = x'\sin\Phi + y'\cos\Phi + b \tag{9.9}$$

그러므로

$$x = \{x \ \ y\}^T, \ x' = \{x' \ \ y'\}^T, \ a^o = \{a \ \ b\}^T \tag{9.10}$$

식(9.4), (9.7) 및 (9.10)에 의해 식(9.8) 및 (9.9)는

$$\begin{Bmatrix} x' \\ y' \end{Bmatrix} = \begin{bmatrix} \cos\Phi & \sin\Phi \\ -\sin\Phi & \cos\Phi \end{bmatrix} \begin{Bmatrix} (x-a) \\ (y-b) \end{Bmatrix} \tag{9.11a}$$

즉,

$$x' = A(x - a^o) \tag{9.11b}$$

그리고

$$\begin{Bmatrix} x \\ y \end{Bmatrix} = \begin{bmatrix} \cos\Phi & -\sin\Phi \\ \sin\Phi & \cos\Phi \end{bmatrix} \begin{Bmatrix} x' \\ y' \end{Bmatrix} + \begin{Bmatrix} a \\ b \end{Bmatrix} \tag{9.12a}$$

즉,

$$x = A^{-1}x' + a^o \tag{9.12b}$$

속도 또는 힘과 같은 물리학적인 벡터 x, x'를 각각 $x0y$ 좌표계 및 $x'0'y'$좌표계의 각각의 원점 0또는 $0'$에서 P점으로 향하는 방향성분을 표시하는 기하학적인 벡터로 하여 다음과 같이 나타낼 수 있다.

$$x_0 = x - a^o \tag{9.13}$$

식(9.11) 및 (9.12)는 각각 다음과 같이 식(9.5) 및 (9.6)과 같은 형식이 된다.

$$x' = Ax_0 \tag{9.14}$$

$$x_0 = A^{-1}x' \tag{9.15}$$

9.2 좌표축의 회전

여기서 좌표축 $x0y$와 $x'0'y'$와 사이의 각도 Φ를 $\Phi+\theta$에 늘렸을 때의 식(9.5)에 있어서 A를 A_1로 하면 정의에 의해 다음과 같이 된다.

$$A_1 = A(\Phi+\theta) = A(\theta+\Phi) \tag{9.16}$$
$$= \begin{bmatrix} \cos(\theta+\Phi) & \sin(\theta+\Phi) \\ -\sin(\theta+\Phi) & \cos(\theta+\Phi) \end{bmatrix}$$
$$= \begin{bmatrix} \cos\theta\cos\Phi - \sin\theta\sin\Phi & \cos\theta\sin\Phi + \sin\theta\cos\Phi \\ -\sin\theta\cos\Phi - \cos\theta\sin\Phi & -\sin\theta\sin\Phi + \cos\theta\cos\Phi \end{bmatrix}$$
$$= \begin{bmatrix} \cos\theta & \sin\theta \\ -\sin\theta & \cos\theta \end{bmatrix} \begin{bmatrix} \cos\Phi & \sin\Phi \\ -\sin\Phi & \cos\Phi \end{bmatrix}$$
$$= A(\theta)A(\Phi)$$

즉, 좌표축 $x'0'y'$의 x'축을 θ만큼 회전하면, 물리학적 벡터의 변환공식 식(9.5) 및 기하학적 벡터의 변환공식 식(9.14)에서 매트릭스 A는, 원래의 매트릭스 $A(\Phi)$에 $A(\theta)$를 곱한 것이 된다. 따라서 좌표계 $x'0'y'$를 순서를 따라서 $\theta_1, \theta_2, \cdots, \theta_n$만큼 회전시켰을 때, $x'0'y'$의 최종의 위치에 대한 물리학적 또는 기하학적인 벡터의 변환공식에 있어서 매트릭스 $A(\theta_n+\theta_{n-1}+\cdots+\theta_2+\theta_1+\Phi)$를 A_n로 쓰면 다음과 같이 된다.

$$A_n \equiv A(\theta_n+\theta_{n-1}+\cdots+\theta_2+\theta_1+\Phi) \tag{9.17}$$
$$= A(\theta_n)A(\theta_{n-1})\cdots A(\theta_2)A(\theta_1)A(\Phi)$$

9.3 벡터의 회전

[그림 9.2]에 나타낸 바와 같이 직각좌표 $x0y$에 대해, 그 원점 0을 시점으로 하는 벡터 $\overrightarrow{OP}$에 의해, 물리적 벡터 v 또는 기하학적 벡터 x를 나타내고, 그러한 성분을 각각 v_x 및 x, y, x축으로 하는 각을 Φ로 한다. 다음에 $x0y$축은 고정시키고, 벡터 v 또는 x의 크기는 불변한 채 그 벡터의 시점 0의 주위에 θ만큼 회전하여 얻은 벡터 $\overrightarrow{OP}$를 각각 $v' = \{v_{x'}, v_{y'}\}^T$ 및 $x' = \{x', y'\}^T$로 한다. 이 경우 벡터 중심 0의 주위의 회전에 따라 $v_x \to v_{x'}$, $v_y \to v_{y'}$로 변화했을 때

$$\begin{aligned} v_x &= v\cos\Phi \\ v_y &= v\sin\Phi \end{aligned} \tag{9.18}$$

$$
\begin{aligned}
v_{x'} &= v\cos(\Phi-\theta)\\
v_y &= v\sin(\Phi-\theta)
\end{aligned}
\tag{9.19}
$$

이므로

$$
\begin{aligned}
v_{x'} &= v\cos\Phi\cos\theta - v\sin\Phi\sin\theta = v_x\cos\theta - v_y\sin\theta\\
v_{y'} &= v\sin\Phi\cos\theta + v\cos\Phi\sin\theta = v_x\sin\theta + v_y\cos\theta
\end{aligned}
\tag{9.20a}
$$

즉

$$
\begin{Bmatrix} v_{x'} \\ v_{y'} \end{Bmatrix} = \begin{bmatrix} \cos\theta & -\sin\theta \\ \sin\theta & \cos\theta \end{bmatrix} \begin{Bmatrix} v_x \\ v_y \end{Bmatrix}
\tag{9.20b}
$$

$$
v' = \begin{Bmatrix} v_{x'} \\ v_{y'} \end{Bmatrix} \quad B(\theta) \equiv \begin{bmatrix} \cos\theta & -\sin\theta \\ \sin\theta & \cos\theta \end{bmatrix} \quad v = \begin{Bmatrix} v_x \\ v_y \end{Bmatrix}
\tag{9.21}
$$

다음 식을 얻을 수 있다.

$$
v' = B(\theta)v \tag{9.22}
$$

$$
x' = B(\theta)x \tag{9.23}
$$

B를 벡터의 회전에 의해 성분변환매트릭스라고 부르기로 한다. 식(9.21)을 (9.7)과 비교함으로써 다음과 같이 됨을 알 수 있다.

$$
B(\theta) = A^{-1}(\theta)
$$

즉, 좌표축을 고정시키고 벡터를 좌표축의 원점 주위에 θ만큼 회전할 때, 그 회전에 의한 벡터의 성분변환매트릭스는 벡터를 고정시키고 좌표축을 θ만큼 회전했을 때의 변환매트릭스의 역매트릭스가 된다.

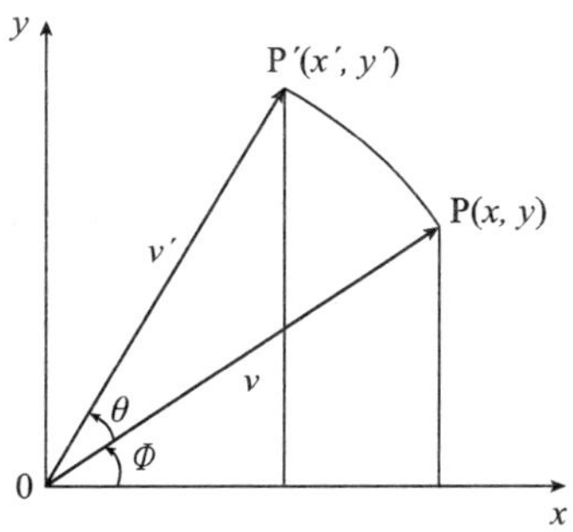

[그림 9.2] 벡터의 회전

9.4 3차원 공간에서 좌표축의 회전

[그림 9.3]에 나타낸 바와 같이 3차원 공간직각좌표계 $0xyz$를 정하고 공간에 있어서 2점을 P_1 및 P_2, 그러한 좌표를 각각 (x_1, y_1, z_1) 및 (x_2, y_2, z_2)로 한다.

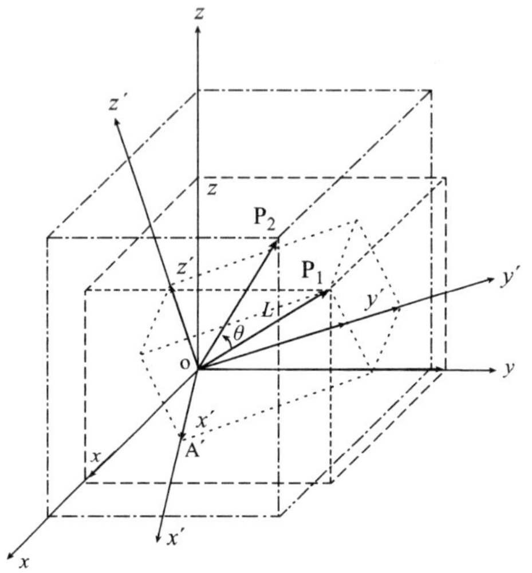

[그림 9.3] 3차원 공간에서 좌표축의 회전

방향성분 $\overrightarrow{OP_1}$와 x, y 및 x축과의 이루는 각을 각각 α_1, β_1 및 r_1로 하면

$$\cos\alpha_1 = \frac{x_1}{\sqrt{x_1^2 + y_1^2 + z_1^2}} \tag{9.24}$$
$$\cos\beta_1 = \frac{y_1}{\sqrt{x_1^2 + y_1^2 + z_1^2}}$$
$$\cos\gamma_1 = \frac{z_1}{\sqrt{x_1^2 + y_1^2 + z_1^2}}$$

$\cos\alpha_1$, $\cos\beta_1$ 및 $\cos\gamma_1$을 방향성분 $\overrightarrow{OP_1}$의 방향여현(direction cosines)이라고 하며 각각 l_1, m_1, n_1로 쓰기로 한다. 또 $\overrightarrow{OP_1}$의 길이를 L_1로 하면 다음과 같이 된다.

$$L_1 = \sqrt{x_1^2 + y_1^2 + z_1^2} \tag{9.25}$$

$$l_1 = \cos\alpha_1 = \frac{x_1}{L_1},\ m_1 = \cos\beta_1 = \frac{y_1}{L_1},\ n_1 = \cos\gamma_1 = \frac{z_1}{L_1} \tag{9.26}$$

$$l_1^2 + m_1^2 + n_1^2 = 1 \tag{9.27}$$

또 식(9.24)로부터

$$x_1\cos\alpha_1 + y_1\cos\beta_1 + z_1\cos\gamma_1 = \sqrt{x_1^2 + y_1^2 + z_1^2} = L_1 \tag{9.28}$$

방향성분 $\overrightarrow{OP_2}$에 대해서도 다음과 같이 된다.

$$L_2 = \sqrt{x_2^2 + y_2^2 + z_2^2} \tag{9.29}$$

$$l_2 = \frac{x_2}{L_2},\ m_2 = \frac{y_2}{L_2},\ n_2 = \frac{z_2}{L_2} \tag{9.30}$$

$$l_2^2 + m_2^2 + n_2^2 = 1 \tag{9.31}$$

다음에, $\overrightarrow{OP_1}$과 $\overrightarrow{OP_2}$의 이루는 각을 θ로 하면 삼각형 OP_1, P_2에서 다음 식이 성립한다.

$$\overline{P_1P_2^2} = \overline{OP_1^2} + \overline{OP_2^2} = 2\overline{OP_1} \cdot \overline{OP_2}\cos\theta \tag{9.32}$$

그런데

$$\overline{OP_1^2} = x_1 + y_1 + z_1, \overline{OP_2^2} = x_2 + y_2 + z_2$$

이므로

$$\begin{aligned}\overline{P_1P_2^2} &= (x_2 - x_1)^2 + (y_2 - y_1)^2 + (z_2 - z_1) \\ &= \overline{OP_1^2} + \overline{OP_2^2} + 2(x_1x_2 + y_1y_2 + z_1z_2)\end{aligned} \tag{9.33}$$

그러므로 식(9.32) 및 (9.33)에서

$$\cos\theta = \frac{x_1x_2 + y_1y_2 + z_1z_2}{\sqrt{x_1^2 + y_1^2 + z_1^2}\sqrt{x_2^2 + y_2^2 + z_2^2}} \tag{9.34}$$

식(9.25), (9.26), (9.29), (9.30) 및 (9.34)에서

$$\cos\theta = l_1 l_2 + m_1 m_2 + n_1 n_2 \tag{9.35}$$

다음에 [그림 9.3]에 나타낸 바와 같이 공간에서 원점을 공유하는 2개의 직각 좌표계 $0xyz$ 및 $0x'y'z'$를 정하고 공간 임의의 1점 P_1의 각각 좌표계에 있어서 좌표값을 (x, y, z) 및 (x', y', z')로 하고, [표 9.1]에 나타낸 바와 같이 x'축의 x, y, z축에 대한 방향여현을 각각 λ_{11}, λ_{12} 및 λ_{13} 등으로 하면, 원점으로, x'축 위에서 원점보다 x'의 거리에 있는 점 A'를 잇는 방향성분에 대해, 식(9.28)과 같은 관계를 고려하면, 이 경우

$$l_1 = \lambda_{11}, m_1 = \lambda_{12}, n_1 = \lambda_{13} \tag{9.36}$$

에 상당하므로

$$\begin{aligned} x' &= \lambda_{11}x + \lambda_{12}y + \lambda_{13}z \\ y' &= \lambda_{21}x + \lambda_{22}y + \lambda_{23}z \\ z' &= \lambda_{31}x + \lambda_{32}y + \lambda_{33}z \end{aligned} \tag{9.37}$$

[표 9.1]

	x	y	z
x'	λ_{11}	λ_{12}	λ_{13}
y'	λ_{21}	λ_{22}	λ_{23}
z'	λ_{31}	λ_{32}	λ_{33}

식(9.27) 및 (9.36)에서

$$\begin{aligned} \lambda_{11} + \lambda_{12} + \lambda_{13} &= 1 \\ \lambda_{21} + \lambda_{22} + \lambda_{23} &= 1 \\ \lambda_{31} + \lambda_{32} + \lambda_{33} &= 1 \end{aligned} \tag{9.38}$$

또 x'축과 y'축을 각각 [그림 9.3]에 있어서 $\overrightarrow{OP_1}$ 및 $\overrightarrow{OP_2}$와 일치시켰다고 생각하면, 양자는 직교하여 있으므로 식(9.35) 및 (9.36) 및 다음 식(9.39)과 같이 하여 식(9.40)과 같은 관계식을 얻을 수 있다.

$$l_2 = \lambda_{21},\ m_2 = \lambda_{22},\ n_2 = \lambda_{23} \tag{9.39}$$

$$\cos\theta = \cos\frac{\pi}{2} = 0 = \lambda_{11}\lambda_{21} + \lambda_{12}\lambda_{22} + \lambda_{13}\lambda_{23}$$

$$\begin{aligned} &x'\text{과 } z'\text{이 직교하므로 } 0 = \lambda_{11}\lambda_{31} + \lambda_{12}\lambda_{32} + \lambda_{13}\lambda_{33} \\ &x'\text{과 } z'\text{이 직교하므로 } 0 = \lambda_{21}\lambda_{31} + \lambda_{22}\lambda_{32} + \lambda_{23}\lambda_{33} \end{aligned} \tag{9.40}$$

위의 여러 관계식을 매트릭스의 형식으로 나타내면 다음과 같다.

$$x = \begin{bmatrix} x \\ y \\ z \end{bmatrix},\ x' = \begin{bmatrix} x \\ y \\ z \end{bmatrix} \tag{9.41}$$

$$\lambda = \begin{bmatrix} \lambda_{11} & \lambda_{12} & \lambda_{13} \\ \lambda_{21} & \lambda_{22} & \lambda_{23} \\ \lambda_{31} & \lambda_{32} & \lambda_{33} \end{bmatrix} \tag{9.42}$$

$$x' = \lambda x \tag{9.43}$$

또 식(9.38) 및 (9.40)은 하나의 매트릭스식으로 다음과 같이 나타낼 수 있다.

$$\begin{vmatrix} \lambda_{11} & \lambda_{12} & \lambda_{13} \\ \lambda_{21} & \lambda_{22} & \lambda_{23} \\ \lambda_{31} & \lambda_{32} & \lambda_{33} \end{vmatrix} \begin{vmatrix} \lambda_{11} & \lambda_{21} & \lambda_{31} \\ \lambda_{12} & \lambda_{22} & \lambda_{32} \\ \lambda_{13} & \lambda_{23} & \lambda_{33} \end{vmatrix} = \begin{vmatrix} 1 & 0 & 0 \\ 0 & 1 & 0 \\ 0 & 0 & 1 \end{vmatrix}$$

$$\lambda\lambda^T = I_3 \qquad \text{s(9.44)}$$

또 식(9.42)의 매트릭스 λ는 $0xyz$ 좌표계를 원점 0의 주위에 회전하여 $0x'y'z'$ 좌표계를 얻은 것으로 생각하고, 그 때 공간에 고정된 점 P의 쌍방 좌표계에 관한 좌표성분값 사이의 관계를 표시하는 것으로도 생각할 수 있으므로 λ를 회전매트릭스(rotation matrix)라고 한다. 더욱 식(9.43)에서 다음과 같이 된다.

$$x = \lambda^{-1}x' \tag{9.45}$$

위에서 기술한 바와 같이, 원점 0과 $x'y'$ 및 z'축 위에 있어서 그 좌표값은 각각 $x'y'z'$의 점을 잇는 방향성분을 각각 x, y, z축에 대한 투영의 길이와의 관계를 표시하는 것이며, 모두 식(9.28)에서 배우고 고찰한 것이지만, 위에서 x', y', z'와 x, y, z를 각각 교환하여, 완전히 같이 고찰하여 x와 x'와의 관계를 구하면, 식(9.43) 대신 다음 식을 얻을 수 있다.

$$x = \lambda' x' \tag{9.46}$$

여기에 [표 9.1]에 주어진 방향여현을 사용하면 x', y', z'와 x, y, z와의 상호 교환에 따라 다음과 같이 됨을 알 수 있다.

$$\lambda' = \lambda^T \tag{9.47}$$

즉, 식(9.46)은 다음과 같이 된다.

$$x = \lambda^T x' \tag{9.48}$$

위의 식과 식(9.45)를 비교함으로써 다음 식을 얻을 수 있다.

$$\lambda^{-1} = \lambda^T \tag{9.49}$$

또 위의 식은 직접 식(9.44)를 고려함으로써 역매트릭스의 각 요소간의 관계에서도 구할 수도 있다.

이상은 기하학적 벡터, 즉 방향성분 $\overline{OP}$ 2개의 직각 좌표계에 관한 성분 사이의 변환공식을 구한 것이지만 힘, 우력, 변위 등의 물리적 벡터량 v의 변환공식에 대해서도, 그러한 벡터량은 모두 방향성분으로 대치하여 생각할 수 있다는 점에서, v의 $0xyz$축 및 $0x'y'z'$축에 관한 성분을 각각 정하면 다음과 같이 나타낼 수 있다.

$$v = \begin{Bmatrix} v_x \\ v_y \\ v_z \end{Bmatrix}, \quad v' = \begin{Bmatrix} v_{x'} \\ v_{y'} \\ v_{z'} \end{Bmatrix} \tag{9.50}$$

$$v' = \lambda v \tag{9.51}$$

$$v = \lambda^T v' \tag{9.52}$$

또 벡터의 다른 정의로서, $0xyz$ 및 $0x'y'z'$에 관한 성분 (v_x, v_y, v_z)와 $(v_{x'}, v_{y'}, v_{z'})$사이에 좌표변환공식 식(9.37)과 같은 형식의 관계, 즉 다음과 같은 관계가 성립될 때, $[v_{x'}\ v_{y'}\ v_{z'}]$ 또는 $[v_x\ v_y\ v_z]$로 표현되는 양을 (기하학적, 물리학적 또는 역학적 등, 각각 그 각성분의 뜻에 대응한다) 벡터라고도 한다.

$$
\begin{aligned}
v_{x'} &= \lambda_{11}v_x + \lambda_{12}v_y + \lambda_{13}v_z \\
v_{y'} &= \lambda_{21}v_x + \lambda_{22}v_y + \lambda_{23}v_z \\
v_{z'} &= \lambda_{31}v_x + \lambda_{32}v_y + \lambda_{33}v_z
\end{aligned}
\tag{9.53}
$$

더구나 회전매트릭스의 의미는 전술한 바와 같이, 좌표의 회전으로 생기는 좌표값, 또는 물리적 양의각 성분값의 변환공식의 계수라고 생각하면, 같이 제각기의 회전매트릭스가 λ_1, λ_2, $\cdots$, λ_n로 주어지는 회전을 차례로 n회 실행했을 때, 주어진 벡터의 최초의 좌표축에 관한 성분 v_0와 최후의 좌표축에 관한 성분 v_n와의 사이에 성립되는 관계는 2차원의 경우와 같이 얻을 수 있다.

$$
v_n = \lambda_n \lambda_{n-1} \cdots \lambda_2 \lambda_1 \lambda_0 \tag{9.54}
$$

9.5 매트릭스방정식의 좌표변환

2개의 벡터의 $0xyz$좌표계에 관한 성분수치 $v_x^{(1)}, v_y^{(1)}, v_z^{(1)}$ 및 $v_x^{(2)}, v_y^{(2)}, v_z^{(2)}$사이에 다음과 같은 관계식이 주어졌을 때, 이것을 $0x'y'z'$좌표계에 관한 성분 $v_{x'}^{(1)}, v_{y'}^{(1)}, v_{z'}^{(1)}$과 $v_{x'}^{(2)}, v_{y'}^{(2)}, v_{z'}^{(2)}$와의 사이의 관계식에 대한 변환문제에 대해 고려해보자.

$$
\begin{Bmatrix} v_x^{(2)} \\ v_y^{(2)} \\ v_z^{(2)} \end{Bmatrix} = \begin{bmatrix} b_{11} & b_{12} & b_{13} \\ b_{21} & b_{22} & b_{23} \\ b_{31} & b_{32} & b_{33} \end{bmatrix} \begin{Bmatrix} v_x^{(1)} \\ v_y^{(1)} \\ v_z^{(1)} \end{Bmatrix} \tag{9.55}
$$

위의 식(9.55)는 다음과 같이 된다.

$$
v_1 = \left[v_x^{(1)}, v_y^{(1)}, v_z^{(1)} \right]^T, \;\; v_2 = \left[v_x^{(2)}, v_y^{(2)}, v_z^{(2)} \right]^T
$$

$$
b = \begin{vmatrix} b_{11}\, b_{12}\, b_{13} \\ b_{21}\, b_{22}\, b_{23} \\ b_{31}\, b_{32}\, b_{33} \end{vmatrix}, \;\; b' = \begin{vmatrix} b_{11}{}'\, b_{12}{}'\, b_{13}{}' \\ b_{21}{}'\, b_{22}{}'\, b_{23}{}' \\ b_{31}{}'\, b_{32}{}'\, b_{33}{}' \end{vmatrix} \tag{9.56}
$$

$$
v_2 = bv_1 \tag{9.57}
$$

$0xyz$좌표계에서 $0x'y'z'$좌표계에 대한 회전매트릭스를, 식(9.42)으로 주어지는 λ로 하면 다음과 같이 된다.

$$v_1{}' = \lambda v_1,\ v_2{}' = \lambda v_2 \tag{9.58}$$

식(9.57)의 양변에 λ를 좌측으로부터 곱하고, 식(9.58)을 사용하면 다음과 같이 된다.

$$\lambda v_2 = \lambda b v_1 = \lambda b(\lambda^{-1}\lambda)v_1 = (\lambda b \lambda^{-1})(\lambda v_1) = b' v_1{}'$$

즉, $v_2{}' = b' v_1{}'$ (9.59)

다만 $b' = \lambda b \lambda^{-1}$ (10.60)

식(9.59)은 $0xyz$좌표계의 성분에 관한 식(9.57)의 관계식을 $0x'y'z'$좌표계의 성분에 관한 관계식으로 변환한 것이다.

9.6 2차텐서의 매트릭스 표시

3차원 공간에 있어서 직각좌표 $0xyz$에 있어서 다음과 같은 2개의 기하학적 벡터의 성분을 이용하여 매트릭스를 정의한다.

$$a = [a_x\ a_y\ a_z]^T \text{ 및 } b = [b_x\ b_y\ b_z]^T \tag{9.61}$$

$$\mathcal{L} = ab^T = \begin{bmatrix} a_x \\ a_y \\ a_z \end{bmatrix} [b_x\ b_y\ b_z] = \begin{bmatrix} a_x b_x & a_x b_y & a_x b_z \\ a_y b_x & a_y b_y & a_y b_z \\ a_z b_x & a_z b_y & a_z b_z \end{bmatrix} \tag{9.62}$$

다음에 다른 직각좌표계에 $0x'y'z'$에 관한 위의 2개 벡터 및 그 성분을 각각 다음과 같이 나타낼 수 있다.

$$a' = [a_{x'}\ a_{y'}\ a_{z'}]^T,\ b =' [b_{x'}\ b_{y'}\ b_{z'}]^T \tag{9.63}$$

그리고 $0xyz$에서 $0x'y'z'$에 대한 변환의 회전매트릭스도 다음과 같이 나타낼 수 있다.

$$a = \begin{bmatrix} a_{11} & a_{12} & a_{13} \\ a_{21} & a_{22} & a_{23} \\ a_{31} & a_{32} & a_{33} \end{bmatrix} \tag{9.64}$$

$$a' = aa,\ b' = ab \tag{9.65}$$

따라서 식(9.62)에 좌표변환을 하기 위해, $0x'y'z'$축에 대한 a' 및 b'의 각 성분을 이용하고 식(9.62), (9.65) 및 (9.66)의 관계로부터 다음과 같이 된다.

$$\mathcal{L} = \begin{bmatrix} a_{x'}b_{x'} & a_{x'}b_{y'} & a_{x'}b_{z'} \\ a_{y'}b_{x'} & a_{y'}b_{y'} & a_{y'}b_{z'} \\ a_{z'}b_{x'} & a_{z'}b_{y'} & a_{z'}b_{z'} \end{bmatrix} \tag{9.66}$$

$$\mathcal{L}' = a'b'^T = aab^Ta^T \tag{9.67}$$

$$\mathcal{L}' = a\mathcal{L}a^T$$

$$\mathcal{L} = a'^T\mathcal{L}'a \tag{9.68}$$

이와 같이 회전매트릭스가 a로 주어지는 좌표변환에 의해 식(9.68a)와 같은 변환공식에 따르는 양 $\mathcal{L}$를 2차텐서(tensor of second order)라고 한다.

9.7 고체 내 응력해석에 대한 응용

예를 들면, $\mathcal{L}$의 성분치로서 고체 내의 xyz좌표계에 관한 응력성분을 [그림 9.4]에 나타낸 바와 같이 정의하고, 이것을 매트릭스의 형식으로 병행하여 식(9.69)와 같이 나타내면, $\mathcal{L}$는 식(9.68a)의 좌표변환법칙에 따르는 것을 나타낼 수 있다.

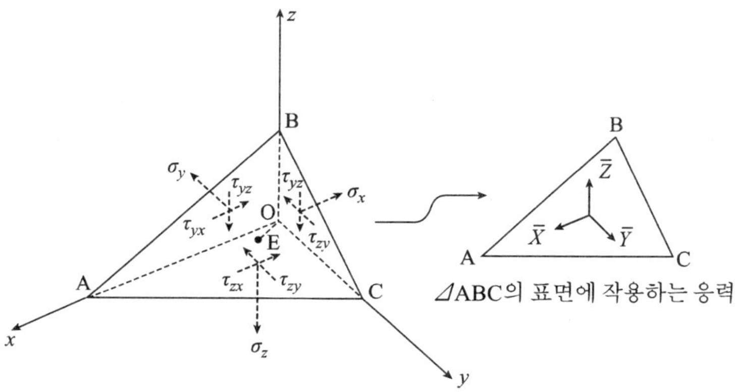

[그림 9.4] 직각좌표계

여기에 [그림 9.4]에 표시하는 고체 내에 취한 미소사면체 $OABC$의 사면 ABC의 단위 면적에 작용하는 표면력의 x, y, z성분을 각각 식(9.70)으로 나타내고, 평면 ABC의 법선(normal)의 방향여현을 l, m, n로 하고, $\triangle OBC$, $\triangle OAB$, $\triangle OAC$ 및 $\triangle ABC$의 면적을 각각 s_x, s_y, s_z 및 S로 하면, 사면체 $OA-BC$의 x, y 및 z축 방향의 힘의 평형조건을 이용하면 다음과 같이 된다.

$$\mathcal{L} = \begin{bmatrix} \sigma_x & \tau_{yx} & \tau_{zx} \\ \tau_{xy} & \sigma_y & \tau_{zy} \\ \tau_{xz} & \tau_{yz} & \sigma_z \end{bmatrix} \tag{9.69}$$

$$\overline{X} = [\overline{X} \ \ \overline{Y} \ \ \overline{Z}] \tag{9.70}$$

$$\begin{aligned} \overline{X}S &= \sigma_x S_x + \tau_{yx} S_y + \tau_{zx} S_z \\ \overline{Y}S &= \tau_{xy} S_x + \sigma_y S_y + \tau_{zy} S_z \\ \overline{Z}S &= \tau_{xz} S_x + \tau_{yz} S_y + \sigma_z S_z \end{aligned} \tag{9.71}$$

$$\frac{S_x}{S} = l, \ \frac{S_y}{S} = m, \ \frac{S_z}{S} = n$$

$$\begin{aligned} \overline{X} &= \sigma_x l + \tau_{yx} m + \tau_{zx} n \\ \overline{Y} &= \tau_{xy} l + \sigma_y m + \tau_{zy} n \\ \overline{Z} &= \tau_{xz} l + \tau_{yz} m + \sigma_z n \end{aligned} \tag{9.72}$$

$$\begin{bmatrix} \overline{X} \\ \overline{Y} \\ \overline{Z} \end{bmatrix} = \begin{bmatrix} \sigma_x & \tau_{yx} & \tau_{zx} \\ \tau_{xy} & \sigma_y & \tau_{zy} \\ \tau_{xz} & \tau_{yz} & \sigma_z \end{bmatrix} = \begin{bmatrix} l \\ m \\ n \end{bmatrix} \tag{9.73}$$

$\triangle ABC$를 포함하는 평면의 법선방향에 x'축을 정하고, y'축 및 z'축을 $\triangle A-BC$의 평면 내의 임의의 방향을 설정하여 새롭게 직각좌표계 $0x'y'z'$를 정하여 $0x'y'z'$축에 관한 응력의 성분을 $\sigma_{x'}$, $\sigma_{y'}$, $\sigma_{x'}$ ⋯ 등으로 하면 x'축 방향의 표면력 $S\sigma_{x'}$는, $\overline{X}S$, $\overline{Y}S$, $\overline{Z}S$ 등에 의해 다음과 같이 표현된다(다만, S는 생략).

$$\begin{aligned} \sigma_{x'} &= \overline{X}l + \overline{Y}m + \overline{Z}n \\ &= [l \ \ m \ \ n] \begin{bmatrix} \overline{X} \\ \overline{Y} \\ \overline{Z} \end{bmatrix} = [l \ \ m \ \ n] \begin{bmatrix} \sigma_x & \tau_{yx} & \tau_{zx} \\ \tau_{xy} & \sigma_y & \tau_{zy} \\ \tau_{xz} & \tau_{yz} & \sigma_z \end{bmatrix} \begin{bmatrix} l \\ m \\ n \end{bmatrix} \end{aligned} \tag{9.74}$$

여기서 [표 9.1]에 표시된 방향여현의 값은 이 경우 $l=\alpha_{11}$, $m=\alpha_{12}$, $n=\alpha_{13}$이며, 이와 같이 하여 x', y' 및 z'축의 xyz좌표계에 대한 방향여현으로 [표 9.1]에 나타낸 바와 같이 취하면 위와 같이 하여 다음과 같은 식을 얻는다.

$$\begin{bmatrix} \sigma_{x'} & \tau_{y'x'} & \tau_{z'x'} \\ \tau_{x'y'} & \sigma_{y'} & \tau_{z'y'} \\ \tau_{x'z'} & \tau_{y'z'} & \sigma_{z'} \end{bmatrix} = \begin{bmatrix} \alpha_{11} & \alpha_{12} & \alpha_{13} \\ \alpha_{21} & \alpha_{22} & \alpha_{23} \\ \alpha_{31} & \alpha_{32} & \alpha_{33} \end{bmatrix} \begin{bmatrix} \sigma_x & \tau_{yx} & \tau_{zx} \\ \tau_{xy} & \sigma_y & \tau_{zy} \\ \tau_{xz} & \tau_{yz} & \sigma_z \end{bmatrix} \begin{bmatrix} \alpha_{11} & \alpha_{21} & \alpha_{31} \\ \alpha_{12} & \alpha_{22} & \alpha_{32} \\ \alpha_{13} & \alpha_{23} & \alpha_{33} \end{bmatrix} \tag{9.75}$$

즉, 응력성분의 변환은 식(9.68a)형식으로 나타나는 것을 알았다. 즉, 응력매트릭스 식(9.69)는 2차텐서이다. 한편 [그림 9.4]에 표시하는 고체 내에 생각한 미소의 직방체의 모멘트의 균형에서 $\tau_{yz}=\tau_{zy}$, $\tau_{zx}=\tau_{xz}$, $\tau_{xy}=\tau_{yx}$가 성립되므로 응력텐서 식(9.69)는 대칭텐서이다. 또 이점을 고려하여, 식(9.75)를 각 방향성분으로 쓰기 위해, 그 매트릭스의 곱셈을 하면 다음 식을 얻을 수 있다.

$$\sigma_{x'} = \sigma_x \alpha_{11}^2 + \sigma_y \alpha_{12}^2 + \sigma_z \alpha_{13}^2 + 2(\tau_{yx}\alpha_{12}\alpha_{13} + \tau_{xz}\alpha_{13}\alpha_{11} + \tau_{xy}\alpha_{11}\alpha_{12})$$

$$\begin{aligned} \tau_{x'y'} = {} & \alpha_x \alpha_{11}\alpha_{21} + \alpha_y \alpha_{12}\alpha_{22} + \alpha_z \alpha_{13}\alpha_{23} \\ & + \tau_{yz}(\alpha_{12}\alpha_{23} + \alpha_{13}\alpha_{23}) + \tau_{zx}(\alpha_{11}\alpha_{23} + \alpha_{13}\alpha_{21}) \\ & + \tau_{xy}(\alpha_{11}\alpha_{22} + \alpha_{12}\alpha_{21}) \end{aligned} \tag{9.76}$$

....

....

특히 2차원의 경우는, x축과 x'축과의 이루는 각을 θ로 하면, $\alpha_{11}=\alpha_{22}=\cos\theta$, $\alpha_{12}=-\alpha_{21}=\sin\theta$이며, σ_x, σ_y, τ_{xy} 이외의 성분은 O으로 하면 다음과 같이 된다.

$$\begin{bmatrix} \sigma_{x'} & \tau_{x'y'} \\ \tau_{x'y'} & \sigma_{y'} \end{bmatrix} = \begin{bmatrix} \cos\theta & \sin\theta \\ -\sin\theta & \cos\theta \end{bmatrix} \begin{bmatrix} \sigma_x & \tau_{xy} \\ \tau_{xy} & \sigma_y \end{bmatrix} \begin{bmatrix} \cos\theta & -\sin\theta \\ \sin\theta & \cos\theta \end{bmatrix} \tag{9.77}$$

이것을 각 성분으로 적으면 다음과 같은 2차원 응력의 변환공식을 얻을 수 있다.

$$\begin{aligned} \sigma_{x'} &= \sigma_x \cos^2\theta + 2\tau_{xy}\cos\theta\sin\theta + \sigma_y \sin^2\theta \\ \sigma_{y'} &= \sigma_x \sin^2\theta - 2\tau_{xy}\cos\theta\sin\theta + \sigma_y \cos^2\theta \\ \tau_{x'y'} &= \tau_{y'x'} = (\sigma_y - \sigma_x)\cos\theta\sin\theta + \tau_{xy}(\cos^2\theta - \sin^2\theta) \end{aligned} \tag{9.78}$$

식(9.71)에 있어서 $\overline{X}S$, $\overline{Y}S$, $\overline{Z}S$의 벡터의 합을 σS로 적어, 그 방향과 x, y, z의 각좌표축과의 이루는 각의 방향여현을 각각 l_0, m_0, n_0로 하면 다음과 같이 된다.

$$\overline{X} = \sigma l_0\,,\ \overline{Y} = \sigma m_0\,,\ \overline{Z} = \sigma n_0 \tag{9.79}$$

$\triangle ABC$에 작용하는 힘의 벡터합의 방향이 $\triangle ABC$를 포함하는 평면의 법선방향과 일치했을 때, 다음 식이 성립한다.

$$l_0 = l,\ m_0 = m,\ n_0 = n \tag{9.80}$$

식(9.72)와 (9.79)에서 다음과 같이 된다.

$$\begin{aligned} &(\sigma_x - \sigma)l + \tau_{yz}m + \tau_{zx}n = 0 \\ &\tau_{yz}l + (\sigma_y - \sigma)m + \tau_{zy}n = 0 \\ &\tau_{xz}l + \tau_{yz}m + (\sigma_z - \sigma)n = 0 \end{aligned} \tag{9.81}$$

위의 식이 모두 O이 아닌 임의의 l, m, n의 값에 대해 성립하기 위해서는 다음과 같아야 한다.

$$\begin{vmatrix} \sigma_x - \sigma & \tau_{yx} & \tau_{zx} \\ \tau_{yx} & \sigma_y - \sigma & \tau_{zy} \\ \tau_{xz} & \tau_{yz} & \sigma_z - \sigma \end{vmatrix} = 0 \tag{9.82}$$

$$-\sigma^3 + I_1\sigma^2 + I_2\sigma + I_3 = 0 \tag{9.83}$$

다만

$$I_1 = \sigma_x + \sigma_y + \sigma_z \tag{9.84a}$$

$$I_2 = -\begin{vmatrix} \sigma_x & \tau_{xy} \\ \tau_{xy} & \sigma_y \end{vmatrix} - \begin{vmatrix} \sigma_y & \tau_{yz} \\ \tau_{yz} & \sigma_z \end{vmatrix} - \begin{vmatrix} \sigma_z & \tau_{xz} \\ \sigma_{xz} & \sigma_x \end{vmatrix} \tag{9.84b}$$

$$I_3 = \begin{vmatrix} \sigma_x & \tau_{yx} & \tau_{zx} \\ \tau_{yx} & \sigma_y & \tau_{xy} \\ \tau_{xz} & \tau_{yz} & \sigma_z \end{vmatrix} \tag{9.84c}$$

σ에 관한 3차 방정식(9.83)이 실근을 갖는 것은 다음과 같이 하여 증명할 수 있다.

식(9.69)에서 주어지는 매트릭스는 대칭이라는 점을 고려하여 $\beta = [\beta_1, \beta_2, \beta_3]^T$로 하면, (9.81)은 $\beta_1 = l, \beta_2 = m, \beta_3 = n$으로 하면 다음과 같이 나타낼 수 있다.

$$\mathfrak{L}\beta = \sigma\beta \tag{9.85}$$

일반적으로 복소수를 요소로 하는 3차 정사각형매트릭스 $\wp$와 (3, 1)매트릭스 r을 고려한다. 그 각 요소의 공액복소수를 $(-)$기호를 사용하여 나타내고, 공액복소수를 요소로 한 매트릭스를 각각 $\overline{\wp}$ 및 $\overline{r}$로 하면 다음과 같이 된다.

$$\overline{\wp\gamma} = [\overline{\wp\gamma}] \tag{9.86}$$

그런데 매트릭스 $\mathfrak{L}$는 실수를 요소로 하므로 다음과 같이 된다.

$$\overline{\mathfrak{L}} = \mathfrak{L} \tag{9.87}$$

따라서 식(9.85)에서 다음과 같이 된다.

$$\overline{\mathfrak{L}}\,\overline{\beta} = \overline{\sigma}\overline{\beta}$$

그러므로 식(9.87)을 대입하면 다음과 같이 된다.

$$\mathfrak{L}\,\overline{\beta} = \overline{\sigma}\overline{\beta} \tag{9.88}$$

여기서 대칭매트릭스로 $\mathfrak{L} = \mathfrak{L}^T$이므로, $\beta^T\mathfrak{L}\beta$도 대칭이 된다.

$$\sigma\overline{\beta^T}\beta = \overline{\beta^T}\mathfrak{L}\beta = (\overline{\beta^T}\mathfrak{L}\beta)^T = \beta^T\mathfrak{L}\overline{\beta}$$

식(9.88)로부터 다음과 같이 된다.

$$\sigma\overline{\beta^T}\beta = \overline{\sigma}\beta^T\overline{\beta}$$

그런데

$$\begin{aligned}\overline{\beta^T}\beta = \beta^T\overline{\beta} &= \beta_1\overline{\beta_1} + \beta_2\overline{\beta_2} + \beta_3\overline{\beta_3} = |\beta_1|^2 + |\beta_2|^2 + |\beta_3|^2 \\ &= l^2 + m^2 + n^2 = 1 \neq 0\end{aligned}$$

그러므로

$$\sigma = \overline{\sigma}$$

즉, σ는 실수이다.

그러므로 식(9.83)은 σ에 관해 3개의 실근 $\sigma_1, \sigma_2, \sigma_3$을 갖고, 그 어느 값을 식(9.81)에 대입하여 l, m, n을 정했을 때, 그 방향여현에 대응하는 $\triangle ABC$의 법선방향을 주방향이라고 하며, $\triangle ABC$에 작용하는 합응력이 $\triangle ABC$의 면에 수직방향이 되므로, 이 평면에는 전단응력은 작용하지 않는다. 이와 같은 방향은 일반적으로, 고체내의 각점에 있어서 3개 있고, 이것을 주방향이라고 하며, $\sigma_1, \sigma_2, \sigma_3$을 각각 주응력이라고 한다.

주응력 $\sigma_1, \sigma_2, \sigma_3$ 및 주방향은 고체 내에서 고려하고 있는 응력의 물리적 상태에 따라 정하고, $0xyz$ 또는 $ox'y'z'$와 같이 좌표계를 정하는 방식에 따라 변하지 않는다. 따라서 같은 주응력 및 주방향을 주는 응력상태를, 다른 직각좌표계 $0x'y'z'$에 관한 응력성분을 이용하여 나타냈다.

$$\mathcal{L}' = \begin{bmatrix} \sigma_{x'} & \tau_{y'x'} & \tau_{z'x'} \\ \tau_{x'y'} & \sigma_{y'} & \tau_{x'y'} \\ \tau_{x'z'} & \tau_{y'z'} & \sigma_{z'} \end{bmatrix}$$

위의 식에 대해 식(9.83)과 같은 방정식을 작성하면, 다음과 같이 된다.

$$-\sigma^3 + I_1'\sigma^2 + I_2'\sigma + I_3' = 0 \tag{9.89}$$

그 근 σ는 식(9.83)과 같은 값을 주어야만 한다. 따라서 $I_1 = I_1'$, $I_2 = I_2'$, $I_3 = I_{3'}$이 된다. 즉,

$$I_1 = \sigma_x + \sigma_y + \sigma_z = \sigma_{x'} + \sigma_{y'} + \sigma_{z'} = \sigma_1 + \sigma_2 + \sigma_3 \tag{9.90a}$$

$$\begin{aligned} I_2 &= -\begin{vmatrix} \sigma_x & \tau_{xy} \\ \tau_{xy} & \sigma_y \end{vmatrix} - \begin{vmatrix} \sigma_y & \tau_{yz} \\ \tau_{yz} & \sigma_z \end{vmatrix} - \begin{vmatrix} \sigma_x & \tau_{xz} \\ \tau_{xz} & \sigma_z \end{vmatrix} \\ &= -\begin{vmatrix} \sigma_{x'} & \tau_{x'y'} \\ \tau_{x'y'} & \sigma_{y'} \end{vmatrix} - \begin{vmatrix} \sigma_{y'} & \tau_{y'z'} \\ \tau_{y'z'} & \sigma_{z'} \end{vmatrix} - \begin{vmatrix} \sigma_{x'} & \tau_{x'z'} \\ \tau_{x'z'} & \sigma_{x'} \end{vmatrix} \\ &= -(\sigma_1\sigma_2 + \sigma_2\sigma_3 + \sigma_1\sigma_3) \end{aligned} \tag{9.90b}$$

$$I_3 = \begin{vmatrix} \sigma_x & \tau_{yx} & \tau_{zx} \\ \tau_{xy} & \sigma_y & \tau_{zy} \\ \tau_{xz} & \tau_{yz} & \sigma_z \end{vmatrix} = \begin{vmatrix} \sigma_{x'} & \tau_{y'x'} & \tau_{z'x'} \\ \tau_{x'y'} & \sigma_{y'} & \tau_{z'y'} \\ \tau_{x'z'} & \tau_{y'z'} & \sigma_{z'} \end{vmatrix} = \sigma_1\sigma_2\sigma_3 \tag{9.90c}$$

I_1, I_2, I_3을 각각 응력의 제1, 제2 및 제3 불변량(invariant)이라고 한다.

마지막으로 매트릭스의 탄성학에 대한 응용의 예를 나타내었다(설명의 상세한 것은 각각 전문 서적에 따르기 바란다).

u, v, w 를 x, y, z축 방향의 변위로 하면, 변형텐서 ε의 매트릭스는 다음과 같다.

$$\varepsilon = \begin{bmatrix} \varepsilon_x & \frac{1}{2}r_{yx} & \frac{1}{2}r_{zx} \\ \frac{1}{2}r_{xy} & \varepsilon_y & \frac{1}{2}r_{zy} \\ \frac{1}{2}r_{xz} & \frac{1}{2}r_{yz} & \varepsilon_z \end{bmatrix}$$

$$= \begin{bmatrix} \frac{\partial u}{\partial x} & \frac{1}{2}\left(\frac{\partial v}{\partial y}+\frac{\partial u}{\partial y}\right) & \frac{1}{2}\left(\frac{\partial w}{\partial x}+\frac{\partial u}{\partial z}\right) \\ \frac{1}{2}\left(\frac{\partial u}{\partial y}+\frac{\partial v}{\partial x}\right) & \frac{\partial v}{\partial y} & \frac{1}{2}\left(\frac{\partial w}{\partial y}+\frac{\partial v}{\partial z}\right) \\ \frac{1}{2}\left(\frac{\partial u}{\partial z}+\frac{\partial w}{\partial x}\right) & \frac{1}{2}\left(\frac{\partial v}{\partial z}+\frac{\partial w}{\partial y}\right) & \frac{\partial w}{\partial z} \end{bmatrix} \tag{9.91}$$

평형방정식은 대칭텐서 $\mathcal{L}$ 를 고려하면 다음과 같이 된다.

3차원의 경우,

$$\begin{bmatrix} \frac{\partial}{\partial x} & \frac{\partial}{\partial y} & \frac{\partial}{\partial z} \end{bmatrix} \begin{bmatrix} \sigma_x & \tau_{yx} & \tau_{zx} \\ \tau_{yx} & \sigma_y & \tau_{zy} \\ \tau_{xz} & \tau_{yz} & \sigma_z \end{bmatrix} + \rho\left[P_x \ P_y \ P_z\right] = 0 \tag{9.92}$$

여기서, ρ는 고체의 밀도, P_x, P_y, P_z는 단위체적당의 물체력이다.

2차원의 경우,

$$\begin{bmatrix} \frac{\partial}{\partial x} & \frac{\partial}{\partial y} \end{bmatrix} \begin{bmatrix} \sigma_x & \tau_{yx} \\ \tau_{yx} & \sigma_y \end{bmatrix} + \rho\left[P_x \ P_y\right] = 0 \tag{9.93}$$

여기서 E는 영계수, ν는 포이슨비로서, 1차원적 응력－변형 관계가 x', y', z'를 주축방향으로 하면, Hooke의 법칙은 다음과 같이 나타낼 수 있다.

$$\begin{bmatrix} \varepsilon_{x'} & 0 & 0 \\ 0 & \varepsilon_{y'} & 0 \\ 0 & 0 & \varepsilon_{z'} \end{bmatrix} = \frac{1+\nu}{E} \begin{bmatrix} \sigma_{x'} & 0 & 0 \\ 0 & \sigma_{y'} & 0 \\ 0 & 0 & \sigma_{z'} \end{bmatrix} - \frac{\nu}{E}(\sigma_{x'}+\sigma_{y'}+\sigma_{z'}) \begin{bmatrix} 1 & 0 & 0 \\ 0 & 1 & 0 \\ 0 & 0 & 1 \end{bmatrix} \tag{9.94}$$

위의 식은 변환 $\varepsilon = a^T\varepsilon' a$, $\mathcal{L} = a^T\mathcal{L}' a$, $I_3 = a^T I_3 a$에 의해 다음과 같은 형식으로 나타낼 수 있다.

$$\varepsilon = \frac{1+\nu}{E}\mathcal{L} - \frac{\nu}{E}I_1 I_3 \tag{9.95}$$

단지 $I_1 = \sigma_x + \sigma_y + \sigma_z$로 한다. 즉, 이것을 성분에 따라 나타내면 임의의 직각좌표계 $0xyz$에 관한 Hooke의 법칙으로 다음과 같은 식이 된다.

$$\begin{bmatrix} \varepsilon_x & \frac{1}{2}r_{yx} & \frac{1}{2}r_{zx} \\ \frac{1}{2}r_{xy} & \varepsilon_y & \frac{1}{2}r_{zy} \\ \frac{1}{2}r_{xz} & \frac{1}{2}r_{yz} & \varepsilon_z \end{bmatrix} = \frac{1+\nu}{E}\begin{bmatrix} \sigma_x & \tau_{yx} & \tau_{zx} \\ \tau_{xy} & \sigma_y & \tau_{zy} \\ \tau_{xz} & \tau_{yz} & \sigma_z \end{bmatrix} - \frac{\nu}{E}(\sigma_x + \sigma_y + \sigma_z)\begin{bmatrix} 1 & 0 & 0 \\ 0 & 1 & 0 \\ 0 & 0 & 1 \end{bmatrix} \tag{9.96}$$

※ $\mathcal{L}$는 대칭매트릭스이므로, 변환식(9.68a)으로 얻을 수 있는 $\mathcal{L}^{-1}$는 대칭매트릭스가 된다.

제 3 편

매트릭스와 Computer

1. 배열
2. 부프로그램
3. 부프로그램에서의 선언문
4. 응용프로그램

1940년대 후반부터 1950년대에 걸쳐 미국에서는 Turner와 Martin, 영국에서는 Argyris 등이 중심이 되어 구조공학, 수학과, Computer의 기술자자가 협력하여 「Computer에 알맞은 해법」을 개발하였다. 그 하나의 성과가 「매트릭스법(Matrix Method)」이다. 이것이 차차 개량되어 통일이론이 만들어져 응용분야도 확대되었고, 현재에 오면서 Computer에 의한 구조해석의 대표적인 방법이 되었다.

Computer는 그 동안 계속 발달하여, 초기의 Computer와 현재의 Computer를 비교하면 계산속도나 기억용량도 불가설 할 정도로 급성장하였다. 이것에 의해 오늘날 과거에는 상상도 못하는 복잡한 문제를 다룰 수 있게 되었다.

Computer는 완전자동기계이다. 어떤 문제에 대해 처음에 계산순서를 설정해 두면 순서대로 계산을 실행한다. 그러나 계산순서는 인간이 만들어 주어야만 한다. Computer의 내용은 상당히 복잡하다. Computer의 각 부분이 어떻게 작동할 것인가? Computer는 상세한 것을 모두 지시해 주지 않으면, 작동하지 않는다. 또한 「지시한다」하더라도 소리로 하는 것은 안 되며, Computer가 하는 방법에 따라 그에 합당한 순서로 기계에 설정하는 것이다. 이 「기계에 설정할 수 있는 형태에서 표현된 계산순서 쓰기 법」을 「프로그램(Program)」이라고 한다. 프로그램을 작성하기에 앞서 첫 단계는 순서를 설정(Analysis), 둘째 단계는 코딩(Coding), 셋째 단계를 디버깅(Debugging)이다. 프로그램을 작성하기 위해 사용하는 언어에는 고전적인 것으로 FORTRAN, ALGOL, COBOL, PL/1 등이 있고, 최근에 와서는 Visual BASIC, Visual C, Visual FORTRAN 등이 있다.

프로그램언어 중 가장 오래되고, 가장 널리 쓰이고 있는 것은 「FORTRAN」이다. FORTRAN은 수식으로 쓰인 것이지만 처리에 중점을 두고 주로 공학용으로 사용되고 있다. 그러므로 제3편에서는 주로 「FORTRAN-77언어」에서 매트릭스와 직접 관련된 것들에 대해서만 다루었으며, 여기서 기술하지 않은 것들은 다른 참고문헌들을 참고하면 충분하리라 믿는다.

1 배열

1.1 1차원 배열

첨자의 개수가 1개인 배열형태를 갖는 자료구조를 1차원 배열이라고 한다. 이러한 1차원 배열을 수학에서는 벡터(Vector)라고 하며 1차원 배열을 선언하는 일반형식은 다음과 같다.

〈일반형식〉

① dimension array$_1$(k_1), ⋯ , array$_n$(k_n) 또는
② dimension array$_1$([l_1:] u_1), ⋯ , array$_n$([l_n:] u_n)

array$_1$(k_1), ⋯ , array$_n$(k_n) : 배열명, 즉 변수명
k_1, ⋯ , k_n : 첨자상수 또는 첨자변수로 정수형임
l_1, ⋯ , l_n : 첨자가 가질 수 있는 최소치(lower value)로 생략 가능하며 생략시에는 1로 간주됨
u_1, ⋯ , u_n : 첨자가 가질 수 있는 최대치(upper value)

단, ②의 경우는 FORTRAN77에서만 가능함(기종에 따라서 차이가 있음)

(사용예 1) dimension a(10), ia(20) : 이러한 경우 배열 a는 첨자변수가 1개인 1차원 배열로서 a라는 배열명으로 10개의 실수형 값을 기억시키기 위한 기억장소를 설정한다.

a(1)	a(2)	a(3)	⋯	a(10)

a(1) = 1.234, a(2) = 2.345, ⋯ , a(10) = 10.678

배열 ia는 1차원 배열로서 ia라고 하는 배열명으로 20개의 정수형 값을 기억시킬 수 있는 기억장소를 설정한다. 그러므로 배열명 a는 실수형이고, ia는 정수형으로 각각의 크기는 10과 20이 된다(일반적으로 변수가 문자 i, j, k, l, m. n으로 시작하면 정수형, 그 외의 문자로 시작하면 실수형).

ia(1)	ia(2)	ia(3)	⋯	ia(20)

ia(1) = 3, ia(2) = 6, ⋯ , ia(20) = 25

(사용예 2) N개의 정수를 읽어 배열 A에 기억시킨 후 $A(1)$과 $A(N)$, $A(2)$과 $A(N-1)$, $A(3)$과 $A(N-2)$, ⋯ , $A(K)$과 $A(N-K+1)$을 교체하는 프로그램을 작성해보자. 단, N은 100 이하로 제한한다.

〈프로그램〉

```
C
C         REVERSING ARRAYS
C
          INTEGER A(100), TEMP

          READ (5,100) N
          READ (5,200) (A(I), I = 1,N)
          DO 20 I = 1, N/2
          TEMP = A(I)
          K = N - I + 1
          A(I) = A(K)
          A(K) = TEMP
20        CONTINUE
          WRITE (6,300) (A(I), I = 1,N)
          STOP
100       FORMAT (I2)
200       FORMAT (10I3)
300       FORMAT (' REVERSING ARRAYS'/10(I5))
          END
```

1.2 2차원 배열

2차원 배열은 첨자를 2개 사용하여 행(row)과 열(column)로 구성된 배열구조로 일반형식은 다음과 같다.

〈일반형식〉

dimension $\text{array}_1(k_1,\ l_1)$, ⋯ , $\text{array}_n(k_n,\ l_n)$
$\text{array}_1(k_1)$, ⋯ , $\text{array}_n(k_n)$: 배열명, 즉 변수명 k_1, ⋯ , k_n : 행의 첨자 l_1, ⋯ , l_n : 열의 첨자

(사용예 1)

$$A = \begin{bmatrix} a_{11} & a_{12} & \cdots & a_{1n} \\ a_{21} & a_{22} & \cdots & a_{2n} \\ \vdots & \vdots & \vdots & \vdots \\ a_{10\,1} & a_{10\,2} & \cdots & a_{10\,10} \end{bmatrix}$$

인 행렬 A의 구조는 10행렬로 구성되어 있으며, i행의 j번째 원소를 $A(i,j)$로 나타낸다. 이러한 행렬은 첨자의 개수가 2개인 2차원 배열로 dimension a(10,10)으로 선언된다. 배열의 크기는 (10 × 10), 즉 100개이며, 실수형 값을 갖는 100개의 기억장소가 확보된다.

	1열	2열	…	10열
1행	A(1,1)	A(1,2)	…	A(1,10)
2행	A(2,1)	A(2,2)	…	A(2,10)
⋮	⋮	⋮		⋮
10행	A(10,1)	A(10,2)	…	A(10,10)

그러나 주기억장치에 배열 A가 기억될 때는 2차원형식이 아닌 1차원형식으로 기억이 된다. 기억되는 방법에는 열을 중심으로 한 방법(column major)과 행을 중심으로 한 방법(row major)이 있다. Fortran에서는 열을 중심으로 한 방법으로 2차원 이상의 배열을 1차원 구조로 기억시킨다. 그러므로 출력을 제외한 입력과 연산시 열을 중심으로 처리하는 방법을 선택하는 것이 바람직하다.

	A(1,1)	A(2,1)	…	A(10,1)	A(1,2)	A(2,2)	…	A(10,2)	A(1,3)
위치	1	2		10	11	12		20	21

	A(2,3)	…	A(1,4)	…	A(1,10)	A(2,10)	…	…	A(10,10)
위치	22		31		91	92			100

(사용예 1) ① 행을 중심으로 한 기억방법

```
real a(10,6), b(10,6)
do i = 1, 10
   do j = 1, 6
     a(i, j) = 0.
     b(i, j) = 0.
   end do
end do
```

② 열을 중심으로 한 기억방법

```
real a(10,6), b(10,6)
do j = 1, 6
   do i =1, 10
     a(i, j) = 0.
     b(i, j) = 0.
   end do
end do
```

(사용예 2) 2차원 배열 a(3,3)의 값이 아래와 같을 때, 각 행의 값을 각각 1차원 배열 s(3)에 더하는 경우를 생각해보자.

a

1	4	7
2	5	8
3	6	9

s

s	
s(1)	= a(1,1) + a(1,2) + a(1,3)
s(2)	= a(2,1) + a(2,2) + a(2,3)
s(3)	= a(3,1) + a(3,2) + a(3,3)

① 행을 중심으로 한 처리방법

```
integer a(3, 3), s(3)
data a/1,2,3,4,5,6,7,8,9/
data s/3*0/
do i = 1, 3
   do j = 1, 3
     s(i)=s(i)+a(i, j)
   end do
end do
```

② 열을 중심으로 한 처리방법

```
integer a(3, 3), s(3)
data a/1,2,3,4,5,6,7,8,9/
data s/3*0/
do j = 1, 3
   do i =1, 3
     s(i)=s(i)+a(i, j)
   end do
end do
```

(사용예 3) $n \times m$인 2차원 행렬 A와 B의 합 A+B와 차 A−C를 계산하는 프로그램을 작성해보자. 먼저 순서도를 작성하면 다음과 같다.

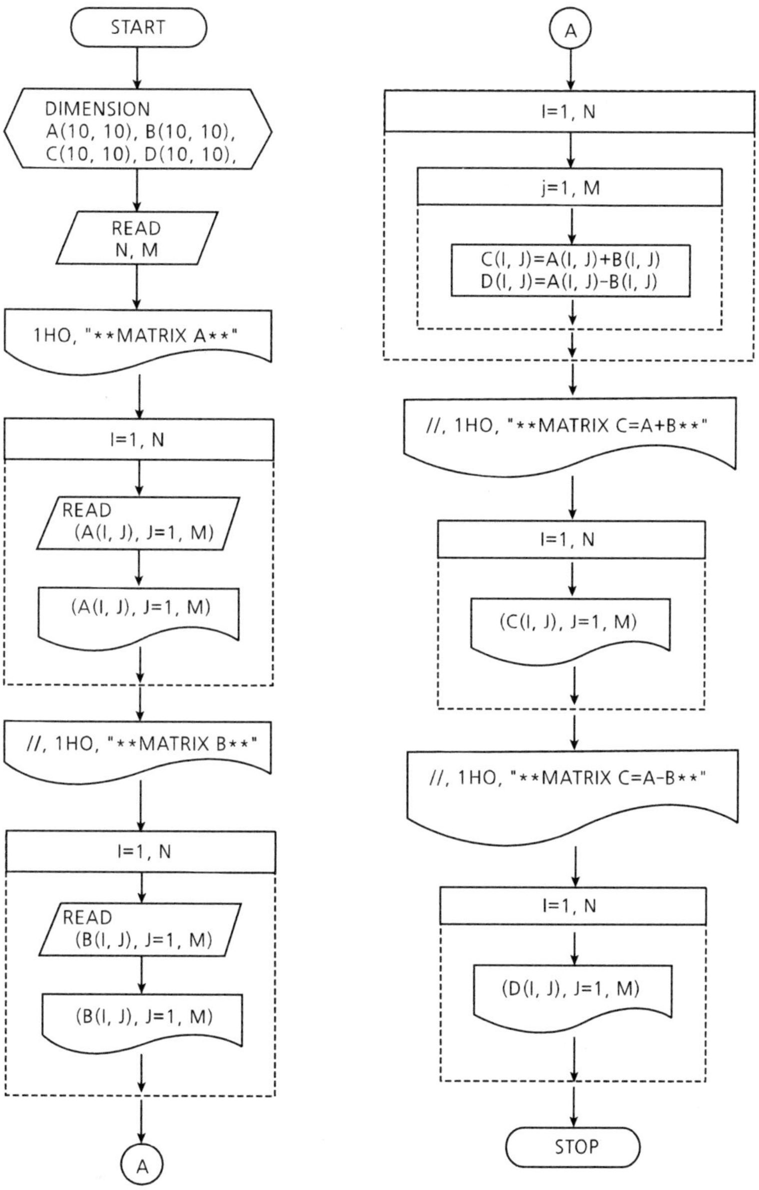

위의 순서도를 따라서 FORTRAN 언어로 PROGRAM을 작성하면 다음과 같다.

```
C         PROGRAM MATRIX
C
C         SUM & DIFFERENCE OF MATRIX A, B
C
          DIMENSION A(10,10), B(10,10), C(10,10), D(10,10)
          READ (5,900) N, M
          WRITE (6,901)
          DO I=1,N
            READ (5, 902) (A(I, J), J=1,M)
            WRITE (6, 903) (A(I, J), J=1,M)
          END DO

          WRITE (6,904)
          DO I=1,N
             READ (5,905) (B(I, J), J=1,M)
             WRITE (6,906) (B(I, J), J=1,M)
          END DO

          DO I=1,N
             DO J=1,M
             C(I, J) = A(I, J) + B(I, J)
             D(I, J) = A(I, J) - B(I, J)
             END DO
          END DO

          WRITE (6,907)
          DO I=1,N
             WRITE (6,908) (C(I, J), J=1,M)
          END DO

          WRITE (6,909)
          DO I=1,N
             WRITE (6,910) (D(I, J), J=1,M)
          END DO

900       FORMAT (2I5)
901       FORMAT (//,15X,'***  MATRIX A ***',//)
902       FORMAT (10F10.0)
903       FORMAT ( /,2X,10F10.2)
904       FORMAT (//,15X,'***  MATRIX B ***',//)
905       FORMAT (10F10.0)
906       FORMAT (/,2X,10F10.2)
907       FORMAT (//,15X,'***  MATRIX C = A + B ***',//)
908       FORMAT ( /,2X,10F10.2)
909       FORMAT (//,15X,'***  MATRIX D = A - B ***',//)
910       FORMAT ( /,2X,10F10.2)
          STOP
          END
```

입력자료와 출력결과는 다음과 같다.

〈입력자료〉

```
 2          2
10.00       3.00
20.00       5.00
 3.00       5.00
 4.00       6.00
```

〈출력결과〉

```
***  MATRIX  A ***
             10.00     3.00
             20.00     5.00
***  MATRIX  B ***
             3.00      5.00
             4.00      6.00
***  MATRIX  C = A + B ***
             13.00     8.00
             24.00     11.00
***  MATRIX  D = A - B ***
             7.00      -2.00
             16.00     -1.00
```

(사용예 4) $n \times n$인 2차원 정방행렬(square matrix)에 대한 행렬식(determinent)의 값을 구하는 프로그램을 작성해보자.

먼저 순서도를 작성하면 다음과 같다.

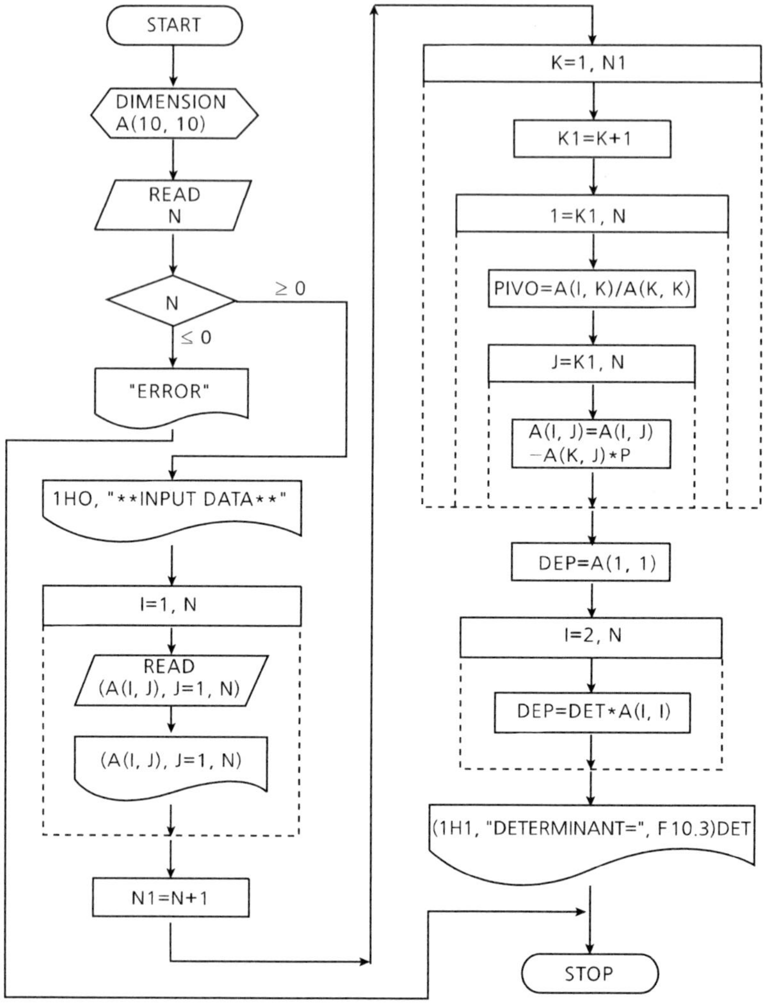

위의 순서도를 따라서 FORTRAN 언어로 PROGRAM을 작성하면 다음과 같다.

```
C          PROGRAM determ
C
C          DETERMINANT OF N X N MATRIX
C
           DIMENSION A(10,10)
           READ (5,900) N
           IF (N .LE. 0) GO TO 999
           WRITE(6,901)
```

```
        DO I=1,N
          READ (5,902) (A(I, J), J=1,N)
          WRITE(6,903) (A(I, J), J=1,N)
        END DO
        N1 = N + 1

        DO K=1,N1
           K1 = K + 1
           DO I = K1, N
              PIVO = A(I, K)/A(K, K)
              DO J = K1, N
                 A(I, J) = A(I, J) - A(K, J)*PIVO
              END DO
           END DO
        END DO

        DET = A(1,1)

        DO I=2,N
           DET = DET*A(I, I)
        END DO

        WRITE (6,904) DET
900     FORMAT (I5)
901     FORMAT (//,15X,'***  INPUT DATA  ***',//)
902     FORMAT (10F10.0)
903     FORMAT (/,2X,10F10.2)
904     FORMAT (//,15X,'DETERMINANT = ',F10.3)
999     STOP
        END
```

입력자료와 출력결과는 다음과 같다.

〈입력자료〉

```
2
10.00          3.00
20.00          5.00
```

〈출력결과〉

```
***  INPUT DATA  ***
10.00          3.00
20.00          5.00
DETERMINANT = -10.000
```

(사용예 5) $n \times k$인 2차원 행렬 $A=(a_{ij})$와 $k \times m$인 2차원 행렬 $B=(b_{ij})$의 곱을 $C=(c_{ij})$ $(=A \times B)$을 구하는 프로그램을 작성해보자. 즉,

$$c_{ij} = \sum_{r=1}^{p} a_{ir} b_{rj} = a_{i1} b_{1j} + a_{i2} b_{2j} + \cdots + a_{ip} b_{pj}$$

$$i = 1, 2, \cdots, n, \quad r = 1, 2, \cdots p, \quad j = 1, 2, \cdots, m$$

먼저 순서도를 작성하면 다음과 같다.

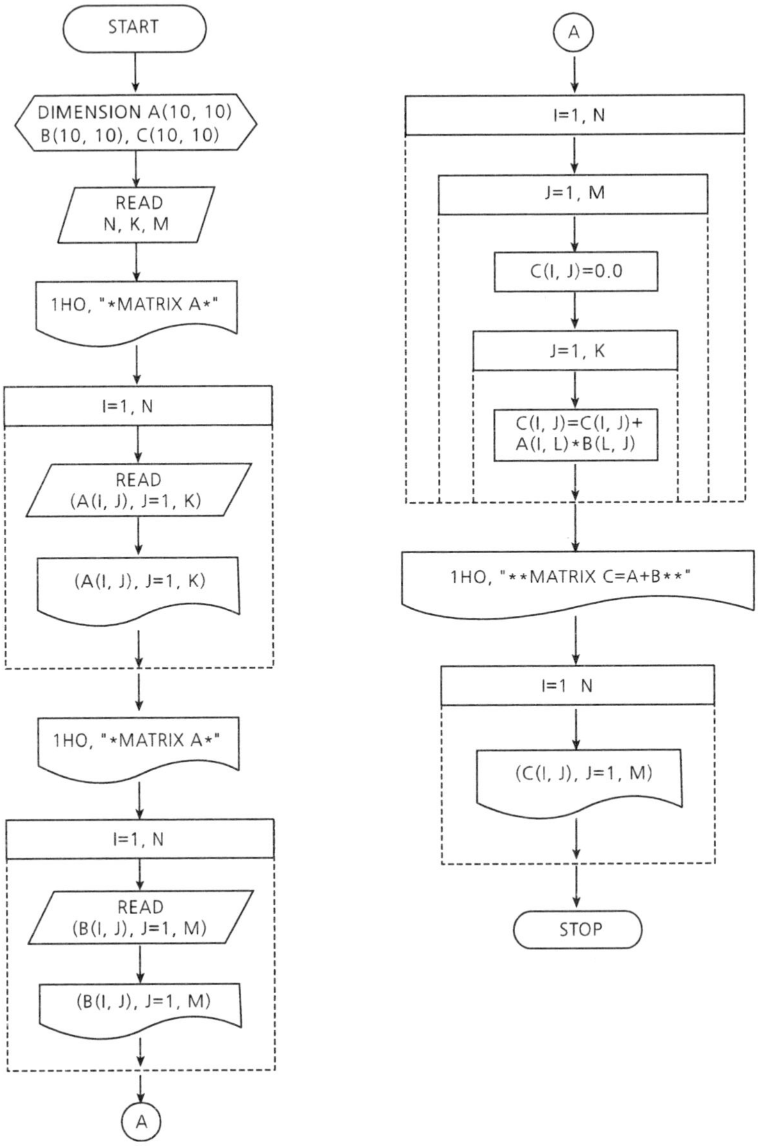

위의 순서도를 따라서 FORTRAN 언어로 PROGRAM을 작성하면 다음과 같다.

```
C         PROGRAM multip
C
C         MULTIPLICATION OF MATRIX
C
          DIMENSION A(10,10), B(10,10), C(10,10)
          READ (5,900) N, K, M
          WRITE (6,901)
            DO I = 1, N
               READ (5, 902) (A(I, J), J=1,K)
               WRITE (6, 903) (A(I, J), J=1,K)
            END DO
               WRITE (6,904)

            DO I =1,K
               READ (5, 905) (B(I, J), J=1,M)
               WRITE (6, 906) (B(I, J), J=1,M)
            END DO
          DO I=1,N
              DO J=1,M
                  C(I, J) = 0.0
                  DO L=1,K
                  C(I, J) = C(I, J) + A(I, L)*B(L, J)
                  END DO
              END DO
          END DO

          WRITE (6, 907)
          DO I = 1, N
             WRITE (6, 908) (C(I, J), J=1,M)
          END DO

900       FORMAT (3I5)
901       FORMAT (//,15X,'***  MATRIX A ***',//)
902       FORMAT (10F6.2)
903       FORMAT (/,2X,10F10.2)
904       FORMAT (//,15X,'***  MATRIX B ***',//)
905       FORMAT (10F6.2)
906       FORMAT (/,2X,10F10.2)
907       FORMAT (//,15X,'***  MATRIX C = A * B ***',//)
908       FORMAT ( /,2X,10F10.2)
          STOP
          END
```

입력자료와 출력결과는 다음과 같다.

〈입력자료〉

```
2    2    2
10.00        3.00
20.00        5.00
22.00       10.00
 2.00        4.00
```

〈출력결과〉

```
***  MATRIX A ***
     10.00        3.00
     20.00        5.00
***  MATRIX B ***
     22.00       10.00
      2.00        4.00
***  MATRIX C = A * B ***
     226.00      112.00
     450.00      220.00
```

1.3 3차원 배열

3차원 배열은 2차원 배열에 면(plane)을 포함한 배열로서 첨자를 3개 사용하여 첫 번째 첨자는 면(plane), 두 번째는 행(row), 그리고 마지막 첨자는 열(column)로 구성된 배열구조로 일반형식은 다음과 같다.

〈일반형식〉

dimension array$_1(i_1, j_1, k_1)$, ⋯ , array$_n(i_n, j_n, k_n)$
array$_1$, ⋯ , array$_n$: 배열명, 즉 변수명 i_1, ⋯ , i_n : 면의 첨자 j_1, ⋯ , j_n : 행의 첨자 k_1, ⋯ , k_n : 열의 첨자

3차원 배열이 기억장소 내에 기억될 때에도 1차원, 2차원 배열과 마찬가지로 열을 중심으로 한 1차원 배열 형태로 치환되어 기억된다.

(사용예 1) dimension A(2,2,3)과 같이 3차원 배열 A가 선언되었을 경우에 기억장소 내에서 각 원소들에 대한 위치는 다음과 같다.

	A(1,1,1)	A(2,1,1)	A(1,2,1)	A(2,2,1)	A(1,1,2)	A(2,1,2)
위치	1	2	3	4	5	6
	A(1,2,2)	A(2,2,2)	A(1,1,3)	A(2,1,3)	A(1,2,3)	A(2,2,3)
위치	7	8	9	10	11	12

1.4 다차원 배열

배열의 선언에 있어서 첨자의 개수가 2개 이상인 경우에는 다차원배열(multi-dimensional array)이라고 하며, Fortran77에서는 다차원 배열의 선언을 다음과 같은 형식으로 선언한다.

〈일반형식〉

dimension array$_1$([l_{11}:] U_{11}, [l_{12}:] U_{12}, ⋯, [l_{1m}:] U_{1m}), ⋯, array$_n$([l_{n1}:] U_{n1}, ⋯, [l_{nm}:] U_{nm})
주의 : [ ]안에 내용은 생략가능하며, 생략시 하한은 1로 간주한다. 기종에 따라 사용하지 못하는 경우도 있다.
array$_1$, ⋯ , array$_n$: 배열명, 즉 변수명 l_{11} , l_{12} , ⋯ , l_{1m} , ⋯ , l_{n1} , ⋯ , l_{nm} : 하한(lower)값을 나타내는 것으로 정수(양수, 0, 음수)값을 가지며, 생략 시에는 1의 값을 갖는 것으로 간주한다. U_{11} , U_{12} , ⋯ , U_{1m} , ⋯ , U_{n1} , ⋯ , U_{nm} : 상한(upper)값을 나타내는 것으로 정수(양수, 0, 음수)값을 가지며, 단 $U_{ij} > l_{ij}$일 때는 상한 값은 하한 값보다 커야 한다.

1.5 내재적(implied) DO문

배열로 선언된 입출력하려는 방법에 있어서는 2가지로 구분된다.

① 열(column)에 의한 입출력 방식 : 주로 연산 시에 사용

② 행(row)에 의한 입출력 방식 : 주로 입출력 시에 사용

배열명을 입출력하는데 사용되는 문은 DO문으로 4가지 방법을 이용한다.

① 배열의 대표명만 사용한 방법 : 입출력 시에만 사용

② 중첩(nested) 또는 다중(multiple)형 DO문을 사용한 방법 : 연산 시 및 입출력 시에 사용

③ 내재적(implied) DO문을 사용한 방법

④ 혼합형 DO, 즉 중첩형 DO문과 내재적 DO문을 사용한 방법
③과 ④는 입출력 및 DATA문에서 초기값 할당 시 사용

위의 사용방법 중에서 사용하기 간편하고, 행과 열에 의한 입출력 방식을 자유로이 할 수 있는 사용방식은 내재적 DO문을 사용한 방식이다.

내재적 DO문은 입 · 출력 시와 DATA문에서 초기값 할당 시에만 사용할 수 있는 DO문으로 일반형식은 다음과 같다.

〈일반형식〉

$[\ \cdots\ \{(list,\ r_1 = m_1,\ m_2,\ m_3),\ r_2 = n_1,\ n_2,\ n_3\},\ \cdots\ ,\ r_3 = l_1,\ l_2,\ l_3]$
$list$: 1개 이상의 배열요소 $m_k,\ n_k,\ l_k$: 정수형 상수 또는 값이 할당된 정수형 변수, 단 $m_3,\ n_3,\ l_3$가 1인 경우에는 생략가능. $k=1, 2, 3$
$r_1,\ r_2,\ \cdots\ ,\ r_i$: 정수형 변수

(사용예 1) ① 입 · 출력시 배열명만 적는 경우

```
c
c         example of dimension (array name)
c
          dimension a(4, 5)
          read (*,10) a
      10  format (5f10.0)
          write (*, 20) a
      20  format (5f10.2)
          stop
          end
```

이러한 경우에는 입출력하는 형식(format)을 작성하기에는 매우 어렵다. 그리고 입·출력 방식 중 열에 의한 입·출력 또는 행에 의한 입·출력 중 프로그래머가 선택하여 사용할 수는 없고, 단지 열에 의한 입·출력 방식으로 처리된다.

② 배열원소를 모두 기입하는 경우

```
c
c         example of dimension (variable)
c
          dimension a(4, 5)
          read (*,10) a(1, 1), a(1, 2), …, a(4, 5)
     10   format (5f10.0)
          write (*, 20) a(1, 1), a(1, 2), …, a(4, 5)
     20   format (5f10.2)
          stop
          end
```

이러한 경우에는 배열원소 개수만큼의 변수를 적어 주어야 하므로 아주 불편하다. 단 열과 행에 의한 입출력 방식으로 처리되는 것이 아니라 기입된 배열원소의 위치에 의하여 입・출력된다. 그리고 특정한 배열원소를 입・출력하고자 할 경우에 주로 사용된다.

③ 중첩형 DO문을 이용한 경우

```
c
c         example of dimension (use of statement)
c
          dimension a(4, 5)
          do i = 1, 4
             do j = 1, 5
                read (*,10) a(i, j)
                write (*, 20) a(i, j)
             end do
          end do
     10   format (5f10.0)
     20   format (5f10.2)
          stop
          end
```

이러한 사용방법은 행과 열에 의한 입・출력 방식으로 처리할 경우에만 사용되며, 배열의 연산 시에 주로 사용된다.

④ 내재적 DO문을 사용한 경우

```
c
c         example of dimension (use nested implied do)
c
          dimension a(4, 5)
          read (*,10) ((a(i, j), j=1,5),i=1,4)
          write (*,20) ((a(i, j), j=1,5),i=1,4)
    10    format (5f10.0)
    20    format (5f10.2)
          stop
          end
```

가장 간단한 방법으로 단지 행과 열에 의한 입·출력 시와 DATA 문을 사용하여 배열의 각 원소에 초기값을 부여시킬 때 사용된다. 단, 배열의 연산 시에는 사용할 수 없다.

⑤ 혼합형 DO 문을 사용한 경우

```
c
c         example of dimension(use implied do)
c
          dimension a(4, 5)
          do i = 1, 4
          read (*,10) (a(i, j), j=1,5)
          write (*,20) (a(i, j), j=1,5)
          end do
    10    format (5f10.0)
    20    format (5f10.2)
          stop
          end
```

이 경우에는 입·출력 시에만 사용가능하며 행과 열에 의한 입·출력을 할 수 있다.

(사용예 2) 배열의 입·출력 시 FORMAT에 따라 입력 파일의 레코드를 효율적으로 이용할 수 있고 예상 밖의 출력결과를 초래한다.

1) Fortran문

```
    real a(10)
    do I=1, 5, 2
       read (*, 20) a(i), a(i+1)
    end do
20  format (2f5.1)
```

〈입력 파일 레코드〉

```
0002000030
0004000050
00-2000-35
```

2) Fortran문

```
    read (*,10) (a(i), i=1, 5)
    write (*,20) (a(i), i=1, 5)
10  format (f5.0)
20  format (2x,2f7.2)
```

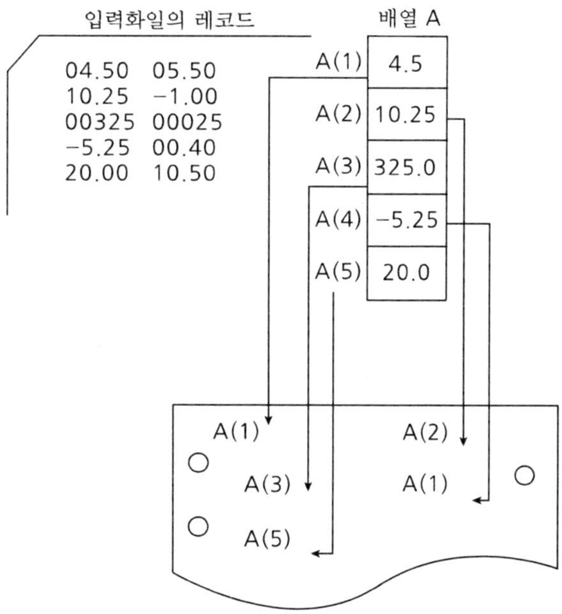

3) Fortran문

```
    read (*, 10) (a(i), b(i), i=1, 5)
10  format (2f5.0)
```

```
    write (*, 20) (a(i), b(i), i=1, 5)
20  format (1x, 3f7.1)
```

〈출력결과〉

```
A(1) B(1) A(2)
B(2) A(3) B(3)
A(1) B(1) A(5)
B(5)
```

```
    write (*, 30) (a(i), i=1, 5), (b(i), i=1, 5)
30  format (1x, 3f7.1)
```

〈출력결과〉

```
A(1) A(2) A(3)
A(4) A(5) B(1)
B(4) B(3) B(4)
B(5)
```

```
    write (*, 40) (a(i), i=1, 5), (b(i), i=1, 5)
40  format (1x, 6f6.1/1x, 6f6.1)
```

〈출력결과〉

```
A(1)  A(2) A(3)  A(4)  A(5)  B(1)
B(2) B(3)  B(4)
B(5)
```

2 부프로그램

2.1 함수 부프로그램(FUNCTION SUBPROGRAM)

함수 부프로그램(FUNCTION SUBPROGRAM)은 문함수 정의문과 달리 여러 개의 문을 포함할 수 있고, 적어도 한 개 이상의 RETURN문과 함수 부프로그램(FUNCTION SUBPROGRAM)에 값을 할당하는 치환문이 존재하여야 한다. 문함수 정의문은 두 개 이상의 문장으로 표현하여 사용할 수 없으나 함수 부프로그램은 사용 가능하다.

함수 부프로그램의 일반형식과 사용규칙은 다음과 같다.

〈일반 형식〉

```
[TYPE] FUNCTION fname(argument-list)
      …
fname = expression
      …
RETURN
END
```

TYPE : 함수의 형(type)을 정의함. 생략 시에는 함수명인 fname의 첫 문자에 의해 결정됨.
fname : 함수명(function name)
argument-list : 가인수(dummy argument) 리스트로 단순변수만 사용됨.
expression : 연산식

〈사용규칙〉

① 함수 부프로그램은 [type] FUNCTION fname(argument-list)로 시작하여 함수명에 결과값을 할당해주는 치환문, 함수명으로 호출되는 호출 프로그램(calling program)에 제어를 되돌려 주는 RETURN문과 함수 부프로그램의 끝을 지정하는 END문이 반드시 존재해야 한다. 단, 함수명에 결과값을 할당해 주는 치환문과 RETURN문은 한 개 이상 존재해도 무방하나 END문은 맨 마지막에 오직 한번 존재한다.

② 단순변수로만 구성된 가인수의 개수, 형(type)은 호출 프로그램에서 사용되는 실인수(actual argument)와 일치해야 한다. 즉, 실인수와 가인수는 1대1로 대응된다.

③ 가인수와 함수명에 초기값을 부여할 경우에는 반드시 DATA 문이 아닌 치환문을 사용해야 한다.

〈호출형식〉

fname(argument-list)
fname : 호출되어질 함수 부프로그램의 함수명 argument-list : 실인수(actual argument) 리스트로 가인수 리스트와 일치

호출형식에 사용되는 실인수 리스트에는 다음과 같은 것이 올 수 있다.

① 상수(constant)

② 변수 : 단순변수(simple variable), 첨자변수(subscriptied variable)

③ 배열(array)명 : 이 경우에는 대응하는 가인수도 배열로 선언되어야 함.

④ 연산식(expression) : 계산된 후 결과값을 대응하는 가인수에 전달.

⑤ 부프로그램 명칭(subprogram name) : 이 경우에는 intrinsic 또는 external 문으로 부프로그램 명칭을 선언해야 한다. intrinsic 또는 external문은 다음에 상세히 다루게 된다.

※ 부프로그램 명칭을 인수로 사용하는 부프로그램(문함수, 함수 부프로그램, 서브루틴 부프로그램)을 고계함수(higher-order function)라고 하며, 이러한 고계함수를 많이 이용할 때에는 인수전달 방법에 제한을 갖게 된다.

(사용예 1) 2개의 벡터(vector) A와 B의 값을 읽어서 스칼라적(scalar product) $A \cdot B$, 즉 $SP = \sum_{i=1}^{n} a_i * b_i$를 계산하는 프로그램을 작성해보자.

먼저 순서도를 작성하면 다음과 같다.

위의 순서도를 따라서 FORTRAN 언어로 PROGRAM을 작성하면 다음과 같다.

〈순서도〉

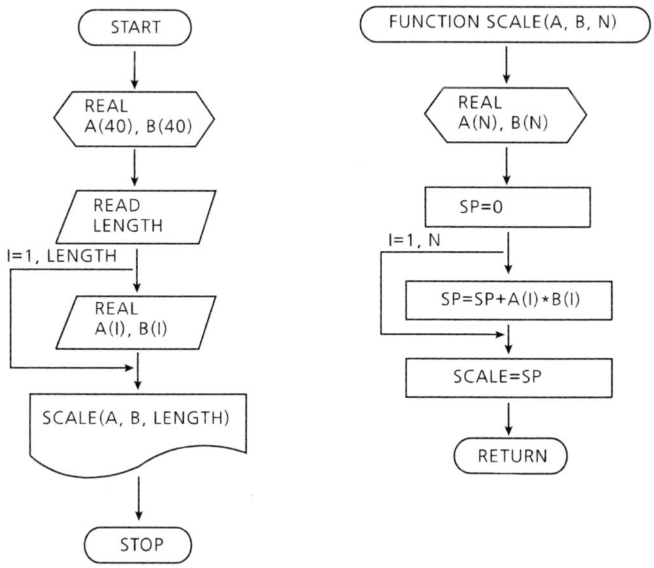

〈프로그램〉

```
C
C        PROGRAM SPRODU
C
C        VECTOR COMPUTATION
C
C        MAIN PROGRAM
C
         REAL B(40), C(40)
1        PRINT *,'TYPE NUMBER OF ELEMENTS, 1-40.  '
         READ(*,*) LEN
         IF ((LEN. GT. 40) .OR. (LEN .LT. 1)) GO TO 10
1        DO 30 K=1,LEN
         PRINT *, 'TYPE B AND C VALUE, ELEMENT    ',K
         READ(*,*) B(K), C(K)
30       CONTINUE
         PRINT *,'VALUES IN ARRAY B AND C ARE:'
         PRINT *, 'B: ', (B(I), I = 1, LEN)
         PRINT *, 'C: ', (C(I), I = 1, LEN)
         PRINT *, 'SCALAR PRODUCT IS      ', SCALE(B, C, LEN)
         END
C
C             FUNCTION
C
         FUNCTION SCALE(B2,C2,LEN2)
         REAL B2(LEN2), C2(LEN2)
         SCALE = 0.0
         DO 20 I = 1, LEN2
         SCALE = SCALE + B2(I)*C2(I)
20       CONTINUE
         RETURN
         END
```

2.2 서브루틴 부프로그램(SUBROUTINE SUBPROGRAM)

함수 부프로그램과 문함수 정의문과 같은 부프로그램은 호출되어 완전히 수행한 후 제어를 호출 프로그램에 되돌려 줄 때 계산결과 값을 오직 하나만을 되돌려 주었으나 부프로그램을 작성하다 보면 여러 개의 값을 되돌려 주어야 할 때가 있다. 이러한 경우에는 서브루틴 부프로그램(SUBROUTINE SUBPROGRAM)을 이용하여 부프로그램을 작성해야 한다.

서브루틴 부프로그램은 대응하는 실인수와 가인수에 의하여 전달된다. 문함수 정의문과 함수 부프로그램인 경우에는 함수명에 값을 할당하여 결과 값을 전달시켰고, 함수명에 의하여 또는 형 선언에 의하여 결과 값을 형(type)이 결정되었으나, 서브루틴 부프로그램의 명칭은 아무런 의미가 없고, 단지 부프로그램을 대표하는 명칭이며, 결과 값의 형(type)은 인수(실인수와 가인수)의 형에 의해 결정된다. 서브루틴 부프로그램의 일반형식과 호출형식, 그리고 사용규칙은 다음과 같다.

〈일반형식〉

```
subroutine sname(argument-list)
    …
return
end
```

sname : 서브루틴 부프로그램의 명칭
argument-list : 실인수 리스트로 생략가능

〈호출형식〉

```
call sname((argument-list)
```

sname : 서브루틴 부프로그램의 명칭
argument-list : 실인수 리스트로 생략가능

〈사용규칙〉

① 서브루틴 부프로그램은 subroutine문으로 시작하여 1개 이상의 return문과 부프로그램의 끝을 나타내는 end문으로 구성된다.

② 호출된 부프로그램에 의해 계산된 값들은 인수들에 의해 호출 프로그램으로 전달되므로 대응하는 인수의 형(type)이 일치해야 한다.

③ 값을 전달하는 방법에는 양성적 전달방법과 음성적 전달방법이 있다.

a. 양성적 전달방법 : 가인수 리스트에 나타난 가인수의 개수, 형(type), 순서와 실인수의 개수, 형, 순서가 일치해야 한다.

b. 음성적 전달방법 : common문을 사용하여 값을 전달하는 방법으로 common문에 사용된 인수들은 가인수와 실인수 리스트에 사용할 수 없다.

④ data문이 사용된 인수들은 가인수와 실인수 리스트에 사용할 수 없다. 단, 이러한 인수들의 값을 전달하고자 할 경우에는 common문을 이용한 음성적 방법을 사용해야 한다.

⑤ 음성적 방법을 이용한 경우에는 가인수와 실인수의 개수, 형, 순서는 common문에서 나타난 인수의 순서에 의해 결정된다.

⑥ 실행제어(execution control)는 호출 프로그램 내에 있는 call문의 서브루틴 부프로그램 명칭에 의해 호출된 해당 서브루틴 부프로그램으로 제어를 옮겨주고, 호출 프로그램은 잠시 실행을 멈춘다. 호출된 서브루틴 부프로그램이 수행된 후 제어를 반환시키는 return 문에 의해 제어를 호출 프로그램의 call 문 다음으로 옮긴다. 제어를 호출된 부프로그램으로 옮길 때 실인수의 값은 대응하는 가인수에 전달하고, 제어를 호출 프로그램으로 되돌려 받을 때 가인수의 값은 대응하는 실인수에 전달된다. 이러한 인수 전달방법을 주소에 의한 전달방법(call by address 또는 call by reference)이라고 한다.

⑦ 서브루틴 부프로그램은 다른 부프로그램(함수 부프로그램, 문함수)과 달리 어떤 기능만 수행하는 경우가 있다. 즉, 계산된 결과 값을 되돌려 받을 필요가 없을 때 사용된다.

⑧ 서브루틴 부프로그램은 다른 부프로그램을 호출할 수 있다.

⑨ 인수로 사용할 수 있는 종류는 다음과 같다.

a. 상수 : call문의 실인수로만 사용가능

b. 단순변수

c. 첨자변수 : call문의 실인수로만 사용가능

d. 배열명

e. 연산식 : call문의 실수로만 사용가능

f. 부프로그램 명칭 : call문의 실인수로만 사용가능하며, 호출 프로그램(주프로그램)의 intrinsic 또는 external문에 의해 선언되어야 함.

⑩ 일반적으로 부프로그램의 수행후 return문에 의해 제어를 call문 다음으로 옮겨주지만 필요에 따라 원하는 문장으로 제어를 옮겨야 할 때가 있다. 이러한 경우에 서브루틴 부프로그램의 인수에 *을 사용하고 호출 프로그램의 call 문에 *문장번호 또는 & 문장번호를 사용한다.

〈일반형식〉

```
subroutine  sname(argument-list)
  …
return i
end
```

sname : 서브루틴 부프로그램의 명칭
argument-list : 가인수 리스트로 가인수 또는 *을 포함
i : 가인수 리스트 내에 있는 *의 개수에 해당하는 숫자 중 하나로 다음과 같이 수행된다.
○ 가인수 리스트 내에 있는 *의 개수를 n개라 한다.
① return k ($k=1, \cdots, n$)인 경우 : k번째 *에 대응하는 call문의 문번호로 제어를 이동시킴.
② return 즉, 생략시 : call문 다음 문장으로 제어를 이동시킴.

〈호출형식〉

```
call  sname(argument-list)
```

sname : 서브루틴 부프로그램의 명칭
argument-list : 실인수 리스트로 실인수 또는 문장번호(&문장번호)

(사용예 1) ① 인수(가인수와 실인수)를 이용한 양성적 전달방법

〈호출 프로그램〉

```
dimension kill(5)
im = 1
jm = 1
do n=1, 5
kill(n) = n + 1
end do
call subtest (im, 4, jm, kill)
  ⋮
stop
end
```

〈서브루틴 프로그램〉

```
subroutine subtest (i, j, k, l)
dimension l(i)
do ii=1, j
i= i+l(ii)
k= k*l(ii)
l(ii)= l(ii)+1
end do
return
end
```

② common문을 이용한 인수의 음성적 전달방법

〈호출 프로그램〉

```
common /lsp/ im, item, jm, kill(5)
data im, item, jm, kill/1,4,1,2,3,4,5,6/
call subtest
im = jm*im + 2*im + jm
  ⋮
stop
end
```

〈서브루틴 프로그램〉

```
subroutine subtest
common /lsp/ i,j,k,l(1)
do ii=1,j
i=i+l(ii)
k=k*l(ii)
l(ii)=l(ii)+1
end do
return
end
```

(사용예 2) $n \times n$의 단위행렬(unit matrix)을 만드는 서브루틴 부프로그램을 작성해보자. 먼저 순서도를 작성하면 다음과 같다.

〈순서도〉

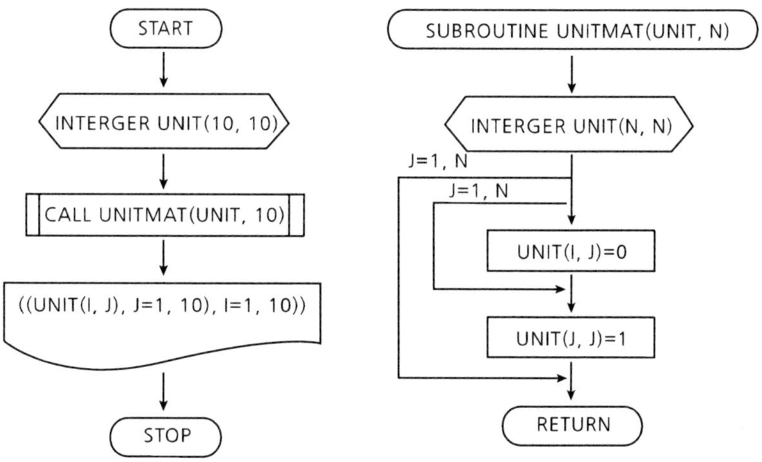

위의 순서도를 따라서 FORTRAN 언어로 PROGRAM을 작성하면 다음과 같다.

〈프로그램〉

```
C
C        PROGRAM UNITM
C
         INTEGER UNIT(10,10)
         CALL UNITMAT (UNIT,10)
         DO 10 I=1,10
10       WRITE (6, 2) (UNIT(I, J), J=1,10)
2        FORMAT (10I3)
         STOP
         END

         SUBROUTINE UNITMAT (UNIT, N)
         INTEGER UNIT (N, N)
         DO 10 J = 1, N
         DO 20 I = 1, N
20       UNIT(I, J) = 0
10       UNIT(J, J) = 1
         RETURN
         END
```

〈출력결과〉

```
1 0 0 0 0 0 0 0 0 0
0 1 0 0 0 0 0 0 0 0
0 0 1 0 0 0 0 0 0 0
0 0 0 1 0 0 0 0 0 0
0 0 0 0 1 0 0 0 0 0
0 0 0 0 0 1 0 0 0 0
0 0 0 0 0 0 1 0 0 0
0 0 0 0 0 0 0 1 0 0
0 0 0 0 0 0 0 0 1 0
0 0 0 0 0 0 0 0 0 1
```

3 부프로그램에서의 선언문

주프로그램(main program 또는 calling program)과 부프로그램(subprogram 또는 called program)간의 정보전달은 앞에서 간단하게 언급한 것과 같이 인수(argument) 또는 매개변수(parameter)를 사용한 양성적 전달방법과 common문을 이용한 음성적 전달방법을 사용하였다. 본 장에서는 양성적 전달방법을 사용할 경우 발생되는 복잡성을 제거하기 위하여 음성적 전달방법을 사용한 common문에 대하여 살펴보고, 매개변수(인수)로 부프로그램 명(내장함수 명, 함수 정의문의 함수 명, 부프로그램 명)을 이용할 때 사용되는 external문과 instrinsic문에 대하여 살펴본다. 그리고 모듈(module)단위로 구성된 단위 프로그램 내에서 보다 효과적으로 정보의 전달과 기억장소를 절약시킬 수 있는 equivalence문에 대하여 고찰한다. 또한 block data 문에 대한 일반형식과 사용방법을 알아보고, 여러 가지 응용 프로그램을 여러 가지 방법으로 알아보자.

3.1 common문

common문은 computer의 기억장소 내에 공통영역을 확보, 즉 서로 다른 단위 프로그램간의 변수에 공통영역을 설정해 주는 명령어이다. 단위 프로그램간에 common문을 사용함으로써, 기억장소를 절약시키고 정보전달에 있어서 시간을 단축시킬 수 있는 장점이 있다.

common문의 종류에는 대표 기억장소가 없는 blank common(unlabeled common)문과 대표 기억장소가 있는 named common(labeled common)문이 있다.

(1) blank common문

가장 간단한 형태로 공통 기억장소를 기계자체가 기억장소 내에 미리 주어진 한 블록을 제공한다. 이 구역에 포함될 원소들은 주프로그램과 부프로그램(함수 정의문과 서브루틴 부프로그램)의 common문에 나타내 주어야 한다. blank common문의 일반형식은 다음과 같다.

〈일반형식〉

common list 또는 common //list
list : 변수 또는 배열명

(사용예 1) ① common a, b /blk/p, q, r//x, y, z

이러한 경우 a, b와 x, y, z는 대표 기억장소가 없는 공통영역으로 정의되고, p, q, r은 대표 기억장소가 blk인 공통영역으로 정의된다.

② subroutine a

```
common a, b, c
  ⋮
subroutine b
common x, y, z
  ⋮
```

단위 프로그램 a에서 common a, b, c라 하고, 다른 단위 프로그램 b에서 common x, y, z라 하면 다음과 같은 기억장소를 단위 프로그램 a와 b에서 공유한다.

a	b	c
x	y	z

(사용예 2) 정방행렬 a에서 역행렬(inverse matrix)을 구하는 프로그램을 작성하되 common 문을 사용한 부프로그램을 작성해보자.

먼저 순서도를 작성하면 다음과 같다.

위의 순서도를 따라서 FORTRAN 언어로 PROGRAM을 작성하면 다음과 같다.

〈순서도〉

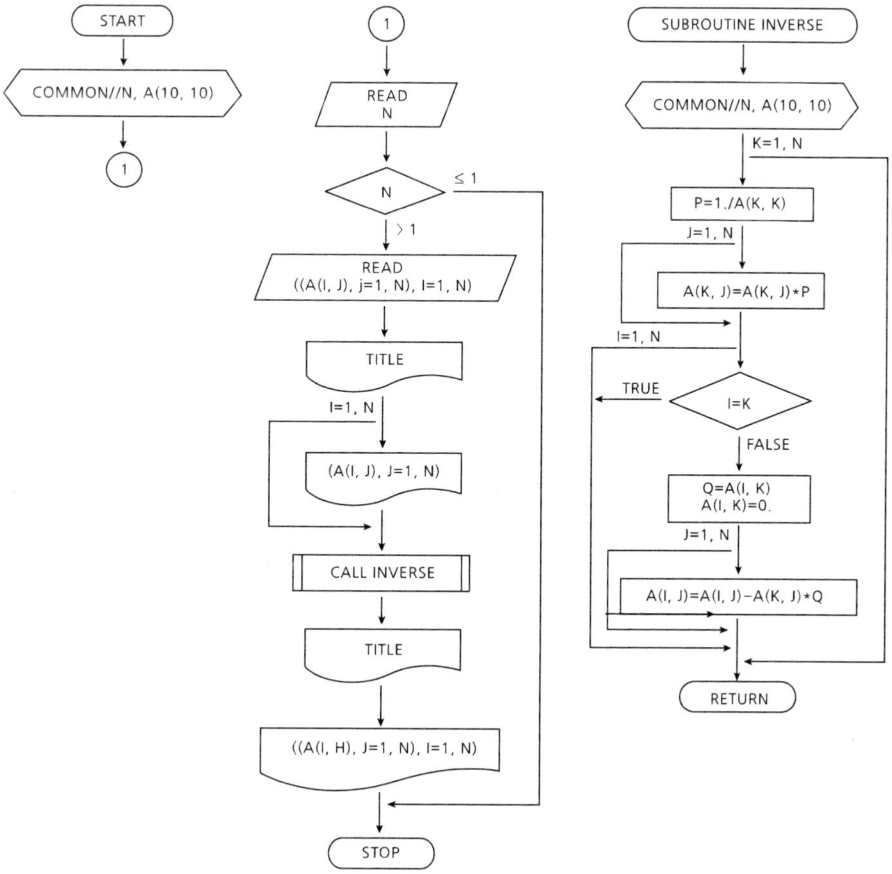

〈프로그램〉

```
C          PROGRAM IMATRIX
C
C          INVERSE MATRIX
C
           COMMON //N, A(10,10)
           READ (5,10) N
           IF (N .LE. 0) GO TO 90
           READ (5,20) ((A(I, J), J = 1, N), I = 1, N)
10         FORMAT (I5)
20         FORMAT (3F10.0)
           WRITE (6,30)
30         FORMAT (//,10X,'** MATRIX **')
           DO 40 I = 1, N
40         WRITE (6, 50) (A(I, J), J=1,N)
50         FORMAT (/,10F10.2)
           CALL INVERSE
```

```
      WRITE (6, 60)
60    FORMAT (//,10X,'** INVERSE MATRIX **')
      DO 70 I = 1, N
70    WRITE (6, 50) (A(I, J), J = 1, N)
90    STOP
      END

      SUBROUTINE INVERSE
      COMMON //N, A(10,10)
      DO 10 K = 1, N
      P = 1.0/A(K, K)
      A(K, K) = 1.0
       DO 20 J=1,N
20     A(K, J) = A(K, J)*P
       DO 10 I = 1, N
      IF (I .NE. K) THEN
      Q = A(I, K)
      A(I, K) = 0.0
       DO 30 J = 1, N
30     A(I, J) = A(I, J) - A(K, J)*Q
      ENDIF
10    CONTINUE
      RETURN
      END
```

〈입력자료〉

```
   3
10.00     20.00     30.00
 3.00      4.00      5.00
 3.00      5.00      6.00
```

〈출력결과〉

```
       ** MATRIX **                 ** INVERSE MATRIX **
10.00    20.00    30.00        -0.05     1.50    -1.00
 3.00     4.00     5.00        -0.15    -1.50     2.00
 3.00     5.00     6.00         0.15     0.50    -1.00
```

단, 위의 서브루틴 부프로그램 INVERSE에서 행렬의 대각원소 값이 0인 경우에는 오류(error)가 발생된다. 만일 대각원소가 0인 경우에는 행렬의 행과 행을 교환함으로서 해결할 수 있다.

common문은 어떤 값을 공통 기억장소에 기억시킬 뿐만 아니라 배열의 차원까지 정의할 수 있다. 그리고 common에서 사용된 배열과 변수들은 그 블록내의 순서에 중요한 영향을 미친다.

(사용예 3)

```
program a
common // A, B, X(6), Y(2,2)
  ⋮
call b
  ⋮
stop
end

subroutine b
common A(2, 2, 3)
  ⋮
return
end
```

주프로그램 a에서 common // A, B, X(6), Y(2,2)라 선언하고, 부프로그램 b에서 common A(2, 2, 3)이라고 선언하면, 프로그램 내에서 변수와 배열명은 다음과 같이 기억장소를 공유하게 된다.

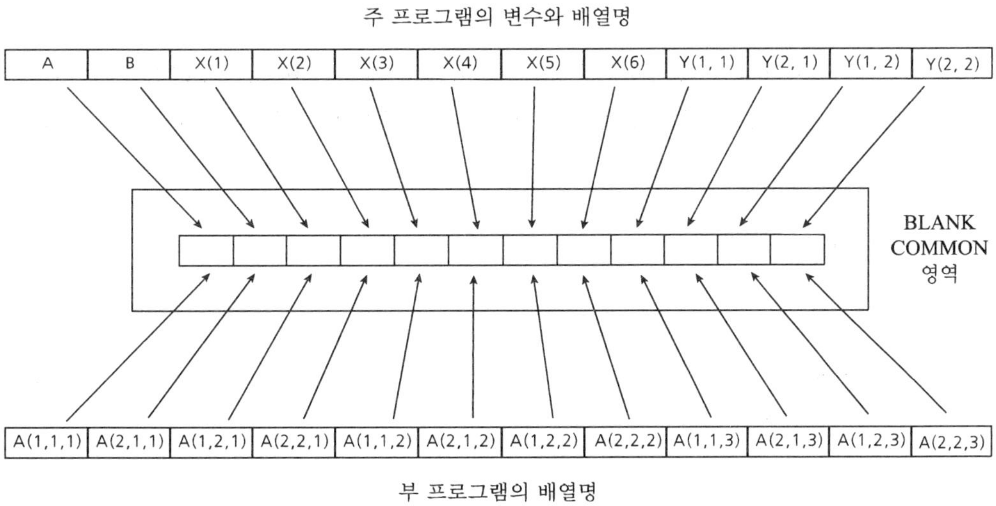

(2) named (labeled) common문

프로그래머가 주어진 block 이름을 갖도록 공통 기억장소를 설정해 준다. named (labeled) common문은 배열명이 필요하지 않을 때 사용하기 좋고, 이름을 달리하여 여러 개의 common문을 사용할 수 있는 장점이 있다. 일반형식은 다음과 같다.

〈일반형식〉

common /bn/ list
bn : 블록명(block name) list : 변수 또는 배열명

(사용예 1) ① 단위 프로그램 a에서 common /blk/ p, q, r이라 하고, 또 다른 프로그램 b에서 common /blk/ x, y, z라 선언하면, 다음과 같은 두 프로그램 간에 공통 기억장소를 공유한다.

```
subroutine a
common /blk/ p, q, r
  ⋮

subroutine b
common /blk/ x, y, z
  ⋮
```

단위 프로그램 a의 a b c

공통 블록명칭이 blk인 공통 기억장소

단위 프로그램 b의 x y z

② named common문에서 common /BAK/A(10) /BAI/B(20) //C(5,5)인 경우 부프로그램 KANG과 YOO에서 배열명이 각각 다 필요하지 않을 때, 다음과 같이 사용하면 편리하다.

```
SUBROUTINE KANG
COMMON /BAI /D(20) /KB /L(10)
.
.
RETURN
END

SUBROUTINE YOO
COMMON //C(5, 5)
COMMON /BAK /A(10) /KB /LY(10)
.
.
RETURN
END
```

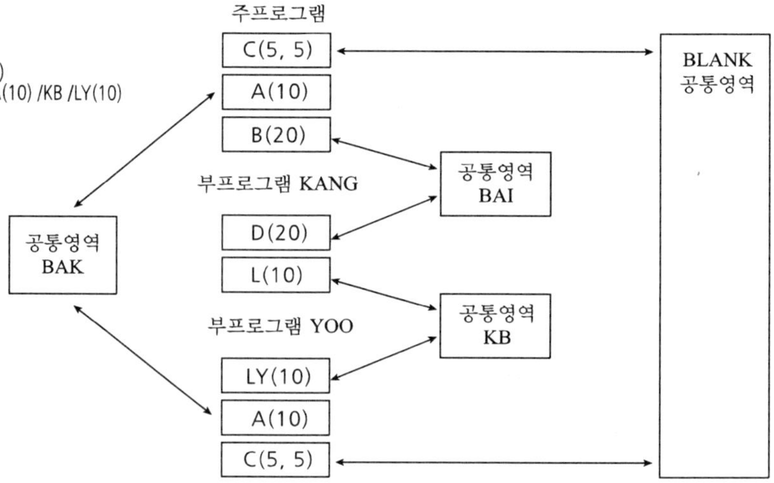

3.2 equivalence문

equivalence문은 한 단위 프로그램 내에 있는 변수에 기억장소를 공유할 수 있도록 선언하는 문으로 부프로그램간의 매개변수(인수)로 사용할 수 없다. 즉, common문에 선언된 변수나 배열명은 equivalence문으로 공유시킬 수 없으나 equivalence문을 이용하여 공통영역을 확장시킬 수 있다. equivalence문의 일반 형식은 다음과 같다.

〈일반형식〉

equivalence (list$_1$), (list$_2$), ⋯ , (list$_n$)
list$_1$, list$_2$, ⋯ , list$_n$: 변수 또는 배열요소

(사용예 1) ①

```
dimension A(2,3), XX(5), P(3,2), YY(5)
equivalence (X, Y, Z), (IO, IN)
equivalence (ZN, ZY), (YOO, HAE, YOUNG), (IS, ISO)
equivalence (A(2, 1), XX(1)), (P(2,1), YY(1))
```

라고 선언하면

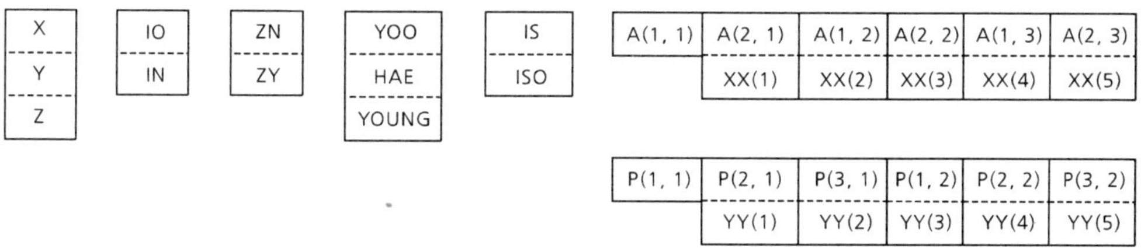

와 같이 공동영역이 설정된다.

②

```
dimension A(6), B(4)
common /extend/ B
equivalence (A(1), B(2))
```

라고 하면, 확장된 공동영역이 다음과 같이 선언된다.

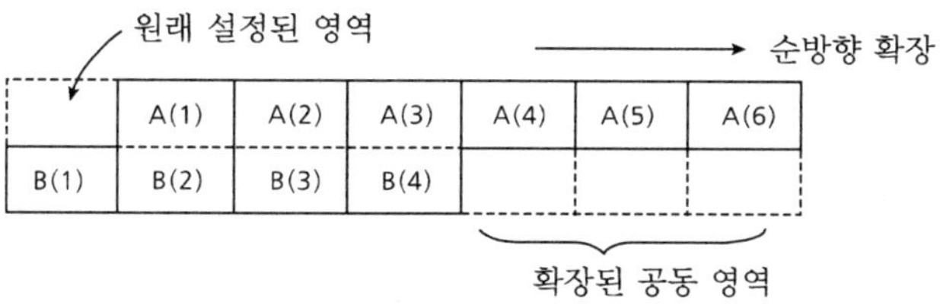

그러나

```
dimension A(6), B(4)
common /extend/ B
equivalence (A(3), B(1))
```

라고 하면, 아래와 같이 extend라고 하는 공동영역이 역방향으로 확장되므로 오류(error)가 발생된다.

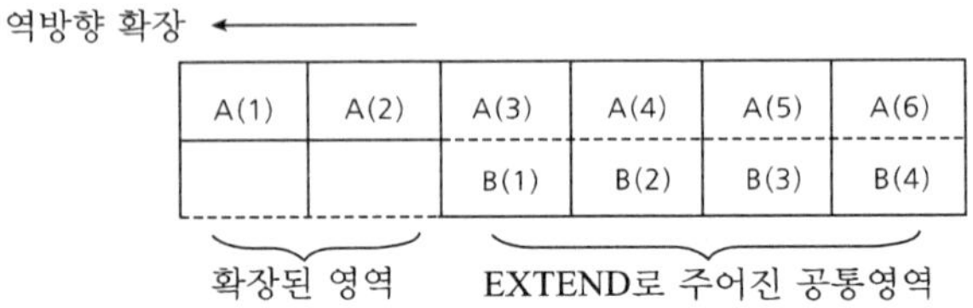

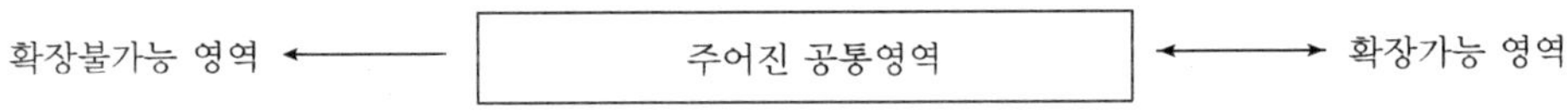

③

```
dimension A(4), B(3,2)
equivalence (A(1), B(3,1)), (X, A(2))
```

라고 선언하면

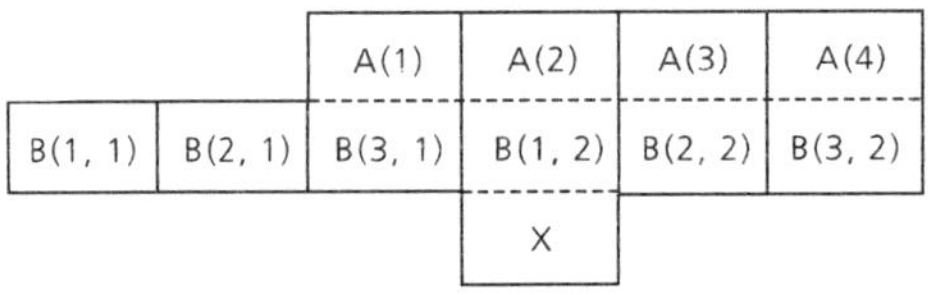

처럼 공통영역이 설정된다.

equivalence문에 사용되는 배열의 요소들은 기억장소에 순차적으로 기억되기 때문에 두 개의 배열을 같은 기억장소, 즉 공통영역으로 공유하게 하기 위해서는 오직 한 배열의 한 원소만 리스트(list)에 나타내면 된다. 즉, 중심이 되는 배열원소만 기입한다.

(사용예 2) ①

```
dimension A(7), B(7) dimension A(7), B(7)
equivalence (A(1), B(1)) 또는 equivalence (A(3), B(3))
```

은 다음과 같다.

A(1)	A(2)	A(3)	A(4)	A(5)	A(6)	A(7)
B(1)	B(2)	B(3)	B(4)	B(5)	B(6)	B(7)

②
```
dimension X(2, 2), Y(7) dimension X(2, 2), Y(3)
equivalence (X(2, 1), Y(1)) 또는 equivalence (X(1, 2), Y(2))
```

은 다음과 같다.

X(1, 1)	X(2, 1)	X(1, 2)	X(2, 2)
	Y(1)	Y(2)	Y(3)

4 응용프로그램

4.1 Gauss 소거법

n차 연립 1차방정식의 해를 Gauss 소거법으로 프로그램을 작성해보자.

$$\begin{aligned} &a_{11}x_1 + a_{12}x_2 + \cdots + a_{1n}x_n = b_1 \\ &a_{21}x_1 + a_{22}x_2 + \cdots + a_{2n}x_n = b_2 \\ &\cdots\cdots\cdots\cdots\cdots\cdots \\ &\cdots\cdots\cdots\cdots\cdots\cdots \\ &a_{n1}x_1 + a_{n2}x_2 + \cdots + a_{nn}x_n = b_n \end{aligned}$$

우선 위의 연립 1차방정식을 매트릭스를 이용하여 나타내면 다음과 같다.

$$\begin{bmatrix} a_{11} & a_{12} \cdots & a_{1n} \\ a_{21} & a_{22} \cdots & a_{2n} \\ & \cdots\cdots & \\ & \cdots\cdots & \\ a_{n1} & a_{n2} \cdots & a_{nn} \end{bmatrix} \begin{Bmatrix} x_1 \\ x_2 \\ \vdots \\ x_n \end{Bmatrix} = \begin{Bmatrix} b_1 \\ b_2 \\ \vdots \\ b_n \end{Bmatrix}$$

여기서

$$A = \begin{bmatrix} a_{11} & a_{12} & \cdots & a_{1n} \\ a_{21} & a_{22} & \cdots & a_{2n} \\ \vdots & \vdots & & \vdots \\ a_{n1} & a_{n2} & \cdots & a_{nn} \end{bmatrix} \qquad B = \begin{bmatrix} a_{11} & a_{12} & \cdots & a_{1n} & b_1 \\ a_{21} & a_{22} & \cdots & a_{2n} & b_2 \\ \vdots & \vdots & & \vdots & \vdots \\ a_{n1} & a_{n2} & \cdots & a_{nn} & b_n \end{bmatrix}$$

$$x = \begin{Bmatrix} x_1 \\ x_2 \\ \vdots \\ x_n \end{Bmatrix} \qquad b = \begin{Bmatrix} b_1 \\ b_1 \\ \vdots \\ b_n \end{Bmatrix}$$

$$Ax = b$$

먼저 순서도를 작성하면 다음과 같다.

〈순서도〉

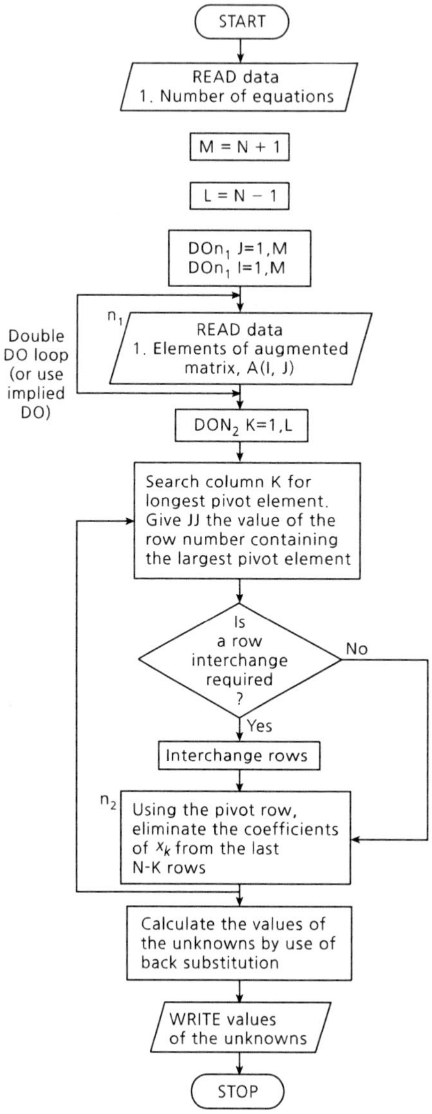

위의 순서도를 따라서 FORTRAN 언어로 PROGRAM을 작성하면 다음과 같다.

〈프로그램〉

```
c
c   solution of simultaneous equations by gaussian elimination
c
      dimension a(15,16), x(15)
      read (5,3) n
    3 format (i3)
      m = n+1
      L = n-1
           do 77 i=1,n
    5 read (5, 4) (a(i, j), j = 1, m)
   77 continue
    4 format (8f10.0)
      do 12 k=1,L
      jj = k
      big = abs(a(k, k))
      kp1 = k+1
c
c   search for largest possible pivot element
c
      do 7 i=kp1, n
      ab = abs(a(i, k))
      if (big - ab) 6,6,7
    6 big=ab
      jj=i
    7 continue
c
c   decision on necessity of row interchange
c
      if (jj-k) 8,10,8
c
c   row interchange
    8 do 9 j=k,m
      temp=a(jj, j)
      a(jj, j)=a(k, j)
    9 a(k, j)=temp
c
c   calculation of elements of new matrix
c
   10 do 11 i=kp1,n
      quot = a(i, k)/a(k, k)
      do 11 j = kp1, m
   11 a(i, j) = a(i, j) - quot*a(k, j)
      do 12 i = kp1, n
   12 a(i, k)=0.0
c
c first step in back substitution
c
      x(n)=a(n, m)/a(n, n)
c
c   remainder of back-substitution process
c
       do 14 nn=1,L
       sum=0.0
       i=n-nn
       ip1=i+1
       do 13 j=ip1,n
   13 sum = sum + a(i, j)*x(j)
   14 x(i) = (a(i, m) - sum)/a(i, i)
      write (6,1)
    1 format('1', ' x(1) through x(n)'/)
      do 15 i=1,n
   15 write (6,2) x(i)
    2 format(' ', e14.8)
      close (5)
      close (6)
      stop
      end
```

(예제-1)

$$
\begin{aligned}
2x_1 + 8x_2 + 2x_3 &= 14 \\
x_1 + 6x_2 - \ x_3 &= 13 \\
2x_1 - \ x_2 + 2x_3 &= \ 5
\end{aligned}
$$

〈입력자료〉

```
 3
2.00          8.00          2.00              14.00
1.00          6.00         -1.00              13.00
2.00         -1.00          2.00               5.00
```

〈출력결과〉

```
 0.50000000E+01
 0.10000000E+01
-0.20000000E+01
```

4.2 Gauss-Jordan 소거법

n원 1차 연립방정식의 해를 Gauss-Jordan 소거법으로 프로그램을 작성해보자.

$$
\begin{aligned}
&a_{11}x_1 + a_{12}x_2 + \cdots + a_{1n}x_n = b_1 \\
&a_{21}x_1 + a_{22}x_2 + \cdots + a_{2n}x_n = b_2 \\
&\cdots\cdots\cdots\cdots\cdots\cdots\cdots\cdots \\
&\cdots\cdots\cdots\cdots\cdots\cdots\cdots\cdots \\
&a_{n1}x_1 + a_{n2}x_2 + \cdots + a_{nn}x_n = b_n
\end{aligned}
$$

우선 위의 연립 1차방정식을 매트릭스를 이용하여 나타내면 다음과 같다.

$$
\begin{bmatrix} a_{11} & a_{12} \cdots & a_{1n} \\ a_{21} & a_{22} \cdots & a_{2n} \\ & \cdots\cdots\cdots & \\ & \cdots\cdots\cdots & \\ a_{n1} & a_{n2} \cdots & a_{nn} \end{bmatrix} \begin{Bmatrix} x_1 \\ x_2 \\ \vdots \\ x_n \end{Bmatrix} = \begin{Bmatrix} b_1 \\ b_2 \\ \vdots \\ b_n \end{Bmatrix}
$$

여기서

$$
A = \begin{bmatrix} a_{11} & a_{12} & \cdots & a_{1n} \\ a_{21} & a_{22} & \cdots & a_{2n} \\ \vdots & \vdots & & \vdots \\ a_{n1} & a_{n2} & \cdots & a_{nn} \end{bmatrix} \qquad B = \begin{bmatrix} a_{11} & a_{12} & \cdots & a_{1n} & b_1 \\ a_{21} & a_{22} & \cdots & a_{2n} & b_2 \\ \vdots & \vdots & & \vdots & \vdots \\ a_{n1} & a_{n2} & \cdots & a_{nn} & b_n \end{bmatrix}
$$

$$x = \begin{Bmatrix} x_1 \\ x_2 \\ \vdots \\ x_n \end{Bmatrix} \qquad b = \begin{Bmatrix} b_1 \\ b_1 \\ \vdots \\ b_n \end{Bmatrix}$$

$$Ax = b$$

먼저 순서도를 작성하면 다음과 같다.

〈순서도〉

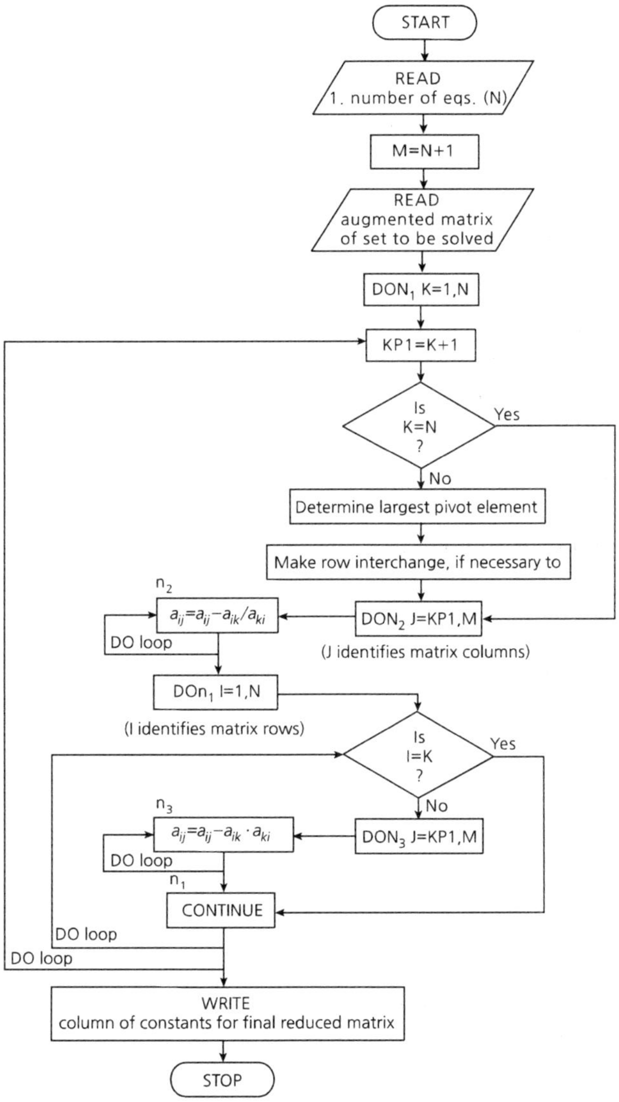

위의 순서도를 따라서 FORTRAN 언어로 PROGRAM을 작성하면 다음과 같다.

〈프로그램〉

```
c
c   solution of simultaneous equations by gauss-Jordan elimination
c
       dimension a(15,16), b(15,16)
       read (5,3) n
    3  format (i5)
       m = n + 1
           do 77 i=1,n
       read (5,4) (a(i,j),j=1,m)
   77  continue
    4  format (8f10.0)
c
c   search for largest possible pivot element
c
    6  k = m - 1
       if (k .eq. 1) go to 11
           jj = 1
       big = abs(a(1,1))

       do 8 i=2,k
       ab = abs(a(i,1))
       if (big-ab) 7,8,8
    7  big = ab
       jj=i
    8  continue
c
c   make decision on row interchange
c
       if (jj-1) 9,11,9
c
c   make row interchange
c
    9  do 10 j=1,m
       temp=a(jj,j)
       a(jj,j)=a(1,j)
   10  a(1,j)=temp
c
c   calculation of elements of the b matrix
c
   11  do 12 j=2,m
       do 12 i=2,n
   12  b(i-1,j-1)=a(i,j)-a(1,j)*a(i,1)/a(1,1)
       do 13 j=2,m
   13  b(n,j-1)=a(1,j)/a(1,1)
c
c  reduce column counter by one
c
```

```
      m = m - 1
c
c  assign the b matrix to the name a
c
       do 14 j=1,m
            do 14 i=1,n
   14  a(i,j)=b(i,j)
c
c   check to see if the a matrix consists just one column
c
      if (m-1) 6, 15, 6
c
c     print the single ccolumn of the a matrix
c
   15   write (6,16) (a(i,1),i=1,n)
   16  format(' ', e14.8)
       stop
       end
```

(예제-1) 3원 1차 연립방정식의 해를 구해보자.

$$2x_1 + 8x_2 + 2x_3 = 14$$
$$x_1 + 6x_2 - x_3 = 13$$
$$2x_1 - x_2 + 2x_3 = 5$$

〈입력자료〉

```
      3
      2.00        8.00        2.00         14.00
      1.00        6.00       -1.00         13.00
      2.00       -1.00        2.00          5.00
```

〈출력결과〉

x_1 =0.50000000E+01
x_2 =0.10000000E+01
x_3 =-.20000000E+01

(예제-2) 5원 1차 연립방정식의 해를 구해보자.

$$8.77x_1 + 2.40x_2 + 5.66x_3 + 1.55x_4 + x_5 = 32.04$$
$$4.93x_1 + 1.21x_2 + 4.48x_3 + 1.10x_4 + x_5 = -20.07$$
$$3.53x_1 + 1.46x_2 + 2.92x_3 + 1.21x_4 + x_5 = -8.53$$

$$5.05x_1 + 4.04x_2 + 2.51x_3 + 2.01x_4 + x_5 = -6.30$$

$$3.54x_1 + 1.04x_2 + 3.47x_3 + 1.02x_4 + x_5 = -12.04$$

〈입력자료〉

```
 5
8.77    2.40    5.66    1.55    1.0    -32.04
4.93    1.21    4.48    1.10    1.0    -20.07
3.53    1.46    2.92    1.21    1.0    -8.53
5.05    4.04    2.51    2.01    1.0    -6.30
3.54    1.04    3.47    1.02    1.0    -12.04
```

〈출력결과〉

```
x1 = -0.14649508E+01
x2 =  0.14581321E+01
x3 = -0.60048285E+01
x4 = -0.22090454E+01
x5 =  0.14719449E+02
```

4.3 고유값(Eigen Value)과 고유벡터(Eigen Vector)

고유값을 구하는 문제는 미분방정식의 형태로 표시되는 방정식, 즉 물리학에서 양자역학의 파동방정식, 진동 등 통계학에서 주성분 분석, 토목, 건축, 기계공학 등에서 응력해석문제의 해결에서 진동이나 안정문제 등을 다룰 때에 다음과 같은 문제에 접할 경우가 있다.

n차의 정사각매트릭스 A 및 변수 x가 다음과 같다.

$$A = \begin{bmatrix} a_{11} & a_{12} & \cdots & a_{1n} \\ a_{21} & a_{22} & \cdots & a_{2n} \\ \vdots & \vdots & & \vdots \\ a_{n1} & a_{n2} & \cdots & a_{nn} \end{bmatrix} \tag{1-a}$$

$$x = \begin{Bmatrix} x_1 \\ x_2 \\ \vdots \\ x_n \end{Bmatrix} \tag{1-b}$$

여기서 λ를 스칼라 양으로 하고, A의 각 요소가 주어졌을 때, 다음을 만족시키는 λ와 x를 구하는 것이다.

$$Ax = \lambda x \tag{2}$$

만약 식(1)을 만족시키는 λ의 수치가 구해지면 그 수치를 A의 고유치(Characteristic Value 또는 Eigen Value)라고 한다[식(2)에서 일반적으로 n개의 λ의 수치가 존재한다]. 이와 같은 λ의 하나 λ_i를 식(1) 및 (2)에 대입하면 다음과 같은 식을 만족한다.

$$Ax_i = \lambda_i x_i \tag{3}$$

$$x_i = \begin{Bmatrix} x_{1i} \\ x_{2i} \\ \vdots \\ x_{ni} \end{Bmatrix} \quad (i = 1,\ 2,\ \cdots,\ n) \tag{4}$$

위의 x_i를 λ_i에 속하는 고유벡터(Eigen Vector)라고 한다.

$Ax = \lambda x$를 단위벡터(unit vector) I를 이용하여 다시 풀면 다음과 같이 된다.

$$Ax = \lambda I x$$
$$(A - \lambda I)x = 0$$

즉,
$$\begin{aligned} &(a_{11} - \lambda)x_1 + a_{12}x_2 + \cdots + a_{1n}x_n = 0 \\ &a_{21}x_1 + (a_{22} - \lambda)x_2 + \cdots + a_{2n}x_n = 0 \\ &\cdots\cdots\cdots\cdots\cdots\cdots\cdots\cdots \\ &\cdots\cdots\cdots\cdots\cdots\cdots\cdots\cdots \\ &a_{n1}x_1 + a_{n2}x_2 + \cdots + (a_{nn} - \lambda)x_n = 0 \end{aligned} \tag{5-a}$$

$$\begin{bmatrix} (a_{11} - \lambda) & a_{12}\cdots & a_{1n} \\ a_{21} & (a_{22} - \lambda)\cdots & a_{2n} \\ \cdots\cdots & \cdots\cdots & \\ \cdots\cdots & \cdots\cdots & \\ a_{n1} & a_{n2}\cdots & (a_{nn} - \lambda) \end{bmatrix} \begin{Bmatrix} x_1 \\ x_2 \\ \vdots \\ x_n \end{Bmatrix} = \begin{Bmatrix} 0 \\ 0 \\ \vdots \\ 0 \end{Bmatrix} \tag{5-b}$$

$$AX = B$$

여기서, $A = \begin{bmatrix} (a_{11} - \lambda) & a_{12} & \cdots & a_{1n} \\ a_{21} & (a_{22} - \lambda) & \cdots & a_{2n} \\ \vdots & \vdots & \vdots & \\ a_{n1} & & a_{n2}\cdots & (a_{nn} - \lambda) \end{bmatrix}$, $X = \begin{bmatrix} x_1 \\ x_2 \\ \vdots \\ x_n \end{bmatrix}$, $B = \begin{bmatrix} 0 \\ 0 \\ \vdots \\ 0 \end{bmatrix}$

위의 식(5)는 λ에 관한 n차의 대수방정식이므로 n개의 근(실근 또는 허근)을 얻을 수 있다. 이것들을 매트릭스 A의 고유치라고 한다. 그리고 행렬식 A를 전개하면, 일반적으로 다음 형식으로 쓸 수 있다.

$$f(\lambda) = \lambda_n + c_1\lambda_{n-1} + c_2\lambda_{n-2} + \ \cdots \ + c_{n-1}\lambda + c_n = 0 \tag{6}$$

식(6)의 방정식은 다음에 나타낸 반복법을 이용한 프로그램으로 구할 수 있다.

〈프로그램〉

```
c
c This program finds the smallest eigenvalue and successively larger eigenvalues of
c the matrix equation BMX=1/L*X associated eigen-vectors are found for all
c eigenvalues
c
      real lambda, m
      integer s, sp1
      dimension a(20,20), b(20,20), m(20), x(20), d(20), z(10,20),
     *          xk(11,20), c(10), g(10), summ(20), y(20), x1(11,20),
     *          xx(20), xk1(11,20), lambda(11)
c
c   Read order of matrix B, number of eigen-vectors to be swept, and
c   a small value epsi
c
      write (6,201)
  201      format ('Order of matrix B, number of eigenvectors to be swept,
     * and a small value epsi'/)
      read (5,2) n, s, epsi
      write (6,202) n, s, epsi
    2 format (2i5, f15.0)
  202 format ('Order of matrix B=',i5/, 'Number of eigen-vectors to be
     *swept=',i5/, 'A small value epsi=',f15.5/)
c
c   Read in the matrix b
c
      write (6,301)
  301 format (/'Matrix B')
      read (5,3) ((b(i,j), j=1,n),i=1,n)
      write (6,3) ((b(i,j), j=1,n),i=1,n)
    3 format (4e14.7)
c
c   Read in the diagonal mass matrix into a one-dimensional array
c
      write (6,501)
  501 format (/,'Mass matrix M')
      read (5,50) (m(i),i=1,n)
      write (6,50) (m(i),i=1,n)
   50 format (8f10.0)
c
c   Multiply matrix b and matrix m and call product matrix a
c
```

```
         do 60 i=1,n
         do 60 j=1,n
   60  a(i,j) = m(j)*b(i,j)
c
c   By the iteration method determine the smallest eigenvalue and associated
c   eigen-vector assign values to components of initially assumed vector x
c
      do 4 i=1,n
    4 x(i)=1.
c
c   Calculate components of the vector 1/lambda*x
c
      it = 0

    5 do 6 i=1, n
      d(i) = 0.
       do 6 j=1,n
    6  d(i) = d(i) + a(i,j)*x(j)
      it = it + 1
c
c   Normalize the vector d(i)
c
      do 7 i=1,n
    7 z(1,i) = d(i)/d(1)
c
c   Check to see if required accuracy has been obtained
c
      do 8 i=1,n
          diff = x(i) - z(1,i)
          if (abs(diff) - epsi*z(1,i)) 8, 9, 9
    8 continue
      goto 11

    9 do 10 i=1,n
   10 x(i) = z(1,i)

      if (it .ge. 50) goto 11
          goto 5

   11 lambda(1) = 1./d(1)
c
c   The smallest eigenvalue and associated vector are now available
c   sweet out s eigen-vectors
c
      do 100 i=1,s
          ip1 = i + 1
c
```

```
c   Assign the value 1 to xk components
c
        do 12 l=1,n
    12  xk(ip1,l)=1.
c
c   Calculate g(i) values
c
        g(i)=0.
        do 14 l=1,n
    14  g(i) = g(i) + m(l)*z(i,l)**2
c
c   Calculate values of c
c
        it = 0
    15  do 99 ii=1,i
          sum=0.
             do 16 l=1,n
    16  sum = sum + z(ii,l)*m(l)*xk(ip1,l)
    99   c(ii) = sum/g(ii)
        it = it + 1
c
c   Calculate sum of cx's
c
        do 17 l=1,n
    17  summ(l) = 0.
        do 19 k=1,i
              do 18 l=1,n
              y(l) = c(k)*z(k,l)
    18    summ(l) = summ(l) + y(l)
    19  continue
c
c   Calculate new trial x
c
             do 20 l=1,n
    20   x1(ip1,l) = xk(ip1,l)  -summ(l)
c
c   Multiply matrix a times x
c
        do 21 ii=1,n
             xx(ii)=0.
               do 21 kk=1,n
    21     xx(ii)  = xx(ii) + a(ii,kk)*x1(ip1,kk)
c
c   Normalize to get xk for next iteration, or final xk
c
             do 22 l=1,n
    22   xk1(ip1,l) = xx(l)/xx(1)
```

```
c
c   Check to see if required accuracy has been attained
c
            do 23 l=1,n
            diff = xk(ip1,l) - xk1(ip1,l)
        if (abs(diff) - epsi*xk1(ip1,l)) 23, 24, 24
   23   continue
        goto 26
c
c   Assign xk1 values to name xk
c
   24   do 25 l=1,n
   25   xk(ip1,l) = xk1(ip1,l)
        if (it .ge. 50) goto 26
            goto 15
c
c   Calculate eigenvalue
c
   26   lambda(ip1)=1./xx(1)
c
c   Assign eigenvectors to name z
c
        do 27 l=1,n
   27   z(ip1,l) = xk1(ip1,l)
  100   continue
c
c     write out the eigenvalue and eigenvectors
c
         sp1=s+1
         do 104 i=1,sp1
         write (6,101) i,lambda(i)
  101    format(/, 'lambda(', i2,')=',e14.7//)
         write (6,102)
  102    format(' ', 'The associated eigenvectors components are'/)
         write (6,103) (z(i,l),l=1,n)
  103    format (' ', 13x, e14.7)
  104    continue
        stop
        end
```

(예제-1) 다음 그림에 나타낸 4층 건물의 고유치와 고유벡터를 구해보자.

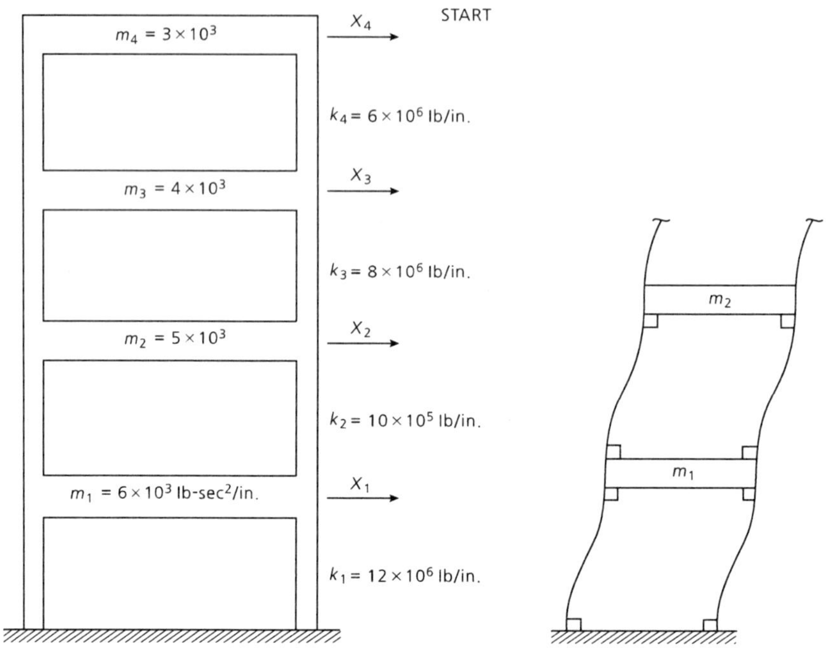

(a) (b)

강도매트릭스 B는 다음과 같이 구해진다.

$$b_{11} = b_{12} = b_{13} = b_{14} = \frac{1}{k_1} = 8.33 \times 10^{-8}$$

$$b_{21} = b_{12} = \frac{1}{k_1} = 8.33 \times 10^{-8}$$

$$b_{22} = b_{23} = b_{24} = \frac{1}{k_1} + \frac{1}{k_2} = 18.33 \times 10^{-8}$$

$$b_{31} = b_{13} = \frac{1}{k_1} = 8.33 \times 10^{-8}$$

$$b_{32} = b_{23} = \frac{1}{k_1} + \frac{1}{k_2} + \frac{1}{k_3} = 30.83 \times 10^{-8}$$

$$b_{41} = b_{14} = 8.33 \times 10^{-8}$$

$$b_{42} = b_{24} = 18.33 \times 10^{-8}$$

$$b_{43} = b_{34} = 30.83 \times 10^{-8}$$

$$b_{44} = \frac{1}{k_1} + \frac{1}{k_2} + \frac{1}{k_3} + \frac{1}{k_4} = 47.50 \times 10^{-8}$$

질량매트릭스 M

$$M = 10^3 \times \begin{bmatrix} 6 & & & \\ & 5 & & \\ & & 4 & \\ & & & 3 \end{bmatrix}$$

〈입력자료〉

```
4         3  0.00001
       8.33e-8       8.33e-8      8.33e-8        8.33e-8
       8.33e-8      18.33e-8     18.33e-8       18.33e-8
       8.33e-8      18.33e-8     30.83e-8       30.83e-8
       8.33e-8      18.33e-8     30.83e-8       47.50e-8
       6000.0       5000.0       4000.0         3000.0
```

〈출력결과〉

```
Order of matrix B, number of eigen-vectors to be swept, and a small value epsi
   Order of matrix B =     4
   Number of eigenvectors to be swept =      3
   A small value epsi =     0.00001

Matrix B
 0.8330000E-07 0.8330000E-07 0.8330000E-07 0.8330000E-07
 0.8330000E-07 0.1833000E-06 0.1833000E-06 0.1833000E-06
 0.8330000E-07 0.1833000E-06 0.3083000E-06 0.3083000E-06
 0.8330000E-07 0.1833000E-06 0.3083000E-06 0.4750000E-06
Mass matrix M
     6000.     5000.     4000.     3000.

lambda( 1)= 0.3176761E+03
 The associated eigen-vectors components are
           0.1000000E+01
           0.2009874E+01
           0.2873162E+01
           0.3415833E+01
lambda( 2)= 0.1877431E+04
 The associated eigen-vectors components are
            0.1000000E+01
            0.1074021E+01
           -0.9370454E-01
           -0.1533679E+01
lambda( 3)= 0.4233402E+04
 The associated eigen-vectors components are
            0.1000000E+01
           -0.3395613E+00
           -0.1115576E+01
```

```
            0.9986140E+00
lambda( 4)= 0.6338259E+04
 The associated eigen-vectors components are
            0.1000000E+01
           -0.1602476E+01
            0.1492495E+01
           -0.6878628E+00
```

(해설) 이 진동에서 첫 번째 고유치 $\lambda_1 = 317.6807$, 첫 번째 Mode의 고유진동수 $\omega_1 = \sqrt{317.6} = 17.82\,\mathrm{rad/sec}$, 그 때 1 sec당 주기는 $f_1 = \dfrac{\omega_1}{2\pi} = \dfrac{17.82}{2\pi} = 2.84\,\mathrm{sec}$,그리고 고유벡터와 Mode Shape는 다음과 같다.

$\lambda_1 = \omega_1^2 = 317.6$ $\begin{Bmatrix} 1.000000 \\ 2.009870 \\ 2.873154 \\ 3.415819 \end{Bmatrix}$	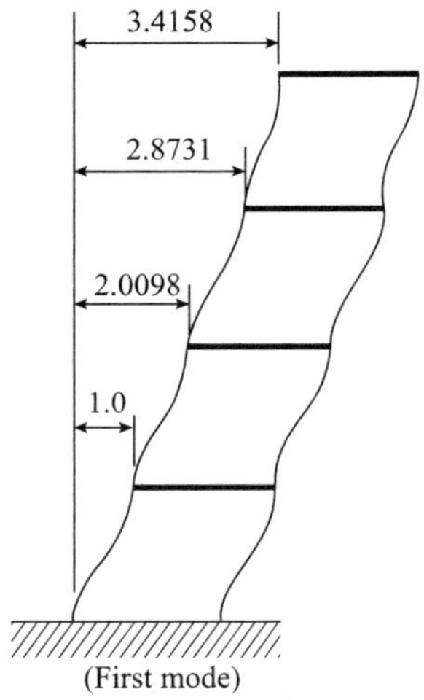 (First mode) $\omega_1 = 17.82$
고유벡터	1st Mode Shape

제 4 편

매트릭스 구조해석

1. 구조해석의 기본개념
2. 직접강성매트릭스법에 의한 구조해석

설계하중에서의 정정 또는 부정정 구조물의 구조해석은 결코 쉽지는 않다. 그러므로 과거부터 사용하던 계산방법에 따라 여러 가지 해석방법이 개발되어 실제 사용되고 있다.

정정트러스의 해석에 많이 사용되는 Cremona의 방법이나, Williot의 변위도, 부정정라멘의 해석으로서 모멘트분배법이나 처짐각법 등 우리들에게 익숙한 이러한 방법은 모두 작도법이나 수계산에 의한 풀이로서 매우 중요한 것이다.

그러나 1940년대 후반부터 1950년대에 접어들어 디지털 컴퓨터가 출현하여 그 탁월한 연산처리능력을 전제로 새로운 구조해석법이 급속도로 발전하였다. 그 중에서도 매트릭스해석법 또는 매트릭스유한요소법은 이론이 명쾌하고 실용성이 크기 때문에 오늘날에는 구조해석법의 주류가 되어 있으며 비단 트러스나 라멘뿐만 아니라, 쉘(shell), 판(plate), 입체구조, 진동, 더 나아가 탄소성문제나 대변형의 해석 등에도 널리 이용되고 있다. 다만, 매트릭스해석법은 아주 큰 기억용량을 필요로 하는 관계로 소형계산기의 적용에는 제약이 많았다. 그러나 최근에는 메모리의 발전으로 PC로도 위와 같은 구조물도 충분히 해석할 수 있게 되었다.

강성매트릭스법에 대해서는 수많은 참고서가 출판되어 있으므로 상세한 설명은 이들을 참고하고 강성매트릭스법과 같은 방법은 종래의 처짐각법에 의한 라멘의 해석에서 많이 이용되고 있으므로 그다지 어렵지 않음을 강조하고 싶다.

구조물을 해석하는데 있어서는 다양한 문제해결 방법이 있겠지만 저자는 매트릭스와 컴퓨터를 효율적으로 이용함으로써 문제해결능력에 시간과 노력을 최소화 하고, 보다 나은 능률을 지향하는데 목적을 두고 매트릭스를 사용하여 수식의 유도, 전개, 매트릭스연산과정 및 프로그램을 소개하고자 한다.

따라서, 그 개요와 방법을 알아보면, 매트릭스에 의한 구조해석에서의 기본식은 힘의 평형방정식, 응력과 변형률의 관계식 및 변형률과 변위와의 관계식이다. 이 방법은 힘 또는 변위의 경계조건을 만족하도록 풀어가는 것은 다른 해법과 같다. 이 경우 힘을 미지량으로 하는 해법을 응력법(유연도법, flexibility method), 변위를 미지량으로 하는 해법을 변위법(강성도법, stiffness method)이라 한다. 또한 변위법의 하나인 직접강성도법(direct stiffness method)도 있다.

해석하려는 구조물을 간단한 모양을 갖는 유한개의 부재 또는 요소(유한요소, finite element)의 집합체로 생각하고, 외력의 작용에 의하여 일어나는 구조물 또는 요소의 변형은 각 요소위에 놓이는 절점의 변위(절점변위)로, 요소에 일어나는 단면력은 절점에 있어서의 힘 또는 모멘트(절점력)로 정의되는 것으로 가정한다. 또한 외력도 절점을 통하여 구조물로 전달되는 것으로 가정한다. 만일 분포하중이 작용하는 경우에는 실제로 작용하고 있는 하중과 같은 값인 절점에 작용하는 힘(등가절점력)으로 바꾸어 생각한다. 그런데 각 절점에는 일반적으로 몇 개의 요소가 모이게 되므로 그 절점변위는 모이는 부재에 대해서는 동일하다. 또한 절점에 모이는 전체요소의 절점력은 그 절점에 작용하는 외력과 평형을 이룬다. 여기서 각 요소의 절점력이 그 절점변위의 1차함수로 표시된다면 각 절점에서의 평형조건식을 구조물전체에 대해 종합한 식은 절점변위를 미지수로 하는 다차원 연립1차방정식으로 된다. 이 방정식을 풀어서 절점변위를 구하면 각 요소의 변형상태가 정해지고 응력과 변형률을 구할 수 있게 된다. 따라서 직접강성도법은 변위법의 한 방법이지만 요소의 절점력과 절점변위를 관계지어주는 요소의 강성매트릭스를 직접 첨가시키므로 구조전체의 강성매트릭스를 얻을 수 있는 점이 변위법과 다르다. 또 얻어지는 다차원 연립1차방정식의 차원수는 해석하려는 구조물의 자유도와 같은 대단히 많은 수이므로 컴퓨터의 사용은 불가피하다.

오늘날 디지털 컴퓨터의 출현으로 구조물을 매트릭스로 나타내어 편리하고 신속하게 구조물을 해석할 수 있게 되었다.

본 교과서에서는 가장 많이 사용되고 있는 직접강성도법에 대해 설명하고, 강성매트릭스법의 응용예로서 트러스 및 브래이스 요소를 포함한 임의의 형태 평면뼈대해석 프로그램에 포트란언어를 사용하였다.

1 구조해석의 기본개념

구조해석(structural analysis)이란 구조물의 각 절점에서의 변위(displacements)와 부재력 또는 내부응력(member forces or stress)의 분포를 구하는 것이다.

1.1 구조물의 성립조건

구조물은 역학적으로 정정구조물과 부정정구조물로 나누어지며, 이들은 각각 다음의 조건들을 만족해야 한다.

- 정정 구조물(statically determinate structure) : 평형조건
- 부정정 구조물(statically indeterminate structure) : (평형조건, 적합조건, 탄성조건)

(1) 평형조건(equilibrium of forces)
"외부작용하중 = 대응하는 내력"을 만족

(2) 적합조건(compatibility of displacements)
기하학적 조건으로서 "절점변위 = 대응하는 부재변형"을 만족, 즉 부재(member or element)들의 변위는 외부작용하중으로 인한 변형 후에도 서로 적합성(compatibility)을 만족해야 한다.

(3) 탄성조건(law of material behavior)
하중 − 변형(load-deformation)관계를 만족하는 조건으로서, 선형탄성(linear elasti city)에서는 훅크의 법칙(Hooke's law)을 따른다.

1.2 구조해석법

(1) 변위법 (stiffness method, displacement method, equilibrium method)

변위법은 하중 − 변위 관계에 있어 단위변위($u = 1$)를 일으키는데 필요한 하중의 크기(f)를 그 부재의 강성계수(k)로 정의하고 절점변위(nodal displacements)를 미지수로한 평형방정식(equilibrium equation)의 해를 구하는 방법이다. 즉,

$$f = \xi(u)$$

$$\{f\} = [k] \cdot \{u\} \tag{1.1}$$

여기서, $\{f\}$는 힘(기지수), $\{u\}$는 변위(미지수), $[k]$는 강성계수(stiffness influence coefficient)이다.

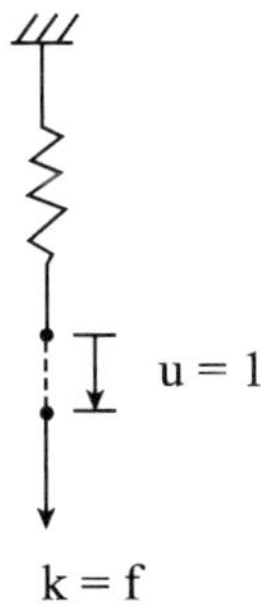

[그림 1.1]

(2) 응력법 (flexibility method, force method, compatibility method)

응력법은 단위하중($f = 1$)으로 말미암아 발생하는 변위(u)를 유연도계수로 정의하고, 부재력(member forces)을 미지수로 한 적합방정식(compatibility equation)의 해를 구하는 방법이다. 즉,

$$u = \eta(f)$$

$$\{u\} = [c] \cdot \{f\} \tag{1.2}$$

여기서, $[c]$는 유연도계수($= [k]^{-1}$, deflection influence coefficient)이다.

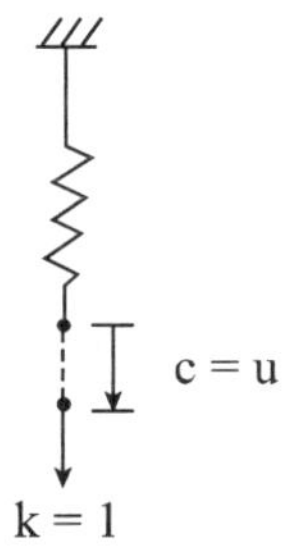

[그림 1.2]

(3) 혼합법(mixed method, hybrid method)

혼합법은 변위법과 응력법을 혼합한 것이다.

1.3 가상일(또는 가상변위)의 원리(Principle of Virtual Work or Principle of Virtual Displacements)

(1) 가상일(또는 가상변위)의 원리

외부하중을 받고 평형조건과 적합조건을 만족하고 있는 구조체에 추가적으로 가상변위를 주었을 때, 외부하중으로 인한 가상일은 내적가상일과 같다[즉, 외적가상일과 내적가상일의 합은 영(0)이다].

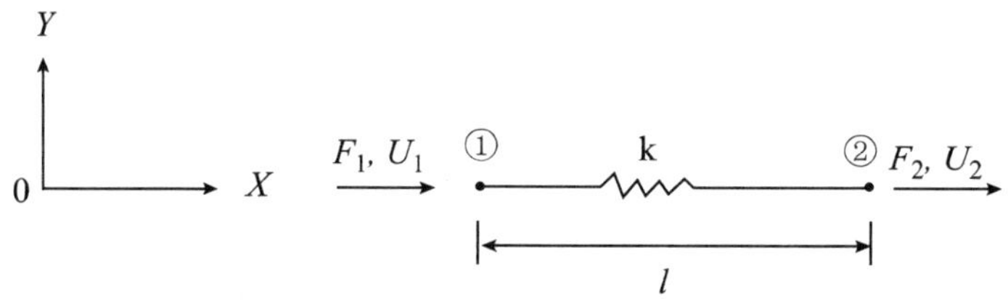

[그림 1.3]

여기서, F_1과 F_2는 외부작용하중(작용하는 동안 불변), U_1과 U_2는 가상변위 (arbitrarydisplacements 또는 virtual displacements)이다.

- 외적가상일

$$W_E = F_1 \cdot U_1 + F_2 \cdot U_2 \tag{1.3}$$

- 내적가상일

$$W_I = - K \cdot (U_2 - U_1)^2 \tag{1.4}$$

(−)부호는 외부작용하중에 의한 내력의 방향은 외부작용하중의 반대방향으로 작용함을 의미한다.

비고

U_1과 U_2가 실제변위(actual displacements)인 경우의 내적가상일(W_I)은 다음과 같다.

$$W_I = -\frac{1}{2}K(U_2 - U_1)^2$$

식(1.3)과 식(1.4)에서 외적가상일(W_E)과 내적가상일(W_I)의 합은 영(0)이다. 즉,

$$W_E + W_I = 0$$

$$F_1 \cdot U_1 + F_2 \cdot U_2 = K \cdot (U_2 - U_1)^2 \tag{1.5}$$

또는

$$\{U\}^T\{F\} = \{U\}^T[K]\{U\} \tag{1.6}$$

여기서

$$\{U\}=\begin{Bmatrix} U_1 \\ U_2 \end{Bmatrix},\quad [K]=\begin{bmatrix} K & -K \\ -K & K \end{bmatrix}$$

식(1.6)에서

$$\{F\} = [K]\{U\}(\because U_1, U_2\text{가 임의의 가상변위}) \tag{1.7}$$

(2) 에너지의 원리

위에서 식(1.7)은 가상일(또는 가상변위)의 원리로 구한 것이지만 절점변위를 가정하고 에너지의 원리를 이용하여 강성매트릭스를 구할 수 있다.

① 트러스요소

트러스부재에서는 응력은 일정하므로 다음과 같이 나타낼 수 있다.

$$E\frac{du}{dx}= const$$

변위 $\{u\}$는 x의 1차 함수이므로 다음과 같다.

$$\{u\}= [1 \;\; x]\begin{Bmatrix} \alpha_1 \\ \alpha_2 \end{Bmatrix}= [S_x]\{\alpha_x\} \tag{1.8}$$

여기서 α_1, α_2는 미정의 함수로 절점 ⓘ $(x=0)$ 및 절점 ⓙ $(x=l)$에서의 절점변위 u_i, u_j로부터 정해진다.

$$\{\delta_x\}=\begin{Bmatrix} u_i \\ u_j \end{Bmatrix}=\begin{bmatrix} 1 & 0 \\ 1 & l \end{bmatrix}\begin{Bmatrix} \alpha_1 \\ \alpha_2 \end{Bmatrix}= [C_x]\{\alpha_x\} \tag{1.9}$$

$$\{\alpha_x\}=\begin{Bmatrix} \alpha_1 \\ \alpha_2 \end{Bmatrix}\begin{bmatrix} 1 & 0 \\ -\dfrac{1}{l} & \dfrac{1}{l} \end{bmatrix}\begin{Bmatrix} u_i \\ u_j \end{Bmatrix}= \left[C_x^{-1}\right]\{\delta_x\} \tag{1.10}$$

$$\therefore \{u\}= [1 \;\; x]\begin{bmatrix} 1 & 0 \\ -\dfrac{1}{l} & \dfrac{1}{l} \end{bmatrix}\begin{Bmatrix} u_i \\ u_j \end{Bmatrix}= [S_x]\left[C_x^{-1}\right]\{\delta_x\} \tag{1.11}$$

$\{u\}$가 정해지면 축방향의 변형률 $\{\epsilon_x^t\}$는 다음과 같이 된다.

$$\{\epsilon_x^t\} = \left\{\frac{du}{dx}\right\} = \{\alpha_2\} = [0 \quad 1]\begin{Bmatrix}\alpha_1\\ \alpha_2\end{Bmatrix}$$

즉,

$$\{\epsilon_x^t\} = [B_t]\{\alpha_x\} = [B_t][C_x^{-1}]\{\delta_x\} \tag{1.12}$$

한편 평면 트러스요소의 응력에 대해서는 부재좌표계의 x방향의 축방향 응력 σ_x만 고려하면 된다. 그리고 축방향 응력 σ_x와 축방향 변형률 ϵ_x의 관계는 Hooke의 법칙($\sigma_x = E\epsilon_x = E\epsilon_x^t$)으로부터 $[D_1] = [E]$로 하면 다음과 같이 된다.

$$\{\sigma_x\} = [D_1]\{\epsilon_x\} \tag{1.13}$$

다음에 가상변위를 $\{\delta_x^*\}$, 이것에 따르는 가상변형률을 $\{\epsilon_x^*\}$로 하고 가상일의 원리를 적용한다. 먼저 내적가상일(W_I)은 식(1.12)와 (1.13)으로부터 다음과 같이 된다.

$$W_I = \int_V \{\epsilon_x^*\}^T \sigma_x dV = \iiint \{\delta_x^*\}^T [C_x^{-1}]^T [B_t]^T [D_1][B_t][C_x^{-1}]\{\delta_x\}\, dxdydz$$

$\{\delta_x\}$, $\{\delta_x^*\}$는 x, y, z의 함수가 아니므로 다음과 같이 된다.

$$W_I = \{\epsilon_x^*\}^T [\iiint [C_x^{-1}]^T [B_t^T][D_1][B_t][C_x^{-1}]\, dxdydz]\{\delta_x\} \tag{1.14}$$

한편 외적가상일(W_E)는 다음과 같다.

$$W_E = \{\delta_x^*\}^T \{f_x\} \tag{1.15}$$

$W_E - W_I = 0$에 대입하고 $\{\delta_x^*\}^T$을 밖으로 내어 정리하면 다음과 같이 된다.

$$\{\delta_x^*\}^T [\{f_x\} - \left(\iiint [C_x^{-1}]^T [B_t]^T [D_1][B_t][C_x^{-1}] dxdydz\right)\{\delta_x\}] = 0 \tag{1.16}$$

가상변위에 관계없이 위의 식이 성립하기 위해서는 다음과 같아야 한다.

$$\{f_x\} = [\iiint [C_x^{-1}]^T [B_t]^T [D_1][B_t][C_x^{-1}]\, dxdydz]\{\delta_x\} \tag{1.17}$$

따라서 트러스요소의 강성행렬 $[k_x]$는 다음과 같이 된다.

$$[k_x] = \iiint [C_x^{-1}]^T[B_t]^T[D_1][B_t][C_x^{-1}]\,dx\,dy\,dz \tag{1.18}$$
$$= \frac{EA}{l}\begin{bmatrix} 1 & -1 \\ -1 & 1 \end{bmatrix}$$

② 일반적인 유한요소

위의 식(1.18)은 평면 트러스요소뿐만 아니라 평면 라멘요소 또는 다른 유한요소의 강성행렬을 표시할 수도 있으므로 다음과 같이 일반적인 식으로 표시할 수 있다.

$$[k] = \iiint [C^{-1}]^T[B]^T[D][B][C^{-1}]\,dx\,dy\,dz \tag{1.19}$$

③ 평면라멘요소

평면 라멘요소에서는 x축방향의 변위는 트러스요소의 경우와 같고 y축방향의 변위와는 분리시켜 고려하여야 하므로 y축방향의 변위만을 고려한다. 라멘요소 위에 분포하중이 없는 경우에는 다음의 미분방정식이 성립된다.

$$EI\frac{d^4v}{dx^4} = 0$$

따라서 변위 $\{v\}$는 다음과 같은 3차식을 고려한다.

$$\{v\} = [1 \;\; x \;\; x^2 \;\; x^3]\begin{Bmatrix} \alpha_1 \\ \alpha_2 \\ \alpha_3 \\ \alpha_4 \end{Bmatrix} = [S_y]\{\alpha_y\} \tag{1.20}$$

여기서 $\alpha_1 \sim \alpha_4$는 미정계수로 부재 끝에서의 변위 $\{v_j\} = \{v_{x=0}\}$, $\{\theta_j\} = \left\{(\frac{dv}{dx})_{x=0}\right\}$, $\{v_k\} = \{v_{x=l}\}$, $\{\theta_k\} = \left\{(\frac{dv}{dx})_{x=l}\right\}$로부터 정해진다.

$$\{\delta_y\} = \begin{Bmatrix} v_i \\ \theta_i \\ v_j \\ \theta_j \end{Bmatrix} = \begin{bmatrix} 1 & 0 & 0 & 0 \\ 0 & 1 & 0 & 0 \\ 1 & l & l^2 & l^3 \\ 0 & 1 & 2l & 3l^2 \end{bmatrix}\begin{Bmatrix} \alpha_1 \\ \alpha_2 \\ \alpha_3 \\ \alpha_4 \end{Bmatrix} = [S_y]\{\alpha_y\} \tag{1.21}$$

$$\{\alpha_y\}=\begin{Bmatrix}\alpha_1\\\alpha_2\\\alpha_3\\\alpha_4\end{Bmatrix}=\begin{bmatrix}1&0&0&0\\0&1&0&0\\-\frac{3}{l^2}&-\frac{2}{l}&\frac{3}{l^2}&-\frac{1}{l}\\\frac{2}{l^3}&\frac{1}{l^2}&-\frac{2}{l^3}&\frac{1}{l^2}\end{bmatrix}\begin{Bmatrix}v_i\\\theta_i\\v_j\\\theta_j\end{Bmatrix}=\left[C_y^{-1}\right]\{\delta_y\} \tag{1.22}$$

$$\therefore\{v\}=\left[S_y\right]\{\alpha_y\}=\left[S_y\right]\left[C_y^{-1}\right]\{\delta_y\} \tag{1.23}$$

여기서 휨변형률 $\{\epsilon_x^b\}$만을 따로 생각하면 다음과 같다.

$$\{\epsilon_x^b\}=-y\left\{\frac{d^2v}{dx^2}\right\}=-y[0\quad 0\quad 2\quad 6x]\begin{Bmatrix}\alpha_1\\\alpha_2\\\alpha_3\\\alpha_4\end{Bmatrix}$$

즉,

$$\{\epsilon_x^b\}=\left[B_b\right]\{\alpha_y\}=\left[B_b\right]\left[C_y^{-1}\right]\{\delta_y\} \tag{1.24}$$

결국 평면 라멘요소의 변형률 $\{\epsilon_x\}$는 축방향 변형률 $\{\epsilon_x^t\}$과 휨변형률 $\{\epsilon_x^b\}$의 합이므로 변형률은 다음과 같다.

$$\therefore\{\epsilon_x\}=\{\epsilon_x^t\}+\{\epsilon_x^b\}=\left[B_t\right]\left[C_x^{-1}\right]\{\delta_x\}+\left[B_b\right]\left[C_y^{-1}\right]\{\delta_y\} \tag{1.25}$$

응력은 $\sigma_x=E\,\epsilon_x$이므로 일반적으로 식(1.13)으로 표시된다. 그런데 x축방향의 강도는 평면트러스요소의 강도와 같은 것이므로 y축방향에 강성행렬 $\left[k_g\right]$를 구하기 위해서는 식(1.19)를 고려하면 다음과 같이 된다.

$$\left[k_g\right]=[C_y^{-1}]^T\left(\iiint[B_b]^T[D_1][B_b]dxdydz\right)[C_y^{-1}] \tag{1.26}$$

$$[B_b]^T[D_1][B_b]=\begin{Bmatrix}0\\0\\-2y\\-6xy\end{Bmatrix}E[0\ \ 0\ -2y\ -6xy]=E\begin{bmatrix}0&0&0&0\\0&0&0&0\\0&0&4y^2&12xy^2\\0&0&12xy^2&36x^2y^2\end{bmatrix} \tag{1.27}$$

$$I=\int_A y^2dA=\iint y^2\,dydz \tag{1.28}$$

위의 식(1.28)을 사용하여 식(1.26)의 적분부분을 적분하면 다음과 같이 된다.

$$\iiint [B_b]^T [D_1][B_b]\, dx\, dy\, dz = EI \begin{bmatrix} 0 & 0 & 0 & 0 \\ 0 & 0 & 0 & 0 \\ 0 & 0 & 4l & 6l^2 \\ 0 & 0 & 6l^2 & 12l^3 \end{bmatrix} \tag{1.29}$$

위의 식(1.29)를 식(1.26)에 대입하면 평면 라멘요소의 y방향의 절점과 절점 변위에 관한 강성행렬은 다음과 같이 구해진다.

$$\begin{Bmatrix} F_{yi} \\ M_{zi} \\ F_{yj} \\ M_{zj} \end{Bmatrix} = EI \begin{bmatrix} \frac{12}{l^3} & \frac{6}{l^2} & -\frac{12}{l^3} & \frac{6}{l^2} \\ \frac{6}{l^2} & \frac{4}{l} & -\frac{6}{l^2} & \frac{2}{l} \\ -\frac{12}{l^3} & -\frac{6}{l^2} & \frac{12}{l^3} & -\frac{6}{l^2} \\ \frac{6}{l^2} & \frac{2}{l} & -\frac{6}{l^2} & \frac{4}{l} \end{bmatrix} \begin{Bmatrix} v_i \\ \theta_i \\ v_j \\ \theta_j \end{Bmatrix} \tag{1.30}$$

1.4 변위법에서 강성매트릭스(stiffness matrix)의 구성

강성(stiffness)이란, 예를 들어 [그림 1.4]에 나타낸 바와 같이 스프링부재에서 스프링강도 K는 "힘 – 변위" 관계직선에서 기울기를 나타낸다.

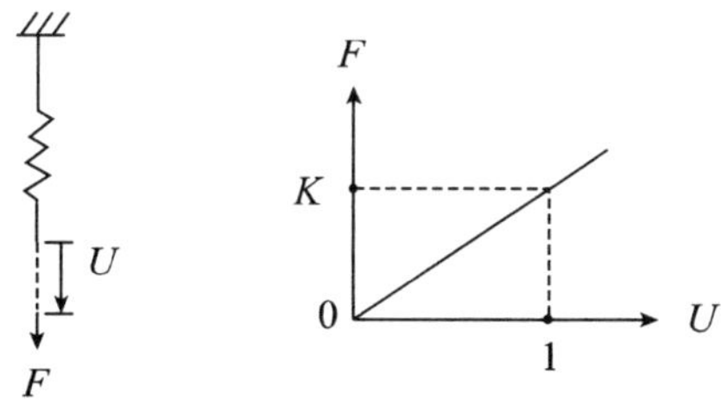

[그림 1.4]

2개의 스프링 A, B로 구성된 구조물의 강성매트릭스의 구성을 고려해보자.

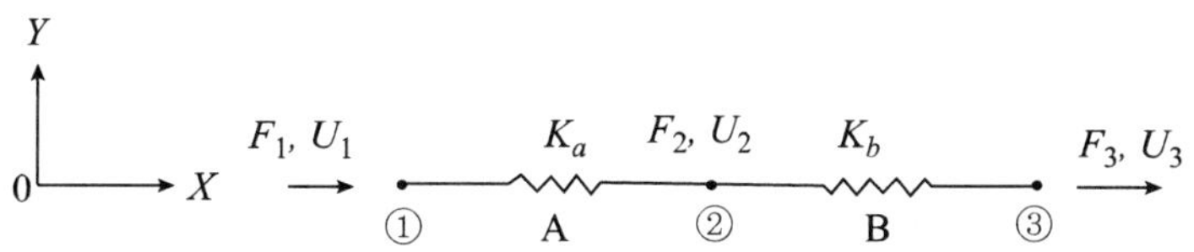

[그림 1.5]

여기서 F_1, F_2, F_3는 각각 절점 ①, ②, ③에 작용하는 힘이고, U_1, U_2, U_3는 각각 절점 ①, ②, ③에 생긴 변위이다.

(1) 절점 ②, ③

고정($U_{21}=0,\quad U_{31}=0$)

절점 ① : F_{11}을 가해 생긴 변위 U_{11}

$$\begin{cases} F_{11} = & K_a U_{11} \\ F_{21} = & -F_{11} \\ F_{31} = & 0 \end{cases} \tag{1.31}$$

여기서, F_{ij}와 U_{ij}는 각각 j절점에 작용하는 힘으로 인해 i절점에 영향을 주는 힘과 변위이다.

(2) 절점 ①, ③

고정($U_{12}=0,\quad U_{32}=0$)

절점 ② : F_{22}, U_{22}

$$\begin{cases} F_{22} = & (K_a+K_b)U_{22} \\ F_{12} = & -K_a U_{22} \\ F_{32} = & -K_b U_{22} \end{cases} \tag{1.32}$$

(3) 절점 ①, ②

고정($U_{23}=0,\quad U_{13}=0$)

절점 ③ : F_{33}, U_{33}

$$\begin{cases} F_{33} = & K_b U_{33} \\ F_{23} = & -F_{33} \end{cases} \tag{1.33}$$

(4) 절점 ①, ②, ③

각각 F_{11}, F_{22}, F_{33}
U_{11}, U_{22}, U_{33}

식(1.31) + 식(1.32) + 식(1.33) :

$$F_1 = F_{11} + F_{12} + F_{13} = \quad K_a U_{11} - K_a U_{22} \tag{1.34}$$

$$F_2 = F_{21} + F_{22} + F_{23} = -K_a U_{11} + (K_a + K_b) U_{22} - K_b U_{33} \tag{1.35}$$

$$F_3 = F_{31} + F_{32} + F_{33} = -K_b U_{22} + K_b U_{33} \tag{1.36}$$

식(1.34), (1.35), (1.36)에서 $U_{11} = U_1$, $U_{22} = U_2$, $U_{33} = U_3$로 놓고 평형방정식을 매트릭스형태로 표기하면 다음과 같이 나타낼 수 있다.

$$\begin{Bmatrix} F_1 \\ F_2 \\ F_3 \end{Bmatrix} = \begin{vmatrix} K_a & -K_a & 0 \\ -K_a & K_a + K_b & -K_b \\ 0 & -K_b & K_b \end{vmatrix} \begin{Bmatrix} U_1 \\ U_2 \\ U_3 \end{Bmatrix} \tag{1.37}$$

또는

$$\{F\} = [K]\{U\} \tag{1.38}$$

여기서,

$$[K] = \begin{bmatrix} K_{11} & K_{12} & K_{13} \\ K_{21} & K_{22} & K_{23} \\ K_{31} & K_{32} & K_{33} \end{bmatrix} = \begin{bmatrix} K_a & -K_a & 0 \\ -K_a & K_a & 0 \\ 0 & 0 & 0 \end{bmatrix} + \begin{bmatrix} 0 & 0 & 0 \\ 0 & K_b & -K_b \\ 0 & -K_b & K_b \end{bmatrix}$$

$$= [K_a] + [K_b] \tag{1.39}$$

즉, 전체강성매트릭스(structural stiffness matrix)는 부재강성매트릭스(member stiffness matrix)의 조합/중첩으로 이루어진다.

$$[K] = \sum [K_M] \tag{1.40}$$

1.5 강성매트릭스의 특성

(1) 대칭강도매트릭스

상반이론(reciprocal theorem)으로 예견할 수 있듯이 강성매트릭스는 주대각요소들(principal diagonal elements)을 대칭축으로 하여 대칭이다.

$$K_{ij} = K_{ji} \text{ (symmetric)}$$

(2) 주대각요소

주대각요소들은 모두 양(+)의 수

$$K_{ij} > 0 \ \text{(positive definite)}$$

(3) 경계조건이 부여되지 않은 전체강성매트릭스$[K]$는 특이성(singularity), 즉 $[K]$의 행렬식(determinant)은 영(0)이다.

따라서 전체강성매트릭스의 역매트릭스 $[K]^{-1}$는 존재할 수 없으므로 미지수(변위)를 구하지 못한다(불능). 역학적으로는 강체(rigid body)의 자유운동(free motion)이 발생한다.

전체강성매트릭스$[K]$의 특이성(singularity)은 경계조건을 부여함으로서 방지할 수 있다.

예를 들어, [그림 1.5]에 나타낸 스프링에서 절점 ③이 지점으로 구속되어 있다면 평형방정식은 다음과 같이 된다.

$$\begin{Bmatrix} F_1 \\ F_2 \\ \cdots \\ F_3 \end{Bmatrix} = \left[\begin{array}{cc:c} K_a & -K_a & 0 \\ -K_a & K_a + K_b & -K_b \\ \hdashline 0 & -K_b & K_b \end{array}\right] \begin{Bmatrix} U_1 \\ U_2 \\ \cdots \\ U_3 \end{Bmatrix} \tag{1.41}$$

여기서, F_1과 F_2는 외부작용하중(기지수), F_3는 반력(미지수), U_1과 U_2는 절점변위(미지수), $U_3 = 0$이다.

$$\begin{Bmatrix} F_1 \\ F_2 \end{Bmatrix} = \begin{bmatrix} K_a & -K_a \\ -\underline{K_a} & \underline{K_a + K_b} \end{bmatrix} \begin{Bmatrix} U_1 \\ U_2 \end{Bmatrix} \tag{1.42}$$

not singular

$$\{F_3\} = \begin{bmatrix} 0 & -K_b \end{bmatrix} \begin{Bmatrix} U_1 \\ U_2 \end{Bmatrix} \tag{1.43}$$

식(1.42)에서,

$$\begin{Bmatrix} U_1 \\ U_2 \end{Bmatrix} = \begin{bmatrix} K_a & -K_a \\ -K_a & K_a + K_b \end{bmatrix}^{-1} \begin{Bmatrix} F_1 \\ F_2 \end{Bmatrix} \tag{1.44}$$

따라서, 식(1.43), (1.44)에서 U_1, U_2, F_3를 구할 수 있다.

(4) 직접강성(direct stiffness)의 합

K_{ii} : 절점 ⓘ에 연결된 모든 부재들의 직접강성(direct stiffness)의 합을 나타낸다.

(5) Indirect Stiffness

K_{ij} : 절점 ⓘ와 ⓙ로 구성되는 부재에서 절점 ⓙ의 거동이 절점 ⓘ에 미치는 영향을 나타내는 Indirect Stiffness

(6) 강성매트릭스의 대폭(bandwidth)

강성매트릭스가 대폭이므로 변위법이 많이 사용된다.

1.6 구조물좌표계(또는 전체좌표계, Global Coordinate System or Structure Coordinate System)

절점좌표, 절점하중, 절점변위, 지점반력 등과 같은 절점에 관한 사항은 구조물좌표계에 의거한다.

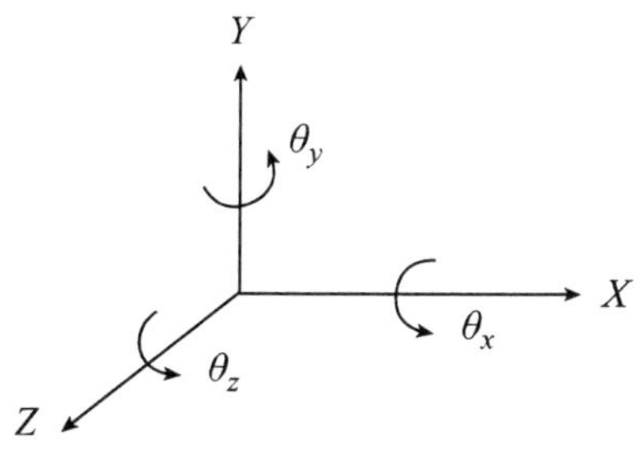

[그림 1.6] Cartesian의 오른손 좌표계

1.7 부재좌표계(또는 국부좌표계, local coordinate system or member coordinate system)

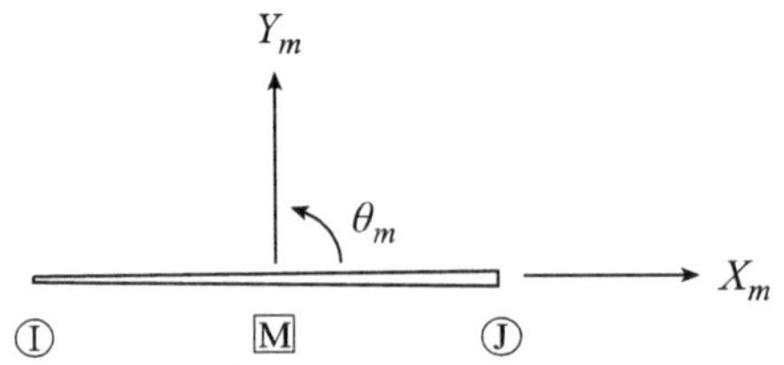

※ 부재하중, 부재단면력(X_m방향 축력, Y_m방향 전단력, θ_m방향 모멘트) 등 부재에 대한 사항은 부재좌표계에 의한다. 단, ⓘ < ⓙ

[그림 1.7]

ⓘ와 ⓙ는 부재의 절점 번호, M은 부재의 번호, X_m은 부재의 ⓘ절점에서 ⓙ절점으로 향하는 방향, Y_m와 θ_m는 Cartesian의 오른손 좌표계에 의거한다.

양(+) 방향만 표시하면,

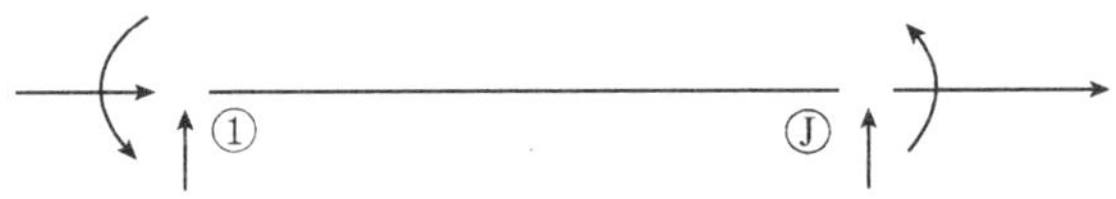

[그림 1.8]

1.8 자유도(DOF, degree of freedom)

구조물 내의 임의의 부재는 절점하중[부재에 작용하는 하중으로 인한 등가절점하중(equivalent nodal forces) 포함]과 절점변위로 인해 구조물의 다른 부재들과 절점에서 적합조건과 평형조건을 만족시키면서 역학적인 거동을 하게 되는데, 여기서 절점변위에해당하는 부재의 단면력(축력, 전단력, 모멘트 등)이 존재하게 된다.

이때 절점에서 부재의 단면력과 함께 존재하는 변위성분의 갯수가 그 부재해당 절점에서의 자유도(DOF)수가 된다. 그러므로 구조물의 미지수인 변위(변위법에서)의 X, Y, Z성분들의 총합이 그 구조물의 총자유도수가 된다.

(1) 3차원 뼈대(space frame)

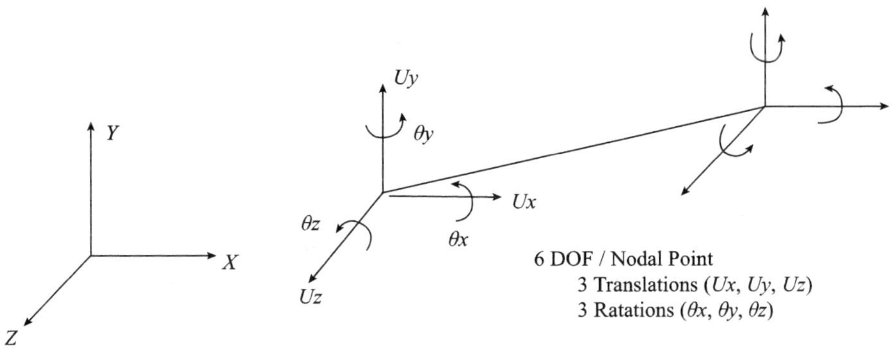

[그림 1.9]

2) 2차원 뼈대(plane frame)

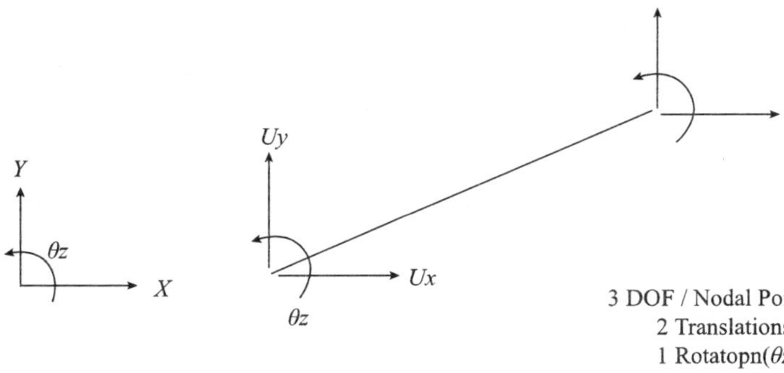

[그림 1.10]

(3) 3차원 트러스(space truss)

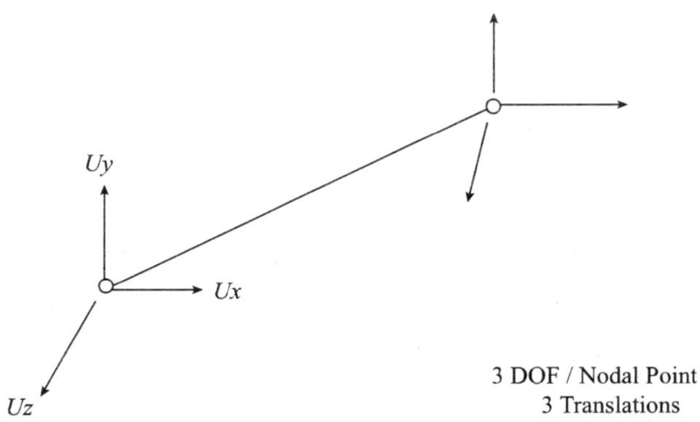

[그림 1.11]

(4) 평면 트러스(plane truss)

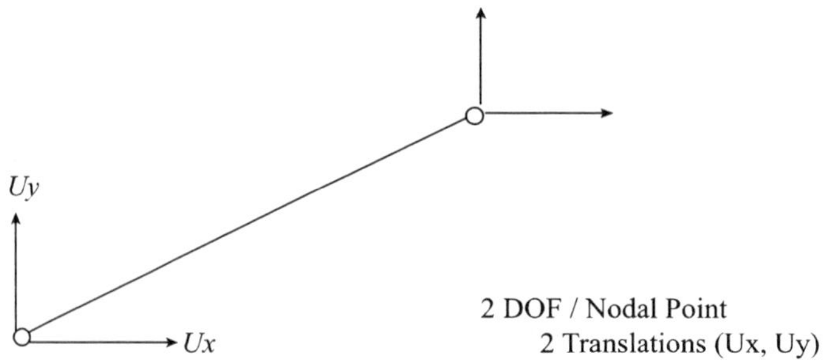

[그림 1.12]

1.9 강성매트릭스의 대폭(bandwidth)

전체강성매트릭스의 band의 1/2로서 부재 양단 절점번호에 좌우된다.

평형방정식의 해를 구하기 위한 컴퓨터의 CPU Time은 대략 대폭(bandwidth)의 제곱에 비례한다.

$$\text{Bandwidth} = \text{절점당DOF수} \times (\text{부재양단 절점차의 최대치} + 1) - \text{구속자유도} \tag{1.45}$$

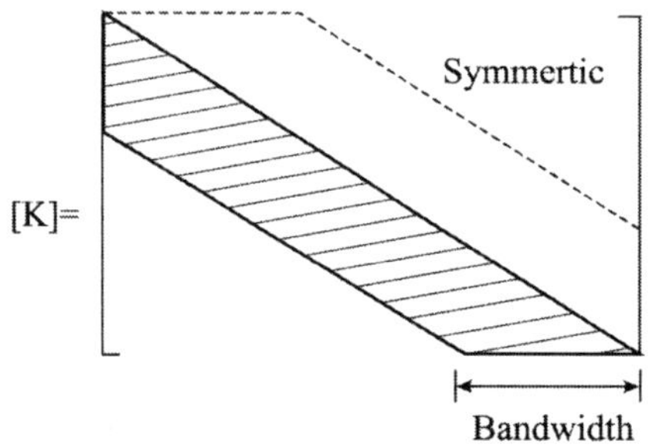

[그림 1.13]

따라서 CPU Time을 줄이기 위해서는 위의 공식에서 "부재양단 절점차의 최대치"를 가능한 한 작게 해야 한다. 아래 예는 이와 같은 절점번호기입(numbering)의 한 방법이다.

예) nodal point numbering

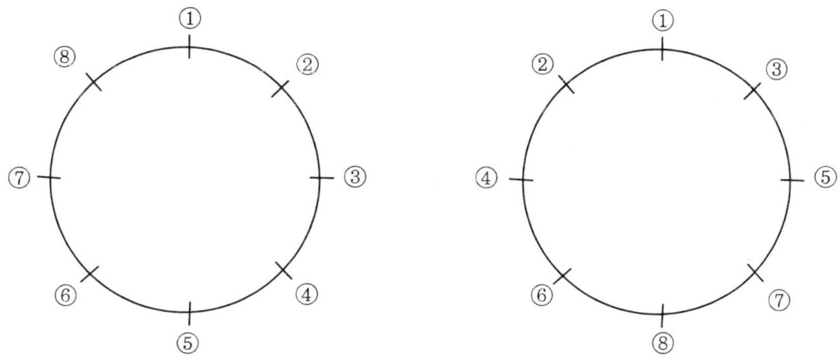

[그림 1.14]

1.10 구조물의 평형방정식

변위법(the stiffness method)에 의한 해석이므로 구조물 전체의 자유도수 만큼의 변위가 미지수가 된다. 절점평형방정식을 자유절점(구속된 자유도는 제외)과 지점에 대한 것을 분리해서 표기하면 다음과 같다.

$$\begin{Bmatrix} A_F \\ A_R \end{Bmatrix} = \begin{Bmatrix} A_{FMS} \\ A_{RMS} \end{Bmatrix} + \begin{bmatrix} K_{FF} \ K_{FR} \\ K_{RF} \ K_{RR} \end{bmatrix} \begin{Bmatrix} D_F \\ D_R \end{Bmatrix} \tag{1.46}$$

여기서, $\{A_F\}$는 기지의 절점하중, $\{A_R\}$은 미지의 지점반력, $\{A_{FMS}\}$은 기지의 부재하중으로 인한 고정단력(fixed-end-forces), $\{A_{RMS}\}$은 지점에서 기지의 부재하중으로 인한 고정단력(fixed-end-forces), $[K_{FF}]$는 자유절점의 변위로 인한 자유절점에서의 강성매트릭스, $[K_{FR}]$은 지점의 변위로 인한 자유절점에서의 강성매트릭스, $[K_{RF}]$는 자유절점의 변위로 인한 지점에서의 강성매트릭스, $[K_{RR}]$은 지점의 변위로 인한 지점에서의 강성매트릭스, $\{D_F\}$는 자유절점의 변위(미지수), $\{D_R\}$은 지점의 변위(기지수, zero)이다.

식(1.46)에서 지점침하 등 지점변위를 지정하는 경계요소가 추가되면 $\{D_R\}$은 Nonzero로 입력된다.

식(1.46)에서,

$$\{A_F\} = \{A_{FMS}\} + [K_{FF}]\{D_F\} + [K_{FR}]\{D_R\} \tag{1.47}$$

$$\{A_R\}=\{A_{RMS}\}+[K_{RF}]\{D_F\}+[K_{RR}]\{D_R\} \tag{1.48}$$

여기서 식(1.47)은 자유절점에서의 절점평형방정식, 식(1.48)은 지점에서의 절점평형방정식이다.

$\{D_R\}=0$이면, 식(1.47)에서

$$\begin{aligned}\{D_F\}&=[K_{FF}]^{-1}(\{A_F\}-\{A_{FMS}\})\\&=[K_{FF}]^{-1}(\{A_F\}-[R]^T\{A_{ML}\})\\&=[K_{FF}]^{-1}\{A_{FC}\}\end{aligned} \tag{1.49}$$

여기서, $[R]$은 변환매트릭스(rotation matrix or transformation matrix), $\{A_{ML}\}$은 부재의 고정단력(fixed-end-forces), $\{A_{FC}\}$는 기지의 외력벡터(절점하중), 즉 절점작용력매트릭스[절점하중(joint load) + 등가절점하중(equivalent joint load)]이다.

2 직접강성매트릭스법에 의한 구조해석

일반화시킨 강성도법의 형식적인 해석방법보다는 부재강성행렬을 전체구조좌표계로 변환시키고 구조절점변위와 부재변위사이의 대응관계를 나타내는 번호를 부여하여 부재강성요소를 구조강성매트릭스의 해당 요소로 옮겨서 직접 조합하는 단순하고 직접적인 방법에 의거 구조시스템 강성방정식을 구하는 소위 직접강성도가 컴퓨터의 단순 연산논리구조에 적합한 해석기법으로서 오늘날 모든 매트릭스구조해석과 유한요소법 프로그램에서 채택하고 있는 매우 효율적인 전산화해석기법이다. 직접강성도법에 의한 절점강성매트릭스를 조립하는 방법을 보다 구체적으로 다음과 같이 기술할 수 있다.

먼저 구조물의 임의부재의 부재단부재력－변위방정식인 부재(국부)좌표계로 나타낸 부재강성방정식을 다음 절에서 구체적으로 설명하게 될 좌표변환에 의해 구조좌표계로 변환시키면, 부재 i의 강성방정식은 다음과 같다.

$$\{A_M\}_i = [K_M]_i\{D_M\}_i \tag{2.1}$$

모든 부재강성매트릭스(member stiffness matrix) $[K_M]_i$를 구조강도의 절점 변위지수(joint displacement index)를 사용하여 구조강성매트릭스(structural stiffness matrix) $[K_J]_{n\times n}$크기로 나타내면 구조강성은 m개의 해당 부재강도 요소의 합과 같게 되므로 구조강성은 다음과 같이 단순하게 조립된다.

$$[K_J]_{n\times n} = \sum_{i=1}^{m}[K_{MS}]_i \tag{2.2}$$

그러나 실제 컴퓨터 프로그래밍에서는 부재매트릭스의 합산은 필요 없고, 단순히 모든 부재매트리스의 요소들을 구조강성의 해당 행과 열에 옮겨 놓기만 하면 되는 점을 유의해야 한다. 즉, $[K_J]_{jk} = \sum_{i}^{m}([K_{MS}]_{jk})_i$이다.

본 절에서는 직접강성도법에 의한 트러스, 연속보 및 평면라멘의 해석에 대한 기본개념과 그 응용예제를 다루었다.

2.1 직접강성매트릭스법의 기초

본 절에서는 다음에 제시한 예제를 처짐각법의 기본방정식으로 나타내어 강성매트릭스법의 기초를 정리하였다.

[그림 2.1]에 나타낸 T형 라멘구조를 해석해보자. 예제의 경우, 어떤 하중상태에 있어서도 지점의 이동은 없고 부재각은 모두 0 (zero)이므로 다음과 같이 된다.

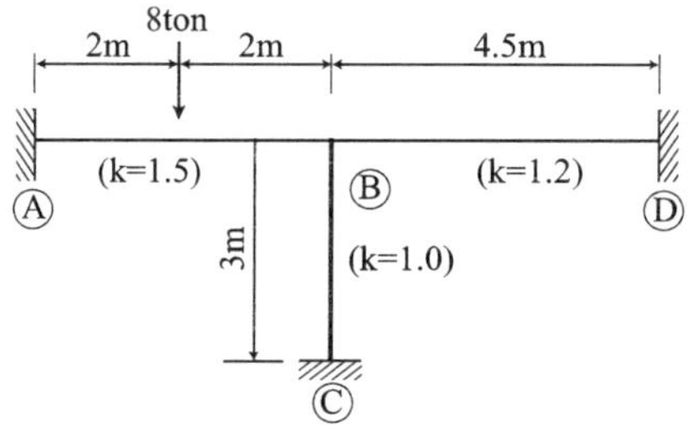

[그림 2.1]

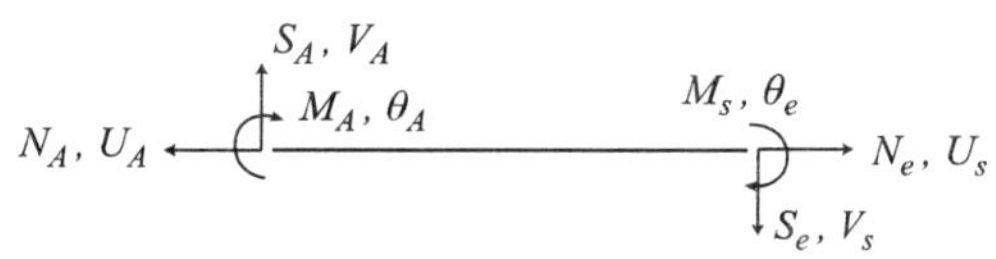

[그림 2.2]

(1) 재단모멘트와 재단회전각의 관계(부재 강성매트릭스)

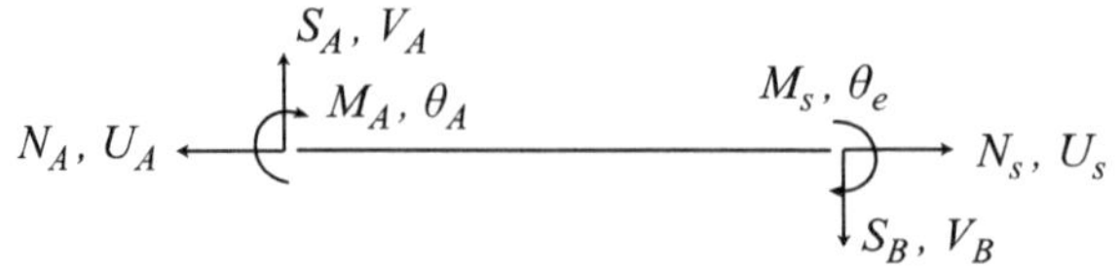

[그림 2.3] 부재력, 재단변위의 부호의 정의 2)

$$\begin{Bmatrix} M_{AB} \\ M_{BA} \end{Bmatrix} = 2E(1.5K_O)\begin{bmatrix} 2 & 1 \\ 1 & 2 \end{bmatrix}\begin{Bmatrix} \theta_A \\ \theta_B \end{Bmatrix} + \begin{Bmatrix} -\dfrac{PL}{8} \\ \dfrac{PL}{8} \end{Bmatrix} = EK_O\begin{bmatrix} 6 & 3 \\ 3 & 6 \end{bmatrix}\begin{Bmatrix} \theta_A \\ \theta_B \end{Bmatrix} + \begin{Bmatrix} -4 \\ 4 \end{Bmatrix}$$

$$\begin{Bmatrix} M_{BD} \\ M_{DB} \end{Bmatrix} = EK_O\begin{bmatrix} 4.8 & 2.4 \\ 2.4 & 4.8 \end{bmatrix}\begin{Bmatrix} \theta_B \\ \theta_D \end{Bmatrix}$$

$$\begin{Bmatrix} M_{BC} \\ M_{CD} \end{Bmatrix} = EK_O\begin{bmatrix} 4 & 2 \\ 2 & 4 \end{bmatrix}\begin{Bmatrix} \theta_B \\ \theta_C \end{Bmatrix}$$

(2) 절점의 평형방정식(전체강성매트릭스)

각 절점의 외력 및 미지의 반력모멘트를 m_A, m_B, m_C, m_D로 하면 $m_B = M_{BA} + M_{BC} + M_{BD} = 0$, $m_A = M_{AB}$, $m_C = M_{CB}$, $m_D = M_{DB}$의 4개의 식이 성립하므로 [1]에 나타낸 식을 매트릭스로 나타내면 다음과 같이 된다.3)

---

2) 일반적으로 매트릭스법의 단면력의 부호의 정의에서는 [그림 2.5]와 같이 양단으로 수학적 좌표축의 방법과 일치시키지만 본 절에서는 처짐각법과 유사성을 중요시하는 관점에서 이러한 정의를 택하였다. 트러스나 라멘의 정의와는 다르기 때문에 이점에 주의하여야 한다.

3) $\begin{Bmatrix} m_A \\ m_B \\ m_C \\ m_D \end{Bmatrix} = \begin{Bmatrix} A_F \\ A_R \end{Bmatrix}$: 절점외력 및 지점반력모멘트벡터

$\begin{Bmatrix} \theta_A \\ \theta_B \\ \theta_C \\ \theta_D \end{Bmatrix} = \{D_J\} = \begin{Bmatrix} D_F \\ D_R \end{Bmatrix}$: 변위 벡터

$\begin{Bmatrix} -4 \\ 4 \\ 0 \\ 0 \end{Bmatrix} = \{A_{ML}\} = \{A_{MS}\} = \begin{Bmatrix} A_{FMS} \\ A_{RMS} \end{Bmatrix}$: 고정단력 벡터(부재축과 전체구조물축이 동일)

$$\begin{Bmatrix} m_A \\ m_B \\ m_C \\ m_D \end{Bmatrix} = EK_O \begin{bmatrix} 6 & 3 & 0 & 0 \\ 3 & (6+4.8+4) & 2 & 2.4 \\ 0 & 2 & 4 & 0 \\ 0 & 2.4 & 0 & 4.8 \end{bmatrix} \begin{Bmatrix} \theta_A \\ \theta_B \\ \theta_C \\ \theta_D \end{Bmatrix} + \begin{Bmatrix} -4 \\ 4 \\ 0 \\ 0 \end{Bmatrix}$$

(3) 구속조건을 고려하여 매트릭스를 재배치

$\theta_A = \theta_C = \theta_D = 0$, $m_B = 0$, $\theta_B \neq 0$에서

$$\begin{Bmatrix} m_A \\ 0 \\ m_C \\ m_D \end{Bmatrix} = EK_O \begin{bmatrix} 6 & 3 & 0 & 0 \\ 3 & (6+4.8+4) & 2 & 2.4 \\ 0 & 2 & 4 & 0 \\ 0 & 2.4 & 0 & 4.8 \end{bmatrix} \begin{Bmatrix} 0 \\ \theta_B \\ 0 \\ 0 \end{Bmatrix} + \begin{Bmatrix} -4 \\ 4 \\ 0 \\ 0 \end{Bmatrix}$$

매트릭스를 재배치하면 다음과 같이 된다.

$$\begin{Bmatrix} 0 \\ m_A \\ m_C \\ m_D \end{Bmatrix} = EK_O \begin{bmatrix} 14.8 & 3 & 2 & 2.4 \\ 3 & 6 & 0 & 0 \\ 2 & 0 & 4 & 0 \\ 2.4 & 0 & 0 & 4.8 \end{bmatrix} \begin{Bmatrix} \theta_B \\ 0 \\ 0 \\ 0 \end{Bmatrix} + \begin{Bmatrix} 4 \\ -4 \\ 0 \\ 0 \end{Bmatrix}$$

(4) 미지의 변위를 계산

$$0 = 14.8EK_O\theta_B + 4$$

$$\therefore \theta_B = -\frac{4}{14.8EK_O} = -0.27\frac{1}{EK_O}$$

(5) 미지의 반력모멘트를 계산

$$\begin{Bmatrix} m_A \\ m_C \\ m_D \end{Bmatrix} = EK_O \begin{bmatrix} 3 \\ 2 \\ 2.4 \end{bmatrix} \{\theta_B\} + \begin{Bmatrix} -4 \\ 0 \\ 0 \end{Bmatrix}$$

$$EK_O \begin{bmatrix} 6 & 3 & 0 & 0 \\ 3 & (6+4.8+4) & 2 & 2.4 \\ 0 & 2 & 4 & 0 \\ 0 & 2.4 & 0 & 4.8 \end{bmatrix} = [K_J] = \begin{bmatrix} K_{FF} & K_{FR} \\ K_{RF} & K_{RR} \end{bmatrix}$$: 절점강성매트릭스

$$\therefore \begin{Bmatrix} A_F \\ A_R \end{Bmatrix} = \begin{bmatrix} K_{FF} & K_{FR} \\ K_{RF} & K_{RR} \end{bmatrix} \begin{Bmatrix} D_F \\ D_R \end{Bmatrix} + \begin{Bmatrix} A_{FMS} \\ A_{RMS} \end{Bmatrix}$$

여기서 변수들에 대해서는 2.2절에 자세히 설명된 바 있다.

θ_B를 대입하면 다음과 같이 된다.

$$\begin{Bmatrix} m_A \\ m_C \\ m_D \end{Bmatrix} = EK_O \begin{bmatrix} 3 \\ 2 \\ 2.4 \end{bmatrix} \left\{ -0.27 \frac{1}{EK_O} \right\} + \begin{Bmatrix} -4 \\ 0 \\ 0 \end{Bmatrix} = \begin{Bmatrix} -4.810\,\mathrm{tf \cdot m} \\ -0.540\,\mathrm{tf \cdot m} \\ -0.648\,\mathrm{tf \cdot m} \end{Bmatrix}$$

(6) 부재의 재단모멘트계산

(1)의 부재강성매트릭스에 절점회전각 θ_B를 대입하여 부재의 재단모멘트를 구한다.

$$\begin{Bmatrix} M_{AB} \\ M_{BA} \end{Bmatrix} = EK_O \begin{bmatrix} 6 & 3 \\ 3 & 6 \end{bmatrix} \begin{Bmatrix} 0 \\ -0.27 \dfrac{1}{EK_O} \end{Bmatrix} + \begin{Bmatrix} -4 \\ 4 \end{Bmatrix} = \begin{Bmatrix} -4.81\ \mathrm{tf \cdot m} \\ 2.38\ \mathrm{tf \cdot m} \end{Bmatrix}$$

$$\begin{Bmatrix} M_{BD} \\ M_{DB} \end{Bmatrix} = EK_O \begin{bmatrix} 4.8 & 2.4 \\ 2.4 & 4.8 \end{bmatrix} \begin{Bmatrix} -0.27 \dfrac{1}{EK_O} \\ 0 \end{Bmatrix} = \begin{Bmatrix} -1.296\ \mathrm{tf \cdot m} \\ -0.648\ \mathrm{tf \cdot m} \end{Bmatrix}$$

$$\begin{Bmatrix} M_{BC} \\ M_{CD} \end{Bmatrix} = EK_O \begin{bmatrix} 4 & 2 \\ 2 & 4 \end{bmatrix} \begin{Bmatrix} -0.27 \dfrac{1}{EK_O} \\ 0 \end{Bmatrix} = \begin{Bmatrix} -1.08\ \mathrm{tf \cdot m} \\ -0.54\ \mathrm{tf \cdot m} \end{Bmatrix}$$

이상의 결과를 단면력도로 나타내면 [그림 2.4]와 같다.

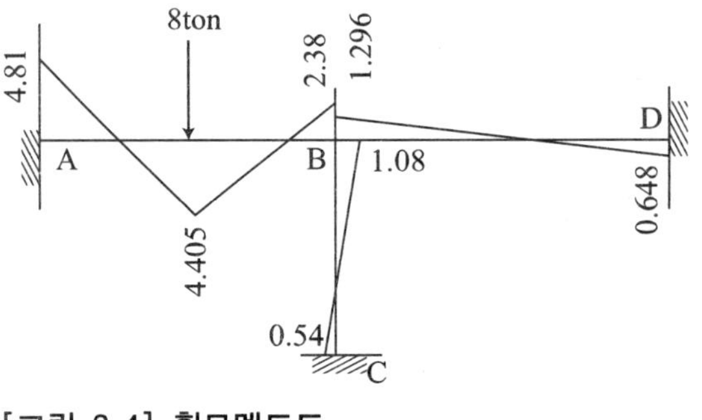

[그림 2.4] 휨모멘트도

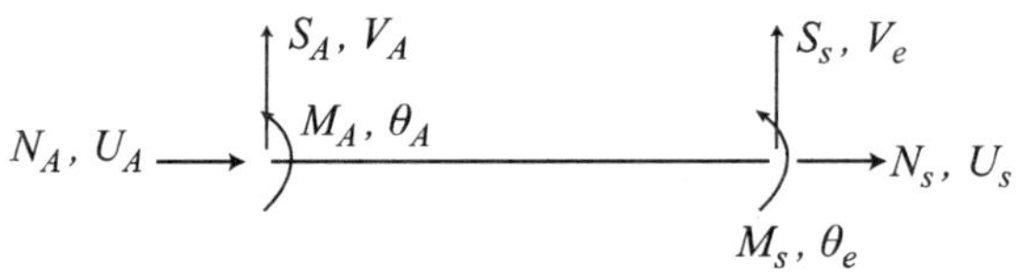

[그림 2.5] 재단력, 재단변위의 부호의 정의

2.2 직접강성매트릭스법의 특징

이 예제에서 알 수 있듯이 강성매트릭스법의 순서는 다음과 같다.

(a) 각부재의 재단력과 재단변위의 관계식을 세운다.
(b) 절점외력과 재단력을 유도한다.
(c) 구조의 경계조건을 고려한다.
(d) 미지의 변위를 구한다.
(e) (d)에서 구한 미지의 변위를 (a)의 관계식에 대입하여 재단력을 구한다.
(f) 지점반력을 계산한다.

위와 같은 6단계의 계산순서에 의해 이루어진다는 것을 알 수 있다. 그러나 강성매트릭스법은 처짐각법을 단순히 매트릭스식으로 나타낸 것이 아니라, 해석방법으로서 다음과 같은 기본적인 차이점이 있다.

(a) 구조물의 절점외력과 부재단력과의 평형방정식의 유도방법
(b) 경계조건을 고려하는 방법

즉, (a)항에 대해서는 처짐각법에서는 절점방정식이라 하고, 절점회전각이 생기는 절점에 대해서만 평형방정식을 세우지만, 강성매트릭스법은 모든 절점에 대하여 평형방정식을 유도하고 있으며, 여기서는 미지반력도 하나의 외력항으로 다루어진다.

또, (b)항에 대해서는 처짐각법은 재단력과 재단변위의 관계식을 유도할 때에 경계조건을 미리 감안하여 고정점에서의 재단변위를 0 (zero)으로 하여 계산을 진행하지만, 강성매트릭스법의 경우에는 구조물전체의 평형방정식을 세운다음 경계조건을 일괄처리하고 있다.

처짐각법에 비해 강성매트릭스법의 조작이 얼핏 보기에는 매우 복잡한 것 같지만, 일단 구조물전체의 평형조건식(전체강성매트릭스)을 작성하면 지지조건(경계조건)이 다른 경우에도 단지 매트릭스연산만으로 풀 수 있다는 것이 장점이다.

[표 2.1]은 예제와 경계조건만 다른 경우의 전체강성매트릭스의 재배치방법과 분할 후의 부분매트릭스를 나타내고 있다. 예제에서는 미지절점변위 θ_B 하나뿐이지만 미지절점변위의 수가 증가하더라도 매트릭스연산 자체는 다음과 같은 순서대로 하면 된다.

[표 2.1] 구조물의 경계조건과 매트릭스의 재배치

경계조건	변위	반력	전체 강도매트릭스의 분할	부분매트릭스
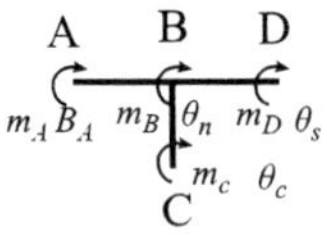	θ_A θ_B θ_C θ_D	m_A m_B m_C m_D	$\begin{Bmatrix} m_A \\ m_B \\ m_C \\ m_D \end{Bmatrix} = EK_O \begin{bmatrix} 6 & 3 & 0 & 0 \\ 3 & 14.8 & 2 & 2.4 \\ 0 & 2 & 4 & 0 \\ 0 & 2.4 & 0 & 4.8 \end{bmatrix} \begin{Bmatrix} \theta_A \\ \theta_B \\ \theta_C \\ \theta_D \end{Bmatrix} + \begin{Bmatrix} -4 \\ 4 \\ 0 \\ 0 \end{Bmatrix}$	
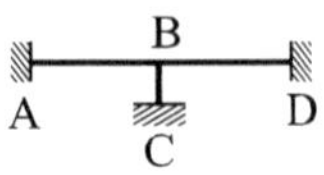	$\theta_A = 0$ θ_B ; ? $\theta_C = 0$ $\theta_D = 0$	m_A ;? $m_B = 0$ m_C ;? m_D ;?	$\begin{Bmatrix} 0 \\ m_A \\ m_C \\ m_D \end{Bmatrix} = EK_O \begin{bmatrix} 14.8 & 3 & 2 & 2.4 \\ 3 & 6 & 0 & 0 \\ 2 & 0 & 4 & 0 \\ 2.4 & 0 & 0 & 4.8 \end{bmatrix} \begin{Bmatrix} \theta_B \\ 0 \\ 0 \\ 0 \end{Bmatrix} + \begin{Bmatrix} 4 \\ -4 \\ 0 \\ 0 \end{Bmatrix}$	$[K_{FF}] = 14.8$ $[K_{RF}] = \begin{bmatrix} 3 \\ 2 \\ 2.4 \end{bmatrix}$
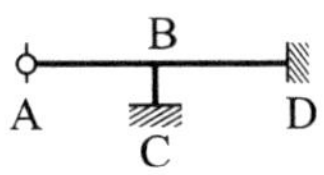	θ_A ; ? θ_B ; ? $\theta_C = 0$ $\theta_D = 0$	$m_A = 0$ $m_B = 0$ m_C ;? m_D ;?	$\begin{Bmatrix} 0 \\ 0 \\ m_C \\ m_D \end{Bmatrix} = EK_O \begin{bmatrix} 6 & 3 & 0 & 0 \\ 3 & 14.8 & 2 & 2.4 \\ 0 & 2 & 4 & 0 \\ 0 & 2.4 & 0 & 4.8 \end{bmatrix} \begin{Bmatrix} \theta_A \\ \theta_B \\ 0 \\ 0 \end{Bmatrix} + \begin{Bmatrix} -4 \\ 4 \\ 0 \\ 0 \end{Bmatrix}$	$[K_{FF}] = \begin{bmatrix} 6 & 3 \\ 3 & 14.8 \end{bmatrix}$ $[K_{RF}] = \begin{bmatrix} 0 & 2 \\ 0 & 2.4 \end{bmatrix}$
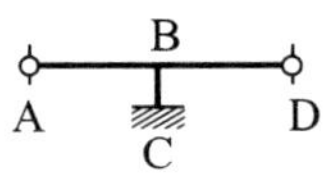	θ_A ; ? θ_B ; ? $\theta_C = 0$ θ_D ; ?	$m_A = 0$ $m_B = 0$ m_C ;? $m_D = 0$	$\begin{Bmatrix} 0 \\ 0 \\ 0 \\ m_C \end{Bmatrix} = EK_O \begin{bmatrix} 6 & 3 & 0 & 0 \\ 3 & 14.8 & 2.4 & 2 \\ 0 & 2.4 & 4.8 & 0 \\ 0 & 2 & 0 & 4 \end{bmatrix} \begin{Bmatrix} \theta_A \\ \theta_B \\ \theta_D \\ 0 \end{Bmatrix} + \begin{Bmatrix} -4 \\ 4 \\ 0 \\ 0 \end{Bmatrix}$	$[K_{FF}] = \begin{bmatrix} 6 & 3 & 0 \\ 3 & 14.8 & 2.4 \\ 0 & 2.4 & 4.8 \end{bmatrix}$ $[K_{RF}] = [0 \ \ 2 \ \ 0]$

(a) 구조전체의 절점변위벡터 $\{D_J\}$를 미지절점변위와 경계조건이 주어진 기지변위로 분리하여 미지절점변위 $\{D_F\}$가 $\{D_J\}$벡터의 위쪽에 모이도록 전체강성매트릭스 $[K_J]$를 재배치한다.

(b) 재배치한 후의 전체강성매트릭스 $[K_J]$를 다음과 같이 4개 부분으로 분할한다.

$$\begin{Bmatrix} A_{FC} \\ A_{RC} \end{Bmatrix} = \begin{bmatrix} K_{FF} \, K_{FR} \\ K_{RF} \, K_{RR} \end{bmatrix} \begin{Bmatrix} D_F \\ D_R \end{Bmatrix} \tag{2.3}$$

여기서 $\{A_{FC}\}$는 기지외력벡터(절점하중), $\{A_{RC}\}$는 미지반력벡터, $\{D_F\}$는 미지변위벡터, $\{D_R\}$은 기지변위벡터이다. 다만, 일반적인 구조해석에서는 경계조건으로서 $\{D_R\} = \{0\}$이 되는 일이 많으므로 다음과 같이 된다.

$$\{A_{FC}\} = [K_{FF}]\{D_F\} \tag{2.4}$$

$$\{A_{RC}\} = [K_{RF}]\{D_F\} \tag{2.5}$$

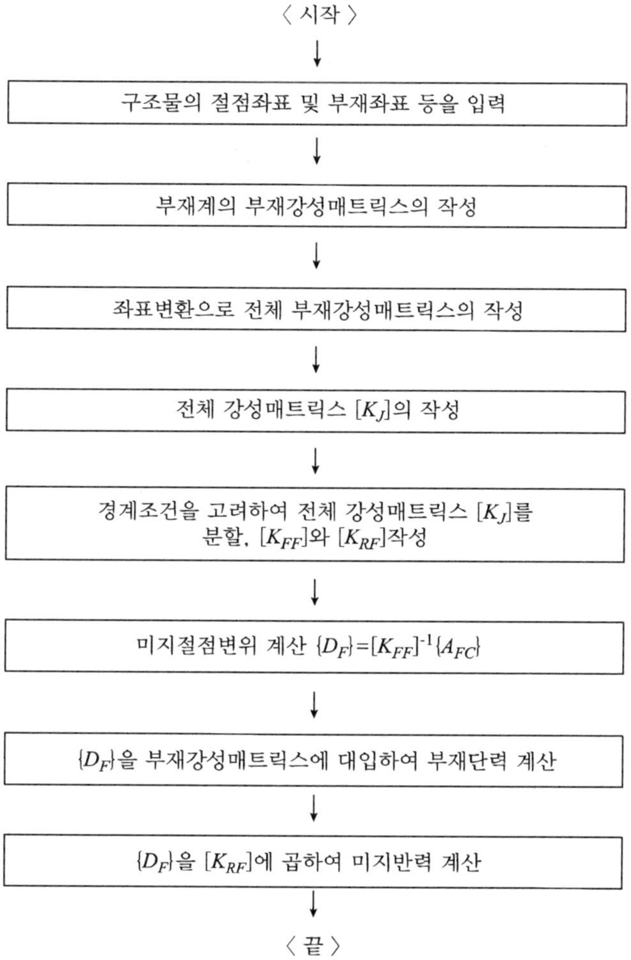

[그림 2.6] 강성매트릭스법의 순서도

(c) 식(2.4)를 사용하여 미지절점변위벡터 $\{D_F\}$을 다음 식으로 구한다.

$$\{D_F\} = [K_{FF}]^{-1}\{A_{FC}\} \tag{2.6}$$

(d) 식(2.6)으로 구한 $\{D_F\}$항을 식(2.5)에 대입하여 구조물의 반력 $\{A_{RC}\}$을 계산한다.

이와 같이 강성매트릭스법에서 연산과정은 경계조건이 달라져도 통일적으로 다룰 수 있으므로 처짐각법보다 해석법으로서 일반성이 뛰어나다고 할 수 있다. 또 매트릭스연산 자체는 수계산에 알맞은 방법은 아니지만 컴퓨터를 사용하는 경우에는 매우 용이하게 실행할 수 있다. 그러한 측면에서는 계산량이 증가하더라도 연산의 이론적인 흐름의 명쾌한 강성매트릭스법은 컴퓨터용 해석법이라 할 수 있다.

실제 강성매트릭스법의 프로그램은 구조물의 형상, 하중조건 및 지지조건의 입력에서부터 연산결과의 출력에 이르기까지의 조작을 자동적으로 수행하기 때문에 프로그래밍에 있어서는 약간의 테크닉이 필요하지만 기본적인 방법은 앞에서 설명한 바와 같다.

마지막으로 일반적인 강성매트릭스법의 순서도는 [그림 2.6]에 나타낸 바와 같다.

2.3 트러스의 해석

강도법에 의한 해석을 위해서는 먼저 구조물을 일련의 유한요소(finite element)로 이산화 되도록 분할해야 한다. 트러스의 해석에는 일반적으로 트러스를 구성하는 부재가 그대로 유한요소로 나타내어진다. 각 요소의 응력－변위간의 성질을 결정한 다음, 이들을 상호 연관시키는 식을 만든다. 이 관계식을 표현하는 매트릭스를 구조강성매트릭스 $[K_J]$라 부른다. 일단 이 관계를 구하고 나면, 부재변위와 부재력은 구조물에 작용하는 주어진 재하조건으로부터 결정된다.

이 절에서는 직접강성도법(direct stiffness method)을 이용하여 트러스의 강성매트릭스를 유도할 것이다. 이 방법에서는 두 개의 좌표계를 필요로 한다. 국부 또는 부재좌표계는 부재강성매트릭스 $[K_M]$을 유도하는데 사용된다. 이 매트릭스는 단부재력 $\{A_M\}$과 부재의 양단변위 $\{D_M\}$의 관계를 나타낸다($\{A_M\}=[K_M]\{D_M\}$). 편의상, 좌표축이 $\{A_M\}$, $\{D_M\}$와 일치하도록 만들기 위하여 국부좌표계의 한 축을 부재축으로 한다. 트러스의 각 부재들이 동일한 방향을 갖고 있지 않으므로 이를 각 부재의 국부좌표계를 전체구조물에 대해 동일한 방향을 갖는 하나의 전체좌표계(global coordinate system)로 변환시켜야 한다. 이는 힘과 변위의 변환매트릭스 $[R_T]$를 이용하면 가능하게 된다. 이 관계가 주어지면, 트러스의 부재강성매트릭스의 요소는 국부좌표로부터 전체좌표로 변환된다. 트러스부재의 강성매트릭스들이 이와 같이 결정되면, 전체 트러스의 부재강성매트릭스 $[K_J]$는 각 부재강성매트릭스의 해당 각 요소들을 더해서 구할 수 있다. $[K_J]$를 사용하여 절점변위를 먼저 구할 수 있고, 그 다음 지점반력과 부재력을 구하게 된다. 이제부터 이 방법에 대해서 보다 상세하게 설명한다.

(1) 해석을 위한 구조 모형화(structural modeling)

① 절점표시(joint identification)

매트릭스구조해석에서 절점번호는 ○ 내에 숫자로 표시한다. 각 절점의 번호는 임의로 부여될 수 있다([그림 2.7] 참조). 그렇지만 앞에서 설명하였던 바, 실제 구조물의 해석에서는 구조강성매트릭스의 대폭(bandwidth)이 최소화 되도록, 즉 부재 양단의 절점변위 지수의 차이가 최소화 되도록 절점번호를 부여해야 한다.

그리고 하중 및 변위의 고유번호를 부여하고 표시하는 몇 가지 중요한 방법에 대하여 알아보고자 한다.

② 부재표시(Member identification)

각 부재는 □ 내에 숫자로 표시한다. 이들 번호는 각 부재에 임의로 부여될 수 있다(대형 트러스에서 $[K_J]$를 사용한 매트릭스조작은 $[K_J]$의 대폭(bandwidth)을 줄이기 위해 파형(wave pattern)으로 부재번호를 취하면 실제적으로 보다 더 효율적이다([그림 2.7] 참조).

③ 부재의 방향(Member Direction)

각 부재의 근단과 원단은 임의로 선택할 수 있다. 이들을 구별하기 위하여 부재축을 따라 화살표를 사용하는데 이때 화살표의 머리는 원단을 향하도록 한다([그림 2.7] 참조).

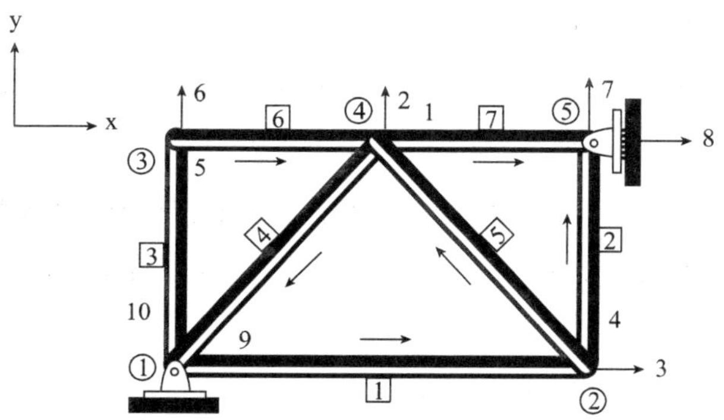

[그림 2.7]

④ 하중 및 변위방향(Load and Displacement Direction)

전체좌표 x, y의 정(+)의 방향을 나타내기 위하여 각 절점에 두 개의 변위 지수번호를 1조로 하여 부여한다. 미지의 자유절점변위로부터 차례로 지수번호를 부여한 다음, 구속변위들은 나머지 번호들을 사용하도록 하였다. 예를 들면, 절점 ④, ②, ③, ⑤는 미지의 변위를 갖고 있기 때문에 1에서 7까지의 번호를 각 미지변위의 방향에 부여하였다. 이와 같이 절점의 변위구속으로 인하여 $(D_J)_8 = (D_J)_9 = (D_J)_{10} = 0$이 되므로 나머지 번호들은 절점 ⑤, ①의 구속된 변위방향에 부여하였다. 이와 같은 방법으로 표시하는 이유는 뒤에 구조강성매트릭스를 분할하는데 편리를 도모함으로써 미지변위를 매우 손쉽게 구하기 위한 것이다. 실제 컴퓨터 프로그램해석에서는 프로그램 내에서 쉽게 변위 지수를 재배열 할 수 있다.

(2) 트러스해석을 위한 강성도법의 응용

일단 앞 절의 방법들을 이용하여 구조강성매트릭스를 구한 후 절점의 처짐, 외적 반력, 내적 부재력을 구하려면, 먼저 구조강성방정식을 이용하여 절점변위부터 구해야 한다. 이를 위하여 구조강성매트릭스를 분할하면 $\{A_C\} = [K_J]\{D_J\}$는 다음과 같이 나타낼 수 있다(이와 같은 분할기법은 수치해석 예제에서 쉽게 이해할 수 있게 설명될 것이다).

$$\begin{Bmatrix} A_{FC} \\ A_{RC} \end{Bmatrix} = \begin{bmatrix} K_{FF} \, K_{FR} \\ K_{RF} \, K_{RR} \end{bmatrix} \begin{Bmatrix} D_F \\ D_R \end{Bmatrix} \tag{2.7a}$$

여기서 $\{A_{FC}\}$, $\{D_R\}$은 알고 있는 절점하중과 변위, 여기서 하중은 트러스에서 절점하중으로 되고, 이 변위는 일반적으로 지점침하이거나 변위자유도가 구속된 절점변위이지만, 일반적으로 그 값이 0 (zero)으로 된다. 그리고 $\{A_{RC}\}$, $\{D_F\}$는 미지의 절점하중과 변위, 여기서 하중은 미지의 지점반력을 타내고, 변위는 임의의 방향으로 구속되지 않은 자유절점변위이다. 마지막으로 $[K_J]$는 분할된 구조강성행렬로서, 이는 분할된 $\{A_C\}$와 $\{D_J\}$에 대응하도록 적절하게 분할하면 된다.

식(2.7a)를 전개하면 다음과 같이 된다.

$$\{A_{FC}\} = [K_{FF}]\{D_F\} + [K_{FR}]\{D_R\} \tag{2.7b}$$

$$\{A_{RC}\} = [K_{RF}]\{D_F\} + [K_{RR}]\{D_R\} \tag{2.7c}$$

지점에서는 변위가 없으므로 대개 $\{D_R\} = 0$이다[$\{D_R\} \neq 0$인 경우는 $\{D_F\} = [K_{FF}]^{-1}(\{A_{FC}\} - [K_{FR}]\{D_F\})$, 즉 지점침하가 있는 경우와 스프링 지점을 갖는 경우]. 이 경우로부터 식(2.7b)는 $\{A_{FC}\} = [K_{FF}]\{D_F\}$가 된다. $\{D_F\}$에 대하여 풀면 다음과 같다.

$$\{D_F\} = [K_{FF}]^{-1}\{A_{FC}\} \tag{2.8}$$

이 식으로부터 미지절점변위에 대한 해를 직접 구할 수가 있다. 이 결과를 $\{D_R\} = 0$인 식(2.7c)에 대입하면, 미지지점반력 $\{A_{RC}\}$을 구할 수 있다.

$$\{A_{RC}\} = [K_{RF}]\{D_F\} \tag{2.9}$$

식(2.8)로부터 자유절점변위 $\{D_F\}$가 구해지면, 부재력은 다음과 같은 식을 사용하여 구할 수 있다.

$$\{A_M\} = [K_M][R]\{D_{MS}\} \tag{2.10a}$$

이 식을 전개하면 다음과 같이 된다.

$$\begin{Bmatrix} (A_M)_1 \\ (A_M)_2 \end{Bmatrix} = \frac{EA}{L}\begin{bmatrix} 1 & -1 \\ -1 & 1 \end{bmatrix}\begin{bmatrix} \lambda_x & \lambda_y & 0 & 0 \\ 0 & 0 & \lambda_x & \lambda_y \end{bmatrix}\begin{Bmatrix} (D_{MS})_1 \\ (D_{MS})_2 \\ (D_{MS})_3 \\ (D_{MS})_4 \end{Bmatrix}$$

평형으로 인하여 $(A_M)_1 = -(A_M)_2$이므로, 오직 하나의 힘만을 가짐을 알 수 있다. 여기서 인장으로 가정하여 $(A_M)_2$를 구할 수 있다.

$$(A_M)_2 = \frac{EA}{L}\begin{bmatrix} -\lambda_x & -\lambda_y & \lambda_x & \lambda_y \end{bmatrix}\begin{Bmatrix} (D_{MS})_1 \\ (D_{MS})_2 \\ (D_{MS})_3 \\ (D_{MS})_4 \end{Bmatrix} \tag{2.10b}$$

특별히 이 식으로 계산된 결과치가 부(−)이면 이 부재는 압축이다.

매트릭스해석의 직접강성도법을 이용하여 트러스에서의 미지의 변위와 부재력을 구하는 해석순서를 아래에 요약하였다. 이 순서는 단순, 합성, 복합트러스, 또는 정정트러스나 부정정트러스에 무관하게 일반적으로 적용할 수 있다.

(3) 해석순서

① 구조해석 모형화

(a) 일반적으로 임의의 한 절점에 원점을 정하고, 전체좌표 x, y를 설정한다.

(b) 각 절점과 부재를 숫자로 표시하고 원단을 향하는 방향으로 화살표의 머리방향이 향하도록 부재를 따라 표시하여 각 부재의 원단과 근단을 임의로 규정한다.

(c) 변위가 미지인 절점부터 절점번호를 부여하도록 하고, 변위가 지정된(구속된)절점은 차후에 부여하도록 한다. 이때 특히, 하나의 부재 양단의 절점번호 차이가 최소로 되게끔 부여하는 기법을 쓸 필요가 있다. 또한, 주어진 문제를 고찰해서 알고 있는 변위와 하중 값인 $\{D_R\}$과 $\{A_{FC}\}$를 설정한다.

② 구조강성매트릭스 구성

(a) 각 부재에 대하여 방향여현인 λ_x, λ_y를 구한다.

(b) 부재강성매트릭스 $[K_M]$를 구한다.

(c) 전체 트러스에 대한 구조강성매트릭스 $[K_J]$를 만들기 위해 이들 해당 부재강성매트릭스의 요소를 조합한다.

ⓐ $[K_J]_{j\,k} = \sum_{i=1}^{m}([K_{MS}]_{j\,k})_i$ 또는 $[K_J] = \sum_{i=1}^{m}[K_J]_i$

ⓑ 이때, 부재강성매트릭스와 구조강성매트릭스는 모두 대칭이 되어야 한다는 것으로부터 계산을 $j \le k$인 부분에 대해서만 할 수 있다.

③ 미지변위의 계산

(a) 식(2.7a)에 나타낸 것과 같이 강성매트릭스를 분할한다.

(b) 식(2.8)를 이용하여 미지절점변위 $\{D_F\}$를 구한다.

실제 수치계산은 자유절점 구조강도 방정식 $[K_{FF}]\{D_F\} = \{A_{FC}\}$로부터 Gauss 소거법 등으로 구한다(대형구조물의 매트릭스 구조해석이나 유한요소법에서는 보다 전문적인 시스템방정식의 해법을 사용하는데, 반－대폭(half-band-width) 강성행렬을 이용하는 Cholesky 분해법이나 Frontal 해법, Skyline 해법 등을 이용하여 효율적으로 초대형 시스템방정식의 해를 구한다).

④ 지점반력의 계산

식(2.9)로부터 지점반력 $\{A_{RC}\}$을 구한다.

⑤ 부재의 단면력 계산

식(2.10)으로부터 각각의 부재력 $\{A_M\}$를 구한다.

(4) 트러스의 해석예제

[그림 2.8a]와 같은 3개의 부재로 구성된 트러스에서 전체강성매트릭스를 구성하고 각 부재의 부재력을 구해보자. 단, EA는 일정하다.

① 구조해석 모형화

[그림 2.8b]와 같이 x, y축을 정하고 절점과 부재에 번호를 설정한다. 또한 부재의 시작점과 끝점을 화살표로 표시하고, 변위번호를 각 절점에 정한다. 지점변위는 없고 절점하중은 다음과 같다.

$$\{D_R\} = \begin{Bmatrix} 0 \\ 0 \\ 0 \\ 0 \end{Bmatrix} \begin{matrix} 3 \\ 4 \\ 5 \\ 6 \end{matrix} \qquad \{A_{FC}\} = \begin{Bmatrix} 30 \\ -60 \end{Bmatrix} \begin{matrix} 1 \\ 2 \end{matrix}$$

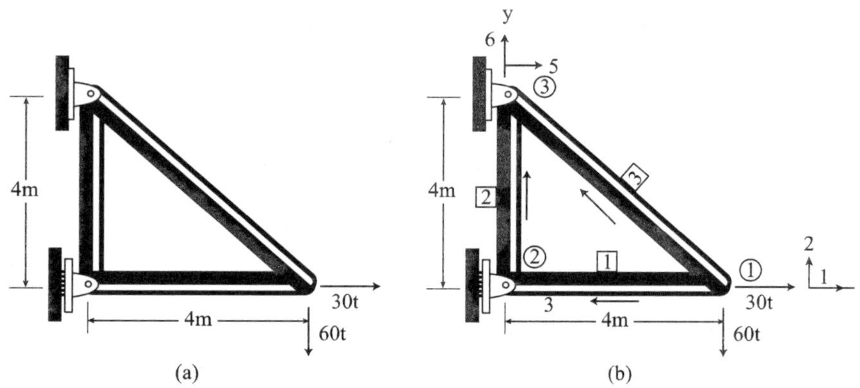

[그림 2.8]

② 구조강성매트릭스 구성

우선 각 부재별 부재강성매트릭스는 다음과 같다.

부재 1 : $\lambda_x = \dfrac{0-4}{4} = -1 \qquad \lambda_y = \dfrac{0-0}{4} = 0$

$$[K_{MS}]_1 = \frac{EA}{4}\left[\begin{array}{cccc} 1 & 0 & -1 & 0 \\ 0 & 0 & 0 & 0 \\ -1 & 0 & 1 & 0 \\ 0 & 0 & 0 & 0 \end{array}\right]\begin{array}{c} 1 \\ 2 \\ 3 \\ 4 \end{array}$$
$$\quad\quad\quad\quad\begin{array}{cccc} 1 & 2 & 3 & 4 \end{array}$$

부재 2 : $\lambda_x = \dfrac{0-0}{4} = 0 \qquad \lambda_y = \dfrac{4-0}{4} = 1$

$$[K_{MS}]_2 = \frac{EA}{4}\left[\begin{array}{cccc} 0 & 0 & 0 & 0 \\ 0 & 1 & 0 & -1 \\ 0 & 0 & 0 & 0 \\ 0 & -1 & 0 & 1 \end{array}\right]\begin{array}{c} 3 \\ 4 \\ 5 \\ 6 \end{array}$$
$$\quad\quad\quad\quad\begin{array}{cccc} 3 & 4 & 5 & 6 \end{array}$$

부재 3 : $\lambda_x = \dfrac{0-4}{4\sqrt{2}} = -\dfrac{1}{\sqrt{2}} \qquad \lambda_y = \dfrac{4-0}{4\sqrt{2}} = \dfrac{1}{\sqrt{2}}$

$$[K_{MS}]_3 = \frac{EA}{8\sqrt{2}}\left[\begin{array}{cccc} 1 & -1 & -1 & 1 \\ -1 & 1 & 1 & -1 \\ -1 & 1 & 1 & -1 \\ 1 & -1 & -1 & 1 \end{array}\right]\begin{array}{c} 1 \\ 2 \\ 5 \\ 6 \end{array}$$
$$\quad\quad\quad\quad\begin{array}{cccc} 1 & 2 & 5 & 6 \end{array}$$

구조강성매트릭스는 다음과 같이 매트릭스의 합으로 조합한다.

$$[K_J] = [K_{MS}]_1 + [K_{MS}]_2 + [K_{MS}]_3$$
$$= EA\left[\begin{array}{cccccc} 0.338 & -0.088 & -0.25 & 0.00 & -0.088 & 0.088 \\ -0.088 & 0.088 & 0.00 & 0.00 & 0.088 & -0.088 \\ -0.250 & 0.000 & 0.25 & 0.00 & 0.000 & 0.000 \\ 0.000 & 0.000 & 0.00 & 0.25 & 0.000 & -0.250 \\ -0.088 & 0.088 & 0.00 & 0.00 & 0.088 & -0.088 \\ 0.088 & -0.088 & 0.00 & -0.25 & -0.088 & 0.338 \end{array}\right]\begin{array}{c} 1 \\ 2 \\ 3 \\ 4 \\ 5 \\ 6 \end{array}$$
$$\quad\quad\quad\quad\begin{array}{cccccc} 1 & 2 & 3 & 4 & 5 & 6 \end{array}$$

그러나 이와 같은 형식적인 매트릭스의 합은 필요 없고, 각 부재강성매트릭스 $([K_{MS}]_{jk})_{(i)}$을 $[K_{jk}]$ 위치에 옮겨서 $[K_J] = \sum([K_{MS}]_{jk})_{(e)}$로 합하면 된다.

③ 미지변위의 계산

식(2.5)를 사용하면 트러스에 대하여 $\{A_C\} = [K_J]\{D_J\}$

$$
\begin{array}{c} \\ \left\{\begin{matrix} 30 \\ -60 \\ (A_{RC})_3 \\ (A_{RC})_4 \\ (A_{RC})_5 \\ (A_{RC})_6 \end{matrix}\right\} = EA \end{array}
\begin{array}{c} [K_{FF}] \quad | \quad [K_{FR}] \\ \begin{bmatrix} 0.338 & -0.088 & -0.25 & 0.00 & -0.088 & 0.088 \\ -0.088 & 0.088 & 0.00 & 0.00 & 0.088 & -0.088 \\ -0.250 & 0.000 & 0.25 & 0.00 & 0.000 & 0.000 \\ 0.000 & 0.000 & 0.00 & 0.25 & 0.000 & -0.250 \\ -0.088 & 0.088 & 0.00 & 0.00 & 0.088 & -0.088 \\ 0.088 & -0.088 & 0.00 & -0.25 & -0.088 & 0.338 \end{bmatrix} \\ [K_{RF}] \quad | \quad [K_{RR}] \end{array}
\left\{\begin{matrix} (D_J)_1 \\ (D_J)_2 \\ 0 \\ 0 \\ 0 \\ 0 \end{matrix}\right\}
\begin{matrix} \{D_F\} \\ \cdots \\ \{D_R\} \end{matrix}
$$

위의 식과 같이 강성매트릭스를 분할한다.

식(2.6)에 의해 미지의 절점변위 $\{D_F\}$를 구한다.

$$\{A_{FC}\} = [K_{FF}]\{D_F\} + [K_{FR}]\{D_R\} \quad ; \quad \{D_R\} = 0$$

$$\left\{\begin{matrix} 30 \\ -60 \end{matrix}\right\} = EA\begin{bmatrix} 0.338 & -0.088 \\ -0.088 & 0.088 \end{bmatrix}\left\{\begin{matrix} (D_J)_1 \\ (D_J)_2 \end{matrix}\right\}$$

따라서

$$30 = EA[0.338(D_J)_1 - 0.088(D_J)_2] \qquad ①$$

$$-60 = EA[-0.088(D_J)_1 + 0.088(D_J)_2] \qquad ②$$

식 ①과 ②를 연립방정식으로 풀면

$$(D_J)_1 = -\frac{120}{EA}\,, \quad (D_J)_2 = -\frac{801.8}{EA}$$

$$\therefore \{D_F\} = \frac{1}{EA}\left\{\begin{matrix} -120.0 \\ -801.8 \end{matrix}\right\}$$

④ 지점반력의 계산

지점반력을 구한다.

$$\{A_{RC}\} = [K_{RF}]\{D_F\} + [K_{RR}]\{D_R\} \quad ; \quad \{D_R\} = 0$$

$$\left\{\begin{matrix} (A_{RC})_3 \\ (A_{RC})_4 \\ (A_{RC})_5 \\ (A_{RC})_6 \end{matrix}\right\} = EA\begin{bmatrix} -0.250 & 0.000 \\ 0.000 & 0.000 \\ -0.088 & 0.088 \\ 0.088 & -0.088 \end{bmatrix}\left\{\begin{matrix} (D_J)_1 \\ (D_J)_2 \end{matrix}\right\}$$

$$= EA\begin{bmatrix} -0.250 & 0.000 \\ 0.000 & 0.000 \\ -0.088 & 0.088 \\ 0.088 & -0.088 \end{bmatrix}\frac{1}{EA}\left\{\begin{matrix} -120.0 \\ -801.8 \end{matrix}\right\} = \left\{\begin{matrix} 30 \\ 0 \\ -60 \\ 60 \end{matrix}\right\}$$

⑤ 부재의 단면력 계산

위의 결과로부터 식(2.8)을 이용하여 부재력을 구한다.

부재 1 : $\lambda_x = \dfrac{0-4}{4} = -1 \qquad \lambda_y = \dfrac{0-0}{4} = 0$

$$(A_M)_1 = \frac{EA}{4}\{1\ \ 0\ -1\ \ 0\}\frac{1}{EA}\begin{Bmatrix} -120.0 \\ -801.8 \\ 0.0 \\ 0.0 \end{Bmatrix} = -30\,\text{tf}$$

부재 2 : $\lambda_x = \dfrac{0-0}{4} = 0 \qquad \lambda_y = \dfrac{4-0}{4} = 1$

$$(A_M)_2 = \frac{EA}{4}\{0\ -1\ \ 0\ \ 1\}\frac{1}{EA}\begin{Bmatrix} 0 \\ 0 \\ 0 \\ 0 \end{Bmatrix} = 0$$

부재 3 : $\lambda_x = \dfrac{0-4}{4\sqrt{2}} = -\dfrac{1}{\sqrt{2}} \qquad \lambda_y = \dfrac{4-0}{4\sqrt{2}} = \dfrac{1}{\sqrt{2}}$

$$(A_M)_3 = \frac{EA}{4\sqrt{2}}\left\{\frac{1}{\sqrt{2}}\ \ -\frac{1}{\sqrt{2}}\ \ -\frac{1}{\sqrt{2}}\ \ \frac{1}{\sqrt{2}}\right\}\frac{1}{EA}\begin{Bmatrix} -120.0 \\ -801.8 \\ 0.0 \\ 0.0 \end{Bmatrix}$$
$$= 85.23\,\text{tf}$$

2.4 평면뼈대의 해석

매트릭스 구조해석에서 직접강도법을 적용하기 위해서는 먼저 뼈대를 구성하는 부재들을 어떻게 유한개의 요소로 분할할 것인가를 결정해야 한다. 이 요소들의 단부를 절점이라고 부르는데, 일반적으로 절점은 각 지점, 모서리나 휘어진 곳, 또는 외력이 작용하는 곳이나 뼈대상의 특정한 점의 변위를 구해야 하는 곳을 말한다.

예를 들면, [그림 2.9]와 같은 뼈대를 고려해보자. 여기서 절점은 ○ 내에 숫자로 표시하였다. 특히 절점 ⑤는 이점에서 변위를 구하기 위한 것이다. 따라서 뼈대는 5개의 요소로 되어 있는데, 각 요소는 두 개의 절점 사이를 연결하도록 되어 있다. 요소는 □ 내에 숫자로 나타내고 있다.

만일 뼈대부재가 부재에 직접 작용하는 분포하중을 지지한다면 먼저, 분포하중을 절점에서의 정역학적으로 등가평형력으로 작용시키기 위하여 부재의 양단

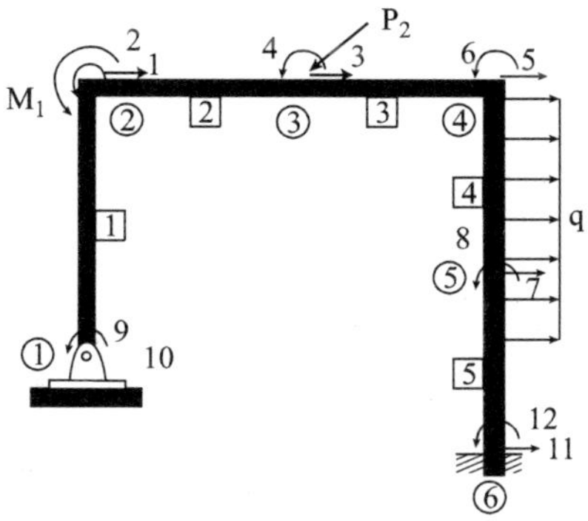

[그림 2.9]

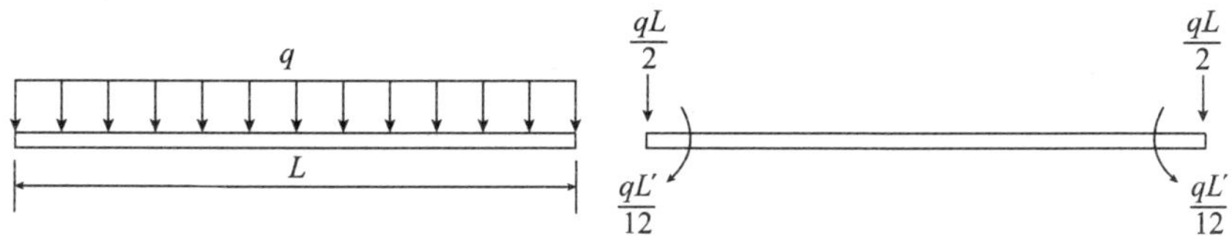

(a) 실제하중 (b)등가절점하중

[그림 2.10]

에 작용하는 고정단반력과 반대되는 등가작용력인 축력, 전단력 및 휨모멘트로 대치시켜야 한다. 즉, 전체 구조물의 축에 대한 부재의 고정단력을 $\{A_{MS}\}$라 하면, 등가절점하중(equivalent joint load)은 $\{A_E\} = -\{A_{MS}\}$가 된다.

예를 들어, 부록에 수록된 등분포하중을 받는 양단고정보의 고정단력 공식을 사용하면 [그림 2.10a]의 등분포하중을 받는 부재의 등가절점하중 $\{A_E\}$는 부(−)의 고정단부재력 $-\{A_{MS}\}$이 되므로, [그림 2.10b]와 같다.

그러므로 [그림 2.9]에 나타낸 라멘의 등분포하중을 받는 부재 4의 절점 $j=4$, $k=5$에서의 등가절점하중은 $\{A_E\} = -\{A_{MS}\}$이므로 다음과 같이 나타낼 수 있다.

$$\{A_E\} = \begin{Bmatrix} (A_E)_5 \\ (A_E)_6 \\ (A_E)_7 \\ (A_E)_8 \end{Bmatrix} \begin{matrix} 5 \\ 6 \\ 7 \\ 8 \end{matrix} = \begin{Bmatrix} qL/2 \\ qL^2/12 \\ qL/2 \\ -qL^2/12 \end{Bmatrix}$$

이와 같이 등가의 절점하중을 구한 후에 절점하중과 미지의 절점변위에 대한 직접강도법에 의한 매트릭스구조해석을 앞의 트러스구조의 해석과 유사한 방법으로 수행할 수 있다.

이 등가절점하중을 사용하여 매트릭스 구조해석을 행한 다음, 요소의 어느 한 점에서의 실제 내력 및 변위는 등분포하중에 의한 고정단부재력과 매트릭스해석으로부터 구한 단부재력을 겹쳐서 구할 수 있다.

(1) 뼈대 해석을 위한 직접강성도법의 응용

일단 각 부재에 대한 $[K_{MS}]$가 구해지면, 구조강성방정식은 변위법에서 유도한 것과 같고 직접강성법에 의해 부재강성매트릭스 $[K_{MS}]$로부터 구조강성매트릭스 $[K_J]$를 조립하는 과정도 앞 절의 트러스해석과 같다. 따라서 평면뼈대구조의 구조강성방정식 $\{A_C\} = [K_J]\{D_J\}$는 트러스해석에서 설명한 것과 동일한 해석순서를 일반화시켜 아래와 같이 정리할 수 있다. 구체적인 해석방법은 트러스해석 문제를 푸는데 사용한 방법과 같으므로 여기서 다시 설명하지 않았다.

아래에 기술한 해석순서를 적용하여 뼈대구조에 대한 미지변위, 지점반력 그리고 각 부재의 단면력을 구할 수 있다. 이 방법은 정정이나 부정정구조를 막론하고 모두 동일하게 적용된다.

(2) 해석순서

① 구조해석 모형화

(a) 뼈대를 유한요소로 분할하고 각 요소 및 절점의 번호를 부여한다.

ⓐ 절점은 ○ 내에 숫자로 표시하고 부재는 □ 내에 숫자로 나타낸다.

ⓑ 일반적으로 요소는 지지점, 집중하중점, 우각부나 구부러진 점, 또는 부재내력이나 변위를 결정해야 하는 점들 사이를 잇는 부재, 또는 부재의 부분으로 취한다.

ⓒ 각 요소의 근단과 원단은 요소를 따라 상징적으로 나타낸 화살표의 방향으로 표시하는데, 이때 화살표의 머리 부분은 원단을 향하도록 한다.

(b) 전체좌표계 x, y, z를 선정한다. 이때, 좌표의 원점은 요소들 중에 어느 편리한 절점에 위치시킨다. 절점의 변위가 미지인 절점변위로부터 먼저 절점번호를 부여하여 표시한 후, 절점의 변위 값을 알고 있는 절점변위에 대하여 차례로 다음 번호를 사용하여 나타낸다. 또

한 주어진 문제로부터 지점침하와 같은 알고 있는 변위$\{D_R\}$, 주어진 외적 절점하중$\{A_{FC}\}$를 정한다.

(c) 부재하중이 작용하는 경우에는 등가절점하중$\{A_E\} = -\{A_{MS}\}$를 구하여 기존의 절점하중 $\{A_J\}$와 합한다.

$\{A_C\} = \{A_J\} + \{A_E\}$

② 구조강성매트릭스 구성

(a) 방향여현 λ_x, λ_y을 구한다.

(b) 전체좌표계로 표시된 각 부재의 부재강성행렬을 구한다.

(c) 전체 뼈대에 대한 구조강성행렬 $[K_J]$를 구하기 위해 이들 해당 부재강성행렬의 요소를 조합한다.

ⓐ $[K_J]_{jk} = \sum_{i=1}^{m}([K_{MS}]_{jk})_i$ 또는 $[K_J] = \sum_{i=1}^{m}[K_J]_i$

ⓑ 이때, 부재강성행렬과 구조강성행렬은 모두 대칭이 되어야 한다는 것으로부터 계산을 $j \le k$인 부분에 대해서만 할 수 있다.

③ 미지변위의 계산

(a) 식(2.7)에 나타낸 것과 같이 강도행렬을 분할한다.

(b) 식(2.8)를 이용하여 미지절점변위 $\{D_F\}$를 구한다.

④ 지점반력의 계산

식(2.9)로부터 지점반력 $\{A_{RC}\}$을 구한다. 부재하중이 있는 경우, 최종적인 반력은 다음과 같이 구한다.

$\{A_R\} = \{A_{RC}\} + \{A_{MS}\}$

⑤ 부재의 단면력 계산

식(2.10)으로부터 각각의 부재의 $\{A_M\}_i$를 구한다. 부재하중이 있는 부재의 최종단면력 $\{A_{MC}\}_i$은 다음과 같이 부재하중에 의한 고정단부재력 $\{A_{ML}\}$을 합한다.

$\{A_{MC}\}_i = \{A_M\}_i + \{A_{ML}\}_i$

(3) 해석예제

① 3경간연속보 해석예

[그림 2.11a]와 같은 3경간연속보에서 전체강도행렬을 구성하고 각 절점에서의 반력 및 휨모멘트를 구해보자. 단, EI는 일정하고 축방향력은 무시한다.

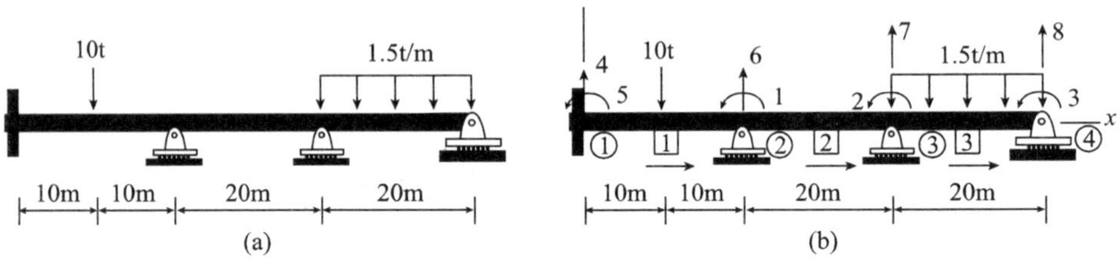

[그림 2.11]

(a) 구조해석 모형화

[그림 2.11b]에 나타낸 바와 같이 원점을 정하고 절점에 번호를 부여한다. 모멘트는 반시계방향을 정(+)으로 하였다. 각 절점하중은 부재하중의 고정단력 $\{A_{ML}\}$을 이용하여 등가절점하중으로 다음과 같이 구할 수 있다.

부재 1 $(A_{ML})_{1,\,1} = \dfrac{\mathrm{P}}{2} = \dfrac{10\ \mathrm{tf}}{2} = 5\ \mathrm{tf}$

$$(A_{ML})_{2,\,1} = \frac{PL}{8} = \frac{(10\ \mathrm{tf})(20\mathrm{m})}{8} = 25\ \mathrm{tf\cdot m}$$

$$(A_{ML})_{3,\,1} = \frac{P}{2} = \frac{10\ \mathrm{tf}}{2} = 5\ \mathrm{tf}$$

$$(A_{ML})_{4,\,1} = -\frac{PL}{8} = -\frac{(10\ \mathrm{tf})(20\mathrm{m})}{8} = -25\ \mathrm{tf\cdot m}$$

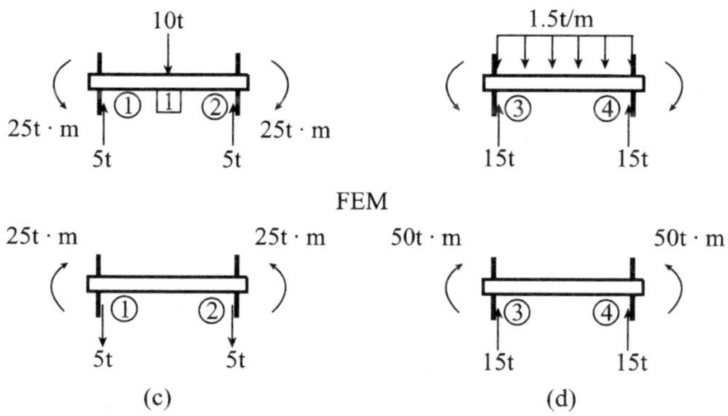

[그림 2.11] 등가절점하중

$$\text{부재 2}\ (A_{ML})_{1,3} = \frac{qL}{2} = \frac{(1.5\ \text{tf/m})(20\ \text{m})}{2} = 15\ \text{tf}$$

$$(A_{ML})_{2,3} = \frac{qL^2}{12} = \frac{(1.5\ \text{tf/m})(20\ \text{m})^2}{12} = 50\ \text{tf} \cdot \text{m}$$

$$(A_{ML})_{3,3} = \frac{qL}{2} = \frac{(1.5\ \text{tf/m})(20\ \text{m})}{2} = 15\ \text{tf}$$

$$(A_{ML})_{4,3} = -\frac{qL^2}{12} = \frac{(1.5\ \text{tf/m})(20\ \text{m})^2}{12} = -50\ \text{tf} \cdot \text{m}$$

부재번호	$(A_{ML})_{1,i}$	$(A_{ML})_{2,i}$	$(A_{ML})_{3,i}$	$(A_{ML})_{4,i}$
1	5	25	5	−25
3	15	50	15	−50

따라서, 등가절점하중 $\{A_E\} = -\{A_{ML}\}$는 [그림 2.11 c,d]로부터 자유절점변위(절점회전)에 해당하는 하중만 취하고 직접절점작용하중 $\{A_J\}$는 없으므로 $\{A_E\} = -\{A_{ML}\}$는 다음과 같다.

$$\{A_E\} = \begin{Bmatrix} 25 \\ -50 \\ 50 \end{Bmatrix} \begin{matrix} 1 \\ 2 \\ 3 \end{matrix}\ \text{이고}\ \{A_R\} = \begin{Bmatrix} 0 \\ 0 \\ 0 \\ 0 \\ 0 \end{Bmatrix} \begin{matrix} 4 \\ 5 \\ 6 \\ 7 \\ 8 \end{matrix}\ \text{이다.}$$

(b) 구조강성매트릭스 구성

전체부재의 EI는 일정하고 $L = 20$ m이므로 부재강성행렬, $[K_{MS}]_1$, $[K_{MS}]_2$, $[K_{MS}]_3$는 모두 다음과 같이 동일하다.

$$[K_{MS}] = [K_M] = \frac{EI}{L^3}\begin{bmatrix} 12 & 120 & -12 & 120 \\ 120 & 1,600 & -120 & 800 \\ -12 & -120 & 12 & -120 \\ 120 & 800 & -120 & 1,600 \end{bmatrix}$$

따라서 구조강성행렬을 조합하면 다음과 같다.

$$[K_J] = \sum_{i=1}[K_{MS}]_i = [K_{MS}]_1 + [K_{MS}]_2 + [K_{MS}]_3$$

$= \dfrac{EI}{L^3}$

	1	2	3	4	5	6	7	8	
	3,200	800	0	120	800	0	− 120	0	1
	800	3,200	800	0	0	120	0	− 120	2
	0	800	1,600	0	0	0	120	− 120	3
	120	0	0	12	120	-12	0	0	4
	800	0	0	120	1,600	− 120	0	0	5
	0	120	0	− 12	− 120	24	− 12	0	6
	− 120	0	120	0	0	− 12	24	− 12	7
	0	− 120	− 120	0	0	0	− 12	12	8

(c) 미지변위의 계산

ⓐ 우선 구조강성행렬 $\{A_C\} = [K_J]\{D_J\}$의 항으로 전개한다.

$$\begin{Bmatrix} 25 \\ -50 \\ 50 \\ (A_C)_4 \\ (A_C)_5 \\ (A_C)_6 \\ (A_C)_7 \\ (A_C)_8 \end{Bmatrix} = \frac{EI}{L^3}\left[\begin{array}{ccc|ccccc} \multicolumn{3}{c}{[K_{FF}]} & \vdots & \multicolumn{4}{c}{[K_{FR}]} \\ 3,200 & 800 & 0 & 120 & 800 & 0 & -120 & 0 \\ 800 & 3,200 & 800 & 0 & 0 & 120 & 0 & -120 \\ 0 & 800 & 1,600 & 0 & 0 & 0 & 120 & -120 \\ 120 & 0 & 0 & 12 & 120 & -12 & 0 & 0 \\ 800 & 0 & 0 & 120 & 1,600 & -120 & 0 & 0 \\ 0 & 120 & 0 & -12 & -120 & 24 & -12 & 0 \\ -120 & 0 & 120 & 0 & 0 & -12 & 24 & -12 \\ 0 & -120 & -120 & 0 & 0 & 0 & -12 & 12 \end{array}\right]\begin{Bmatrix} (D_J)_1 \\ (D_J)_2 \\ (D_J)_3 \\ 0 \\ 0 \\ 0 \\ 0 \\ 0 \end{Bmatrix} \begin{matrix} \{D_F\} \\ \cdots \\ \{D_R\} \end{matrix}$$

ⓑ 식(2.8)을 이용하여 미지절점변위 $\{D_F\}$를 구한다.

$$\{A_{FC}\} = [K_{FF}]\{D_F\} + [K_{FR}]\{D_R\} \;\; ; \;\; \{D_R\} = 0$$

$$\begin{Bmatrix} 25 \\ -50 \\ 50 \end{Bmatrix} = \frac{EI}{L^3}\begin{bmatrix} 3,200 & 800 & 0 \\ 800 & 3,200 & 800 \\ 0 & 800 & 1,600 \end{bmatrix}\begin{Bmatrix} (D_J)_1 \\ (D_J)_2 \\ (D_J)_3 \end{Bmatrix}$$

$$\begin{Bmatrix}(D_J)_1\\(D_J)_2\\(D_J)_3\end{Bmatrix}=\frac{L^3}{EI}\begin{Bmatrix}0.015625\\-0.031250\\0.046875\end{Bmatrix}=\frac{1}{EI}\begin{Bmatrix}125\\-250\\375\end{Bmatrix}\ rad$$

(d) 지점반력의 계산

지점반력은 식(2.9)를 이용하여 다음과 같이 구한다.

$$\{A_R\}=\{A_{RC}\}+\{A_{MS}\}=[K_{RF}]\{D_F\}+[K_{RR}]\{D_R\}+\{A_{MS}\}\ \ ;\{D_R\}=0$$

$$\begin{Bmatrix}(A_R)_4\\(A_R)_5\\(A_R)_6\\(A_R)_7\\(A_R)_8\end{Bmatrix}=\frac{EI}{L^3}\begin{bmatrix}120&0&0\\800&0&0\\0&120&0\\-120&0&120\\0&-120&-120\end{bmatrix}\frac{L^3}{EI}\begin{Bmatrix}0.015625\\-0.031250\\0.046875\end{Bmatrix}+\begin{Bmatrix}5\\25\\5\\15\\15\end{Bmatrix}=\begin{Bmatrix}6.875\text{tf}\\37.500\text{tf}\cdot\text{m}\\1.250\text{tf}\\18.750\text{tf}\\13.125\text{tf}\end{Bmatrix}$$

(f) 부재의 단면력 계산

부재력은 부재 1, 2, 3에 식(2.10)을 적용하여 구할 수 있다.

$$\{A_M\}_i=[K_M]_i[R]_i\{D_{MS}\}_i$$

예를 들어, 부재 1에 대하여 구하면 다음과 같다.

$$\{A_M\}_1=[K_M]_1[R]_1\{D_{MS}\}_1$$

또는

$$\{A_M\}_1=\begin{Bmatrix}(A_M)_4\\(A_M)_5\\(A_M)_6\\(A_M)_1\end{Bmatrix}=\frac{EI}{L^3}\begin{bmatrix}12&120&-12&120\\120&1600&-120&800\\-12&-120&12&-120\\120&800&-120&1600\end{bmatrix}\begin{bmatrix}1&0&0&0\\0&1&0&0\\0&0&1&0\\0&0&0&1\end{bmatrix}\frac{L^3}{EI}\begin{Bmatrix}0\\0\\0\\0.015625\end{Bmatrix}\begin{matrix}4\\5\\6\\1\end{matrix}$$

(행렬 열 번호: 4, 5, 6, 1)

$$=\begin{Bmatrix}1.875\text{tf}\\12.5\text{tf}\cdot\text{m}\\-1.875\text{tf}\\25.0\text{tf}\cdot\text{m}\end{Bmatrix}$$

부재 2에 대하여 구하면 다음과 같다.

$$\{A_M\}_2=[K_M]_2[R]_2\{D_{MS}\}_2$$

또는

$$\{A_M\}_1 = \begin{Bmatrix} (A_M)_6 \\ (A_M)_1 \\ (A_M)_7 \\ (A_M)_2 \end{Bmatrix} = \frac{EI}{L^3} \begin{array}{cccc} 6 & 1 & 7 & 2 \\ \hline 12 & 120 & -12 & 120 \\ 120 & 1600 & -120 & 800 \\ -12 & -120 & 12 & -120 \\ 120 & 800 & -120 & 1600 \end{array} \begin{bmatrix} 1 & 0 & 0 & 0 \\ 0 & 1 & 0 & 0 \\ 0 & 0 & 1 & 0 \\ 0 & 0 & 0 & 1 \end{bmatrix} \frac{L^3}{EI} \begin{Bmatrix} 0 \\ 0.015625 \\ 0 \\ -0.03125 \end{Bmatrix} \begin{array}{c} 6 \\ 1 \\ 7 \\ 2 \end{array}$$

$$= \begin{Bmatrix} -1.875\,\text{tf} \\ 0 \\ 1.875\,\text{tf} \\ -37.5\,\text{tf}\cdot\text{m} \end{Bmatrix}$$

부재 3에 대하여 구하면 다음과 같다.

$$\{A_M\}_3 = [K_M]_3 [R]_3 \{D_{MS}\}_3$$

또는

$$\{A_M\}_1 = \begin{Bmatrix} (A_M)_6 \\ (A_M)_1 \\ (A_M)_7 \\ (A_M)_2 \end{Bmatrix} = \frac{EI}{L^3} \begin{array}{cccc} 7 & 2 & 8 & 3 \\ \hline 12 & 120 & -12 & 120 \\ 120 & 1600 & -120 & 800 \\ -12 & -120 & 12 & -120 \\ 120 & 800 & -120 & 1600 \end{array} \begin{bmatrix} 1 & 0 & 0 & 0 \\ 0 & 1 & 0 & 0 \\ 0 & 0 & 1 & 0 \\ 0 & 0 & 0 & 1 \end{bmatrix} \frac{L^3}{EI} \begin{Bmatrix} 0 \\ -0.03125 \\ 0 \\ 0.046875 \end{Bmatrix} \begin{array}{c} 7 \\ 2 \\ 8 \\ 3 \end{array}$$

$$= \begin{Bmatrix} 1.875\,\text{tf} \\ -12.5\,\text{tf}\cdot\text{m} \\ -1.875\,\text{tf} \\ 50.0\,\text{tf}\cdot\text{m} \end{Bmatrix}$$

이와 같은 방법으로 부재에 대하여 실행한 결과가 [그림 2.11e]의 맨 위의 그림이다. 최종적인 부재력은 $\{A_{ML}\}_i$와의 합으로 [그림 2.11e]에서와 같이 구할 수 있다. 즉, 부재하중이 있는 부재의 최종 부재력은 다음과 같은 식으로 구한다.

$$\{A_{MC}\}_i = \{A_M\}_i + \{A_{ML}\}_i = [K_M]_i [R]_i \{D_{MS}\}_i + \{A_{ML}\}_i$$

$$\{A_{MC}\}_1 = \{A_M\}_1 + \{A_{ML}\}_1 = \begin{Bmatrix} 1.875 \\ 12.5 \\ -1.875 \\ 25.0 \end{Bmatrix} + \begin{Bmatrix} 5.0 \\ 25.0 \\ 5.0 \\ -25.0 \end{Bmatrix} = \begin{Bmatrix} 6.875\,\text{tf} \\ 37.5\,\text{tf}\cdot\text{m} \\ 3.125\,\text{tf} \\ 0 \end{Bmatrix}$$

$$\{A_{MC}\}_2 = \{A_M\}_2 = \begin{Bmatrix} -1.875\,\text{tf} \\ 0 \\ 1.875\,\text{tf} \\ -37.5\,\text{tf}\cdot\text{m} \end{Bmatrix}$$

$$\{A_{MC}\}_3 = \{A_M\}_3 + \{A_{ML}\}_3 = \begin{Bmatrix} 1.875 \\ -12.5 \\ -1.875 \\ 50.0 \end{Bmatrix} + \begin{Bmatrix} 15.0 \\ 50.0 \\ 15.0 \\ -50.0 \end{Bmatrix} = \begin{Bmatrix} 16.875\,\text{tf} \\ 37.5\,\text{tf}\cdot\text{m} \\ 13.125\,\text{tf} \\ 0 \end{Bmatrix}$$

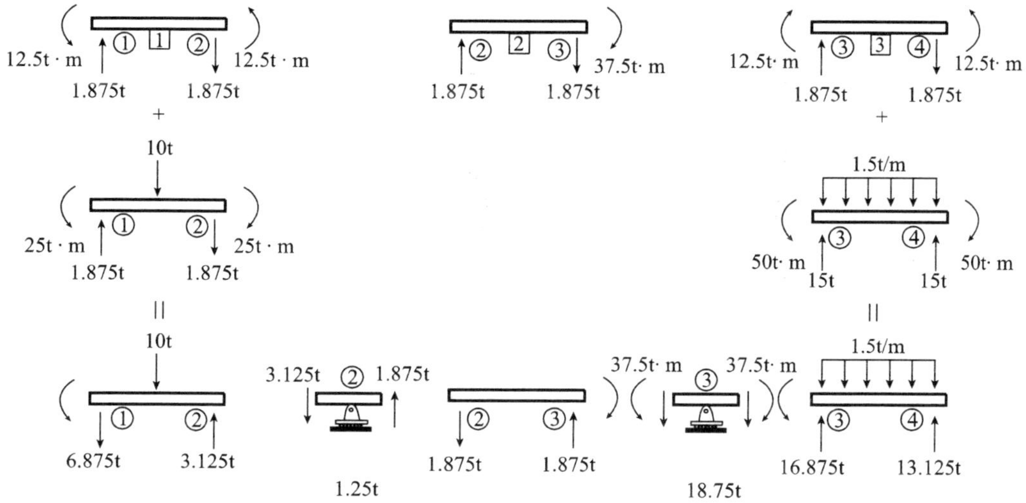

[그림 2.11]

② 평면뼈대 해석예

[그림 2.12a]와 같이 2개의 부재로 구성된 평면뼈대의 부재력을 구해보자. 2부재 모두 $I = 20000\,\text{cm}^4$, $A = 60\,\text{cm}^2$, $E = 2.1 \times 10^7\ \text{tf/m}^2$이다.

(a) 구조해석 모형화

[그림 2.12b]와 같이 절점과 부재에 번호를 표시하고, 전체좌표계의 원점을 편의상 절점 ①에 위치시킨다. 절점에 대한 절점변위 index는 미지 값을 갖는 절점에 우선적으로 번호를 붙여 표시하였다. 절점 ①과 ③은 구속되었고 수직부재에 작용하는 집중하중은 [그림 2.12c]와 같이 등가절점하중(고정단모멘트와 전단력)으로 대치시킨다.

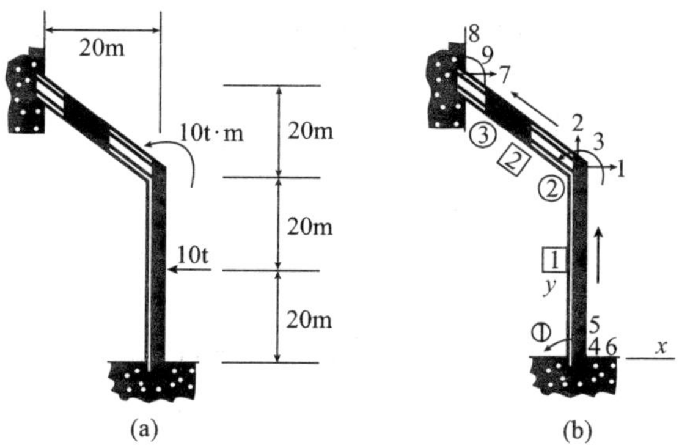

[그림 2.12]

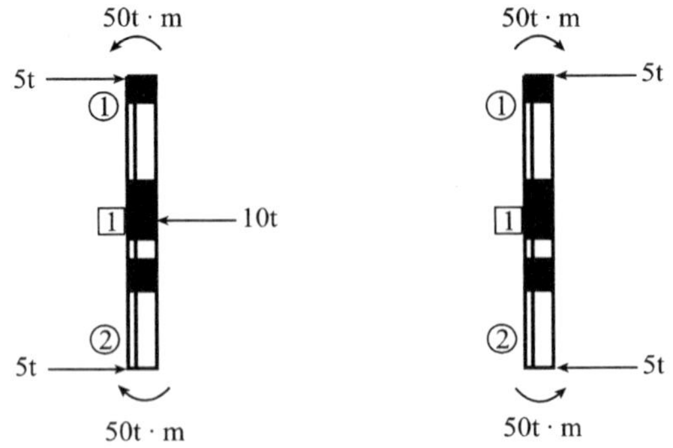

(c)

고정단력 $\{A_{ML}\}$ 등가절점하중 $\{A_E\}$

[그림 2.12]

$$\{D_R\}=\begin{Bmatrix}0\\0\\0\\0\\0\\0\end{Bmatrix}\begin{matrix}4\\5\\6\\7\\8\\9\end{matrix}\qquad \{A_E\}=\begin{Bmatrix}-5\\-50\\-5\\50\end{Bmatrix}\begin{matrix}1\\3\\4\\6\end{matrix}\qquad \{A_J\}=\begin{Bmatrix}0\\0\\10\end{Bmatrix}\begin{matrix}1\\2\\3\end{matrix}$$

따라서 조합된 절점하중 $\{A_{FC}\}$는 다음과 같다.

$$\{A_{FC}\}=\{A_J\}+\{A_E\}=\begin{Bmatrix}0\\0\\10\end{Bmatrix}\begin{matrix}1\\2\\3\end{matrix}+\begin{Bmatrix}-5\\0\\-50\end{Bmatrix}\begin{matrix}1\\2\\3\end{matrix}=\begin{Bmatrix}-5\\0\\-40\end{Bmatrix}\begin{matrix}1\\2\\3\end{matrix}$$

(b) 구조강성매트릭스 구성

부재 1 : $\lambda_x=\dfrac{0-0}{40}=0,\ \lambda_y=\dfrac{40-0}{0}=1$

부재의 부재강성행렬에 공통적인 다음 항을 계산한다.

$$\frac{EA}{L}=\frac{(2.1\times10^7)(0.006)}{40}=3{,}150\ \mathrm{tf/m}$$

$$\frac{12EI}{L^3}=\frac{12(2.1\times10^7)(0.0002)}{(40)^3}=0.79\ \mathrm{tf/m}$$

$$\frac{6EI}{L^2}=\frac{12(2.1\times10^7)(0.0002)}{(40)^2}=15.75\ \mathrm{tf/m}$$

$$\frac{4EI}{L}=\frac{4(2.1\times10^7)(0.0002)}{40}=420\ \mathrm{tf/m}$$

$$\frac{2EI}{L}=\frac{2(2.1\times10^7)(0.0002)}{40}=210\ \mathrm{tf/m}$$

$[K_J]_1 =$

4	5	6	1	2	3	
0.79	0	−15.75	−0.79	0	−15.75	4
0	3150	0	0	−3150	0	5
−15.75	0	420	15.75	0	210	6
−0.79	0	15.75	0.79	0	15.75	1
0	−3150	0	0	3150	0	2
−15.75	0	210	15.75	0	420	3

부재 2 : $\lambda_x=\dfrac{-20-0}{20\sqrt{2}}=-\dfrac{1}{\sqrt{2}}$, $\lambda_y=\dfrac{60-40}{20\sqrt{2}}=\dfrac{1}{\sqrt{2}}$

부재의 부재강성행렬에 공통적인 다음 항을 계산한다.

$$\frac{EA}{L^3}=\frac{(2.1\times10^7)(0.006)}{20\sqrt{2}}=4,454.77\ \mathrm{tf/m}$$

$$\frac{12EI}{L^3}=\frac{12(2.1\times10^7)(0.0002)}{(20\sqrt{2})^3}=2.23\ \mathrm{tf/m}$$

$$\frac{6EI}{L^2}=\frac{6(2.1\times10^7)(0.0005)}{(20\sqrt{2})^2}=593.97\ \mathrm{tf/m}$$

$$\frac{2EI}{L}=\frac{2(2.1\times10^7)(0.0002)}{(20\sqrt{2})}=296.98\ \mathrm{tf/m}$$

$[K_J]_2 =$

1	2	3	7	8	9	
2228.5	−2226.27	−22.27	−2228.5	2226.27	−22.27	1
−2226.27	2228.5	−22.27	2226.27	−2228.5	−22.27	2
−22.27	−22.27	595.97	22.27	22.27	296.98	3
−2228.5	2226.27	22.27	2228.5	−2226.27	22.27	7
2226.27	−2228.5	22.27	−2226.27	2228.5	22.27	8
−22.27	−22.27	296.98	22.27	22.27	593.97	9

구조강성행렬을 조합하면 다음과 같다.

$$[K_J]=[K_J]_1+[K_J]_2$$

$[K_J]=$

2229.29	−2226.27	−6.52	−0.79	0	15.75	−2228.5	2226.27	−22.27
−2226.27	5378.5	−22.27	0	3150	0	2226.27	−2228.5	−22.27
−6.52	−22.27	1013.97	−15.75	0	210	22.27	22.27	296.98
−0.79	0	−15.75	0.79	0	−15.75	0	0	0
0	−3150	0	0	3150	0	0	0	0
15.75	0	210	−15.75	0	420	0	0	0
−2228.5	2226.27	22.27	0	0	0	2228.5	−2226.27	22.27
2226.27	−2228.5	22.27	0	0	0	−2226.27	2228.5	22.27
−22.27	−22.27	296.98	0	0	0	22.27	22.27	593.97

(c) 미지변위의 계산

ⓐ 2단계에서 구한 구조강성매트릭스를 이용하여 $\{A_C\}=[K_J]\{D_J\}$의 항으로 먼저 전개하고 이 매트릭스 $[K_J]$를 다음과 같이 분할한다[트러스해석 식(2.7) 참조].

K_{FF} ⋮ K_{FR}

2229.29	−2226.27	−6.52	−0.79	0	15.75	−2228.5	2226.27	−22.27
−2226.27	5378.5	−22.27	0	−3150	0	2226.27	−2228.5	−22.27
−6.52	−22.27	1013.97	−15.75	0	210	22.27	22.27	296.98
−0.79	0	−15.75	0.79	0	−15.75	0	0	0
0	−3150	0	0	3150	0	0	0	0
15.75	0	210	−15.75	0	420	0	0	0
−2228.5	2226.27	22.27	0	0	0	2228.5	−2226.27	22.27
2226.27	−2228.5	22.27	0	0	0	−2226.27	2228.5	22.27
−22.27	−22.27	296.98	0	0	0	22.27	22.27	593.97

⋯

K_{RF} ⋮ K_{RR}

ⓑ 미지절점변위를 구하기 위하여 식(2.7)을 이용하면 다음과 같다.

$$\{A_{FC}\}=[K_{FF}]\{D_F\}+[K_{FR}]\{D_R\}\ ;\ \{D_R\}=0$$

$$\begin{Bmatrix} -5 \\ 0 \\ -40 \end{Bmatrix}=\begin{bmatrix} 2,229.29 & -2,226.27 & -6.52 \\ -2,226.27 & 5,378.50 & -22.27 \\ -6.52 & -22.27 & 1,013.97 \end{bmatrix}\begin{Bmatrix} (D_J)_1 \\ (D_J)_2 \\ (D_J)_3 \end{Bmatrix}$$

이 식을 풀면 다음과 같이 미지절점변위를 구할 수 있다.

$$\begin{Bmatrix} (D_J)_1 \\ (D_J)_2 \\ (D_J)_3 \end{Bmatrix}=\begin{Bmatrix} -0.00430\ \mathrm{m} \\ -0.00194\ \mathrm{m} \\ -0.03952\ \mathrm{rad} \end{Bmatrix}$$

(d) 지점반력의 계산

지점반력을 식(2.9)로부터 구할 수 있다.

$$\{A_R\}=\{A_{RC}\}+\{A_{MS}\}=[K_{RF}]\{D_F\}+[K_{RR}]\{D_R\}+\{A_{MS}\}\ ;\ \{D_R\}=0$$

$$\begin{Bmatrix}(A_R)_4\\(A_R)_5\\(A_R)_6\\(A_R)_7\\(A_R)_8\\(A_R)_9\end{Bmatrix}=\begin{bmatrix}-0.79 & 0 & -15.75\\ 0 & -3150 & 0\\ 15.75 & 0 & 210\\ -2228.5 & 2226.27 & 22.27\\ 2226.27 & -2228.5 & 22.27\\ -22.27 & -22.27 & 296.98\end{bmatrix}\begin{Bmatrix}-0.00430\\-0.00194\\-0.03952\end{Bmatrix}+\begin{Bmatrix}5\\0\\-50\\0\\0\\0\end{Bmatrix}=\begin{Bmatrix}5.63\text{ tf}\\6.11\text{ tf}\\-58.37\text{ tf}\cdot\text{m}\\4.38\text{ tf}\\-6.13\text{ tf}\\-11.60\text{ tf}\cdot\text{m}\end{Bmatrix}$$

(e) 부재의 단면력 계산

부재력은 부재 1, 부재 2에 식(3.10) $\{A_M\}_i=[K_M]_i[R]_i\{D_{MS}\}_i$를 적용하여 구할 수 있다. 예를 들어, 부재 1에 대하여 구하면 다음과 같다.

$$\{A_M\}_1=[K_M]_1[R]_1\{D_{MS}\}_1$$

$$=\begin{bmatrix}0.79 & 0 & -15.75 & -0.79 & 0 & -15.75\\ 0 & 3150 & 0 & 0 & -3150 & 0\\ -15.75 & 0 & 420 & 15.75 & 0 & 210\\ -0.79 & 0 & 15.75 & 0.79 & 0 & 15.75\\ 0 & -3150 & 0 & 0 & 0.79 & 0\\ -15.75 & 0 & 210 & 15.75 & 0 & 420\end{bmatrix}\begin{bmatrix}0&1&0&0&0&0\\-1&0&0&0&0&0\\0&0&1&0&0&0\\0&0&0&0&1&0\\0&0&0&-1&0&0\\0&0&0&0&0&1\end{bmatrix}\begin{Bmatrix}0\\0\\0\\-0.00430\\-0.00194\\-0.03952\end{Bmatrix}\begin{matrix}4\\5\\6\\1\\2\\3\end{matrix}$$

$$\begin{Bmatrix}(A_M)_4\\(A_M)_5\\(A_M)_6\\(A_M)_1\\(A_M)_2\\(A_M)_3\end{Bmatrix}=\begin{Bmatrix}6.135\text{ tf}\\-0.636\text{ tf}\\-8.293\text{ tf}\cdot\text{m}\\-6.135\text{ tf}\\0.633\text{ tf}\\-16.578\text{ tf}\end{Bmatrix}$$

이때 부재 1은 부재하중이 있으므로 부재 1의 값들은 [그림 2.12e]의 2번째의 고정단력과 다음과 같이 겹쳐야 된다.

$$\{A_{MC}\}_1=\{A_M\}_1+\{A_{ML}\}_1$$

$$\{A_{MC}\}_1=\begin{Bmatrix}(A_M)_4\\(A_M)_5\\(A_M)_6\\(A_M)_1\\(A_M)_2\\(A_M)_3\end{Bmatrix}+\begin{Bmatrix}(A_{ML})_4\\(A_{ML})_5\\(A_{ML})_6\\(A_{ML})_1\\(A_{ML})_2\\(A_{ML})_3\end{Bmatrix}=\begin{Bmatrix}6.135\text{tf}\\-0.636\text{tf}\\-8.293\text{tf}\cdot\text{m}\\-6.135\text{tf}\\0.622\text{tf}\\-16.578\text{tf}\cdot\text{m}\end{Bmatrix}+\begin{Bmatrix}0\\-5.0\text{tf}\\-50\text{tf}\cdot\text{m}\\0\text{tf}\\-5.0\text{ tf}\\50\text{tf}\cdot\text{m}\end{Bmatrix}=\begin{Bmatrix}6.135\text{tf}\\5.622\text{tf}\\-58.293\text{tf}\cdot\text{m}\\-6.135\text{tf}\\-4.378\text{tf}\\33.422\text{tf}\cdot\text{m}\end{Bmatrix}$$

또한 부재 2에 대하여 같은 방법으로 계산하여 이 결과를 다음에 나타내었다.

$$\{A_M\}_2=[K_M]_2[R]_2\{D_{MS}\}_2$$

$$
= \begin{bmatrix} 2228.5 & -2226.27 & 22.27 & -2228.5 & 2226.27 & -22.27 \\ -2226.27 & 2228.5 & 22.27 & 2226.27 & -2228.5 & -22.27 \\ -22.27 & -22.27 & 595.97 & 22.27 & 22.27 & 296.98 \\ -2228.5 & 2226.27 & 22.27 & 2228.5 & -2226.27 & 22.27 \\ 2226.27 & -2228.5 & 22.27 & -2226.27 & 2228.5 & 22.27 \\ -22.27 & -22.27 & 296.98 & 22.27 & 22.27 & 93.97 \end{bmatrix} \begin{bmatrix} 0 & 1 & 0 & 0 & 0 & 0 \\ -1 & 0 & 0 & 0 & 0 & 0 \\ 0 & 0 & 1 & 0 & 0 & 0 \\ 0 & 0 & 0 & 0 & 1 & 0 \\ 0 & 0 & 0 & -1 & 0 & 0 \\ 0 & 0 & 0 & 0 & 0 & 1 \end{bmatrix} \begin{Bmatrix} -0.00430 \\ -0.00194 \\ -0.03952 \\ 0.0 \\ 0.0 \\ 0.0 \end{Bmatrix} \begin{matrix} 1 \\ 2 \\ 3 \\ 7 \\ 8 \\ 9 \end{matrix}
$$

$$
\begin{Bmatrix} (A_M)_1 \\ (A_M)_2 \\ (A_M)_3 \\ (A_M)_7 \\ (A_M)_8 \\ (A_M)_9 \end{Bmatrix} = \begin{Bmatrix} -7.434\ \mathrm{tf} \\ -1.242\ \mathrm{tf} \\ -33.422\ \mathrm{tf \cdot m} \\ 7.434\ \mathrm{tf} \\ 1.242\ \mathrm{tf} \\ -11.704\ \mathrm{tf \cdot m} \end{Bmatrix}
$$

이때 부재 2는 절점 1에 절점모멘트 10 tf · m가 있으므로 부재 2의 값들은 다음과 같이 절점하중과 겹쳐야 된다.

$$
\{A_{MC}\}_2 = \{A_M\}_2 + \{A_J\}_2
$$

$$
\{A_{MC}\}_2 = \begin{Bmatrix} (A_M)_1 \\ (A_M)_2 \\ (A_M)_3 \\ (A_M)_7 \\ (A_M)_8 \\ (A_M)_9 \end{Bmatrix} + \begin{Bmatrix} (A_J)_1 \\ (A_J)_2 \\ (A_J)_3 \\ (A_J)_7 \\ (A_J)_8 \\ (A_J)_9 \end{Bmatrix} = \begin{Bmatrix} -7.434tf \\ -1.242tf \\ -33.422tf \cdot Tm \\ 7.434tf \\ 1.242tf \\ -11.704tf \cdot m \end{Bmatrix} + \begin{Bmatrix} 0 \\ 0 \\ 10.0tf \cdot m \\ 0 \\ 0 \\ 0 \end{Bmatrix} = \begin{Bmatrix} -7.434tf \\ -1.242tf \\ -23.422tf \cdot m \\ 7.434tf \\ 1.242tf \\ -11.704tf \cdot m \end{Bmatrix}
$$

그러므로 부재에 대한 최종결과는 [그림 2.12 d,e]의 그림과 같다.

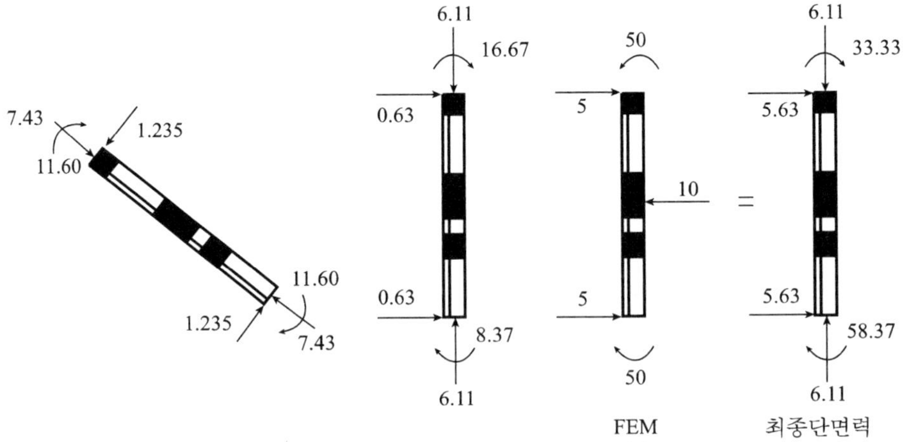

(d) (e)

[그림 2.12]

제 5 편

Computer 구조해석

1. 평면트러스해석 프로그램
2. 평면트러스 Computer 해석예
3. 평면뼈대해석 프로그램
4. 평면뼈대 Computer 해석예

Digital Computer들은 1950년대 중반에 구조물들을 해석하기 위하여 처음으로 사용된 이후에, Computer 관련 기술 및 구조해석이론의 눈부신 발전에 힘입어 오늘날 제 4세대 후반의 첨단 멀티미디어 기능과 고도의 Network기능을 갖춘 구조설계 및 해석의 많은 부분들이 PC(Personal Computer)에 의해 가능하도록 발전되고 있다. 이들 소위 PC들은 대부분 문제의 해를 구하는데 있어서 가격 면에서도 매우 효과적이다. 현재 많은 회사에서 이용하고 있는 상용 패키지(package) 프로그램을 이용하여 실무자들이 구조물의 해석을 별 어려움 없이 수행하고 있다.

구조물의 해석이나 설계에 컴퓨터를 사용하고자 할 때, 가급적 화상입력 방법으로 적절하게 데이터를 입력하고 빠져 있거나 제 위치에 있지 않는 부재나 절점들을 검토하기 위하여, 먼저 구조물의 입력을 검사하는 기능을 갖도록 전처리 프로그램(Preprocessor)을 만드는 것이 좋다. 또한, 가능하다면 구조해석을 설계와 동일 프로그램으로 만드는 것보다는 분리시키되 모듈형 프로그램으로 만들어 데이터베이스를 통해 연결시켜야 한다. 이렇게 함으로써 단계별 해석검토가 가능함으로 본격적인 설계가 가능하다. 본격적인 설계를 실시하기 전에 대략적인 검토나 평가도 수행할 수 있다. 이러한 검토는 일반적 역학교재에서 다루는 고전적 방법을 기초로 한 해석이나 간단한 근사해법들을 이용하여 수행할 수 있다. 이렇게 함으로써 컴퓨터 출력에 대한 맹목적인 믿음으로부터 발생하는 문제를 방지할 수 있을 것이다. 그러므로 공학도들은 최종설계에 대한 궁극적인 책임은 컴퓨터가 아니라 자기 자신이라는 것을 결코 잊어서는 안 된다.

본 교재에 첨부하여 사용하는 프로그램은 학생들이 이론적인 구조역학을 접근하는데 도움을 주고자 저자는 범용프로그램이 아닌 교육용프로그램을 작성하는 취지에서 전후처리 기능을 배제하였으며, 기본 알고리즘은 미국 Stanford University의 William Weaver, Jr.와 James M. Gere교수의 저서인 'Matrix Analysis of Framed Structures (Third Edition, 1990)' 교재에서 순서도(Flow Chart)로 나타낸 내용을 기초로 Compaq Computer Corporation의 Compaq Visual Fortran을 사용하여 Program을 작성하였다. 사용 프로그램에 대한 상세한 내용은 문헌[4]에 나타낸 교재에 설명되어 있으므로 본 교재에서는 생략하였다.

1 평면트러스해석 프로그램

1.1 주프로그램 – TRUSS

주프로그램–TRUSS에서는 변수 ISN, ITS, NLS을 입력하게 된다.

여기서, ISN = 해석하고자 하는 구조물의 수

ITS = 구조물의 형태

NLS = 하중시스템의 수

```
C
C=====    MAIN PROGRAM FOR PLANE TRUSS   =======
          program TRUSS
          IMPLICIT REAL*8 (A-H, O-Z)
          DIMENSION EL(30),JRLID(30),SFF(30,30),SMS(4,4),CX(20)
          DIMENSION IM(4),AJ(30),AML(4,30),LML(30),AE(30),AR(30)
          DIMENSION AC(30),DJ(30),DF(30),AMD(30),AM(30)
          DIMENSION CY(20),JJ(20),JK(20),X(10),Y(10),AX(20)
          COMMON /LIST1/ ISN,NLS
          COMMON /LIST2/ LN
          READ (5,*) ISN, ITS, NLS
          CALL SDATA1 (M,NJ,NR,NX,EL,JRL,ID,N,NB,MD,JJ,JK,CX,CY,X,Y,ND)
          ALL STIFF1 (M,E,AX,EL,JRL,ID,N,NB,JJ,JK,CX,CY,SFF,SMS,IM,MD)
          CALL BANFAC (N,NB,SFF)
          LN=0
    2     LN=LN+1
          CALL LDATA1 (AJ,AE,AR,AML,LML,MD,NLJ,NLM)
          CALL LOADS1 (M,LML,NLM,JJ,JK,CX,CY,AML,ND,ID,AE,AC,AJ)
          CALL BANSOL (N,NB,SFF,AC,DF)
          CALL RESUL1 (M,N,NJ,ND,MD,E,AX,JRL,DJ,DF,JJ,JK,EL,CX,CY,
          *              AMD,AM,AML,AR,AJ,AE)
          IF (NLS .GT. LN) GO TO 2
          STOP
          END
```

1.2 부프로그램 – SDATA1

부프로그램–SDATA1은 구조물데이터를 입력하는 프로그램으로,

먼저 구조물의 변수 M, NJ, NR, NRJ, E를 입력하게 된다.

여기서, M = 부재의 수

NJ = 절점의 수

NR = 지지점의 수

NRJ = 구속된 절점의 수

E = 구조물의 탄성계수

그리고 절점좌표의 변수I, X(I), Y(I)를 입력하게 된다.

여기서, I = 절점번호

X(I) = 절점 I의 x-좌표

Y(I) = 절점 I의 y-좌표

그 다음에 부재정보의 변수 I, jj(I), jk(I), ax(I)를 입력하게 된다.

여기서, I = 부재번호

jj(I) = 부재 I의 시작절점

jk(I) = 부재 I의 끝절점

ax(I) = 부재 I의 단면적

마지막으로 절점구속조건에 대한 변수 K, JRL(2*K-1), JRL(2*K)를 입력하게 된다.

여기서, K= 구속된 절점번호

JRL(2*K − 1) = 절점번호 K의 x-방향 구속

JRL(2*K) = 절점번호 K의 y-방향 구속

```
C
      SUBROUTINE SDATA1 (M,NJ,NR,NRJ,E,AX,EL,JRL,ID,N,NB,MD,JJ,JK,
     *                   CX,CY,X,Y,ND)
      IMPLICIT REAL*8(A-H,O-Z)
      COMMON /LIST1/ ISN, NLS
      DIMENSION EL(30),JRL,ID(30),X(10),Y(10),JJ(20),JK(20),
     *          CX(20),CY(20),AX(20)
      WRITE(6,101) ISN, NLS
  101 FORMAT (/1X,//,15X,'STRUCTURE NO=',I2,3X,'PLANE TRUSS',/,15X,
     *'NUMBER OF LOADING SYSTEM=',I2)
C
C***STRUCTURAL PARAMETERS ****
```

```
C
          WRITE (6,102)
   102    FORMAT (/1X,//,15X,'STRUCTURAL PARAMETERS',/)
          WRITE (6,1009)
  1009    FORMAT (/,19X,'M',4X,'N',4X,'NJ',4X,'NR',4X,'NRJ',20X,'E')
          READ (5, *) M, NJ, NR, NRJ, E
          NDJ = 2
          ND = NDJ*NJ
          N = ND - NR
          WRITE (6,104) M, N, NJ, NR, NRJ, E
   104    FORMAT (17X,I3,2X,I3,3X,I3,3X,I3,4X,I3,9X,F12.1)
C
C*****JOINT COORDINATE********
C
          WRITE(6,6)
     6    FORMAT(/15X,'JOINT COORDINATES'/,5X,'      NUMBER          X-COOR
     *          Y-COOR ')
             DO 1001 J=1,NJ
          READ(5,*) I, X(I), Y(I)
1001      WRITE(6,1002) I,X(I),Y(I)
1002      FORMAT(/15X,I3,2(7X,F10.3))
C
C MEMBER INFORMATION ********
C
          MD = 2*NDJ
          NB = 0
          WRITE (6,2110)
2110      FORMAT (////15X,'MEMBER INFORMATION',/,17X,'I   JJ   JK          CX
          *        CY          EL            AX')
          DO 11 J=1,M
          read (5, *) I, jj(I), jk(I), ax(I)
          NBI = NDJ*( ABS(JK(I) - JJ(I) )+1)
          IF (NBI.GT.NB) NB=NBI
          XCL = X(JK(I)) - X(JJ(I))
          YCL = Y(JK(I)) - Y(JJ(I))
          EL(I) = SQRT(XCL*XCL + YCL*YCL)
          CX(I) = XCL/EL(I)
          CY(I) = YCL/EL(I)
          WRITE (6,1003) I,JJ(I),JK(I),CX(I),CY(I),EL(I),AX(I)
1003      FORMAT (/15X,I3,2(2X,I3),4(2X,F10.4))
11        CONTINUE
C
C JOINT RESTRAINTS ********
C
          WRITE (6,108)
   108    FORMAT (/,15X,'JOINT RESTRAINTS',/,15X,'JOINT',3X,'JR1',3X,'JR2')
          DO 12 J=1,ND
```

```
    12   JRL(J)=0
         DO 13 J=1,NRJ
         READ (5, *) K, JRL(2*K-1), JRL(2*K)
    13   WRITE (6,110) K, JRL(2*K-1), JRL(2*K)
   110   FORMAT(14X,3(5X,I1))
         N1=0
         DO 15 J=1,ND
         N1 = N1 + JRL(J)
         IF (JRL(J) .GT. 0) GO TO 14
         ID(J) = J - N1
         GO TO 15
    14   ID(J) = N + N1
    15   CONTINUE
         RETURN
            END
```

1.3 부프로그램 – STIFF1

부프로그램 – STIFF1은 각 부재의 부재강성매트릭스를 작성하여, 절점강성매트릭스로 변환한다.

```
C
       SUBROUTINE STIFF1(M,E,AX,EL,JRL,ID,N,NB,JJ,JK,CX,CY,SFF,
      *SMS,IM,MD)
       IMPLICIT REAL*8(A-H,O-Z)
       DIMENSION SFF(30,30)30),SMS(4,4),IM(4),JRL(30),CX(20)
      *,ID(30),JJ(20),JK(20),CY(20),AX(20)
       DO 21 J=1,N
       DO 21 K=1,NB
21     SFF(J, K) = 0.0
       DO 25 I=1,M
       SCM = E*AX(I)/EL(I)
       SMS(1,1) = SCM*CX(I)*CX(I)
       SMS(1,2) = SCM*CX(I)*CY(I)
       SMS(1,3) =-SMS(1,1)
       SMS(1,4) =-SMS(1,2)
       SMS(2,2) = SCM*CY(I)*CY(I)
       SMS(2,3) =-SMS(1,2)
       SMS(2,4) =-SMS(2,2)
       SMS(3,3) = SMS(1,1)
       SMS(3,4) = SMS(1,2)
       SMS(4,4) = SMS(2,2)
```

```
C
C        TRANSFER TO JOINT STIFFNESS MATRIX *****
C
         IM(1) = 2*JJ(I)-1
         IM(2) = 2*JJ(I)
         IM(3) = 2*JK(I)-1
         IM(4) = 2*JK(I)
         DO 24 J=1,MD
         I1 = IM(J)
         IF (JRL(I1) .GT. 0) GO TO 24
         DO 23 K=J, MD
         I2 = IM(K)
         IF (JRL(I2) .GT. 0) GO TO 23
         IR = ID(I1)
         IC = ID(I2)
         IF (IR .LT. IC) GO TO 22
         ITEM = IR
         IR = IC
         IC = ITEM
      22 IC = IC - IR + 1
         SFF(IR, IC) = SFF(IR, IC) + SMS(J, K)
      23 CONTINUE
      24 CONTINUE
      25 CONTINUE
         RETURN
         END
```

1.4 부프로그램 – BANFAC

부프로그램 – BANFAC은 절점강성매트릭스의 준 – 대폭(semi-bandwidth)을 최소화하기 위해 절점강성매트릭스를 재배치하게 된다.

```
C
         SUBROUTINE BANFAC (N,NB,SFF)
         IMPLICIT REAL*8(A-H,O-Z)
         DIMENSION SFF(30,30)
         IF (SFF(1,1) .LE. 0.0) GO TO 600
         DO 65 J=2,N
         J1 = J - 1
         J2 = J - NB + 1
         IF (J2 .LT. 1) J2 = 1
         IF (J1 .EQ. 1) GO TO 63
```

```
      DO 62 I=2,J1
      I1 = I - 1
      IF (I1 .LT. J2) GO TO 62
      JI1 = J - I + 1
      SUM = SFF(I, JI1)
      DO 61 K=J2,I1
      IK1 = I - K + 1
      JK1 = J - K + 1
 61   SUM = SUM - SFF(K,IK1)*SFF(K,JK1)
          SFF(I, JI1) = SUM
 62   CONTINUE
 63   SUM = SFF(J, 1)
      DO 64 K=J2,J1
      JK1 = J - K + 1
      TEMP = SFF(K,J K1)/SFF(K, 1)
      SUM = SUM - TEMP*SFF(K, JK1)
      SFF(K,J K1) = TEMP
 64   CONTINUE
      IF (SUM .LE. 0.0) GO TO 600
 65   SFF(J, 1) = SUM
      GO TO 566
600   WRITE (6,666)
666   FORMAT (15X,'SFF NOT POS.DEF.')
 566  RETURN
      END
```

1.5 부프로그램 – LDATA1

부프로그램 – LDATA1은 구조물의 하중데이터를 입력하는 프로그램이다.

먼저 하중변수 NLJ, NLM을 입력하게 된다.

여기서, NLJ = 하중이 작용하는 절점의 수

NLM = 하중이 작용하는 부재의 수

그리고 절점 작용력의 변수 K, AJ(2*K – 1), AJ(2*K)를 입력하게 된다.

여기서, K = 절점번호

AJ(2*K-1) = 절점번호 K에 작용하는 X-방향 하중

AJ(2*K) = 절점번호 K에 작용하는 Y-방향 하중

마지막으로 부재하중의 변수를 I, AML(1,I), AML(2,I), AML(3,I), AML(4,I)를 입력하게 된다.

여기서, I = 부재번호

AML(1,I) = 부재번호 I의 시점에 작용하는 x-방향 하중

AML(2,I) = 부재번호 I의 시점에 작용하는 y-방향 하중

AML(3,I) = 부재번호 I의 종점에 작용하는 x-방향 하중

AML(4,I) = 부재번호 I의 종점에 작용하는 y-방향 하중

```
C
      SUBROUTINE LDATA1 (AJ,AE,AR,AML,LML,MD,NLJ,NLM)
      IMPLICIT REAL*8(A-H,O-Z)
      DIMENSION AJ(30),AML(4,30),LML(30),AE(30),AR(30)
      COMMON /LIST2/ LN
      WRITE (6,303) LN
  303 FORMAT (//,15X,'LOADING NO.=',I2,/,18X,'NLJ',2X,'NLM')
      READ (5,*) NLJ, NLM
      WRITE (6,305) NLJ, NLM
  305 FORMAT (18X,I3,2X,I3)
      DO 30 I=1,30
      AJ(I) = 0.0
      AE(I) = 0.0
      AR(I) = 0.0
   30 CONTINUE
      IF (NLJ .EQ. 0) GO TO 32
      WRITE (6,306)
  306 FORMAT (//,15X,'ACTIONS  AT JOINTS',/,15X,'JOINT',9X,'AJ1',9X,
     *         'AJ2')
      DO 31 J=1, NLJ
      READ(5,*) K, AJ(2*K-1), AJ(2*K)
      WRITE (6,308) K, AJ(2*K-1), AJ(2*K)
  308 FORMAT (18X, I2, 4X, F8.2, 4X, F8.2)
   31 CONTINUE
   32 CONTINUE
      IF(NLM.EQ.0) GO TO 34
      DO 35 I=1,MD
      DO 35 J=1,30
      LML(J)=0
      AML(I,J)=0.0
   35 CONTINUE
      WRITE(6,311)
  311 FORMAT(//,15X,'ACTION AT ENDS OF RESTRAINED MEMBER DUE TO
         *LOAD,/,15X,'MEMBER',10X,'AML1',10X,'AML2',10X,'AML3',10X,'AML4')
      DO 33 J=1,NLM
      READ(5,*) I, AML(1,I), AML(2,I), AML(3,I), AML(4,I)
      WRITE(6,310) I,AML(1,I),AML(2,I),AML(3,I),AML(4,I)
  310 FORMAT(18X,I3,4X,F10.3,4X,F10.3,4X,F10.3,4X,F10.3)
```

```
 33    LML(I)=1
 34    CONTINUE
       RETURN
       END
```

1.6 부프로그램 – LOADS1

부프로그램 – LOADS1은 부재하중을 등가절점하중으로 변환하여 외부절점하중에 더한다.

```
C
      E,AC,AJ)

      DIMENSION LML(30),AE(30),AML(4,30),ID(30),AC(30),AJ(30),CX(20),
     *          CY(20),JJ(20),JK(20)
      DO 40 J=1,30
      AE(J)=0.0
   40 CONTINUE
      IF (NLM .EQ. 0) GO TO 42
      DO 41 I=1,M
      IF(LML(I).EQ.0) GO TO 41
      J1=2*JJ(I)-1
      J2=2*JJ(I)
      K1=2*JK(I)-1
      K2=2*JK(I)
      AE(J1) = AE(J1) - CX(I)*AML(1,I) + CY(I)*AML(2,I)
      AE(J2) = AE(J2) - CY(I)*AML(1,I) - CX(I)*AML(2,I)
      AE(K1) = AE(K1) - CX(I)*AML(3,I) + CY(I)*AML(4,I)
      AE(K2) = AE(K2) - CY(I)*AML(3,I) - CX(I)*AML(4,I)
   41 CONTINUE
   42 CONTINUE
      DO 43 J=1,ND
      JR=ID(J)
      AC(JR) = AJ(J) + AE(J)
   43 CONTINUE
      RETURN
      END
```

1.7 부프로그램 – BANSOL

부프로그램 – BANSOL은 구속되지 않은 자유도에 대해 해를 구한다.

```
C
      SUBROUTINE BANSOL (N,NB,SFF,AC,DF)
      IMPLICIT REAL*8(A-H,O-Z)
      DIMENSION SFF(30,30),AC(30),DF(30)
      DO 70 L=1,30
      DF(L) = 0.0
   70 CONTINUE
      DO 72 I=1,N
      J = I - NB + 1
      IF (I .LE. NB) J=1
      SUM=AC(I)
      K1=I-1
      IF (J .GT. K1) GO TO 72
      DO 71 K=J, K1
      IK=I-K+1
   71 SUM = SUM - SFF(K,IK)*DF(K)
   72 DF(I)=SUM
      DO 73 I=1,N
   73 DF(I)=DF(I)/SFF(I,1)
      DO 75 I1=1,N
      I=N-I1+1
      J=I+NB-1
      IF (J .GT. N) J=N
      SUM = DF(I)
      K2=I+1
      IF (K2 .GT. J) GO TO 75
      DO 74 K=K2,J
      KI = K - I + 1
      SUM = SUM - SFF(I,KI)*DF(K)
   74 CONTINUE
   75 DF(I) = SUM
      RETURN
      END
```

1.8 부프로그램 – RESUL1

부프로그램–RESUL1은 해석결과를 출력하는 프로그램이다.

절점변위–J, DJ(2*J – 1), DJ(2*J)를 구하여 출력한다.

여기서, J = 절점번호

DJ(2*J – 1) = X-방향 변위

DJ(2*J) = Y-방향 변위

그리고 부재단력–I, AM(1), AM(2), AM(3), AM(4)를 구하여 출력한다.

여기서, I = 부재번호

AM(1) = 시점 x-방향 힘

AM(2) = 시점 y-방향 힘

AM(3) = 종점 x-방향 힘

AM(4) = 종점 y-방향 힘

마지막으로 지점반력-J, AR(J1), AR(J2)를 구하여 출력한다.

여기서, J = 절점번호

AR(J1) = x-방향 반력

AR(J2) = y-방향 반력

```
C
      SUBROUTINE RESUL1 (M,N,NJ,ND,MD,E,AX,JRL,DJ,DF,JJ,JK,EL,
     *                   CX,CY,AMD,AM,AML,AR,AJ,AE)
      IMPLICIT REAL*8(A-H,O-Z)
      DIMENSION JRL(30),DJ(30),DF(30),AMD(30)
      DIMENSION AM(30),AML(4,30),AR(30),AJ(30),AE(30),EL(30)
      DIMENSION JJ(20),JK(20),CX(20),CY(20),AX(20)
      J=N+1
      DO 52 K=1,ND
      JE=ND-K+1
      IF (JRL(JE).EQ.0) GO TO 51
      DJ(JE)=0.0
      GO TO 52
   51 J=J-1
      DJ(JE)=DF(J)
   52 CONTINUE
      WRITE(6,7300)
 7300 FORMAT(//1X,'************  R E S U L T S  ************')
```

```
      WRITE(6,501)
 501  FORMAT(//,15X,'JOINT DISPLACEMENTS',/,15X,'JOINT',10X,'DJ1'
     *          ,10X,'DJ2')
      DO 53 J=1,NJ
  53  WRITE(6,502) J, DJ(2*J-1), DJ(2*J)
 502  FORMAT(/1X,18X,I3,2(3X,E10.4))
C     MEMBER END-ACTIONS *****
      WRITE(6,503)
 503  FORMAT(//,15X,'MEMBER END-ACTION',/,15X,'MEMBER',4X,'AM1'
     *          ,4X,'AM2',4X,'AM3',4X,'AM4')
      DO 56 I=1,M
      J1=2*JJ(I)-1
      J2=2*JJ(I)
      K1=2*JK(I)-1
      K2=2*JK(I)
      SCM=E*AX(I)/EL(I)
       AMD(1*((DJ(J1)-DJ(K1))*CX(I)+(DJ(J2)-DJ(K2))*CY(I))
      AMD(3)=-AMD(1)
      AMD(2)=0.0
      AMD(4)=0.0
      DO 1010 J=1,MD
      AM(J) = AML(J,I) + AMD(J)
1010  CONTINUE
      IF (JRL(J1) .EQ. 1) AR(J1) = AR(J1) + CX(I)*AMD(1)
      IF (JRL(J2) .EQ. 1) AR(J2) = AR(J2) + CY(I)*AMD(1)
      IF (JRL(K1) .EQ. 1) AR(K1) = AR(K1) + CX(I)*AMD(3)
      IF (JRL(K2) .EQ. 1) AR(K2) = AR(K2) + CY(I)*AMD(3)
      WRITE(6,1020) I, AM(1), AM(2), AM(3), AM(4)
1020  FORMAT(/15X,I3,4(3X,E10.3))
 56   CONTINUE
      DO 57 J=1,ND
      IF(JRL(J).EQ.0) GO TO 57
      AR(J) = AR(J) - AJ(J) - AE(J)
 57   CONTINUE
      WRITE(6,505)
 505  FORMAT(//,15X,'SUPPORT REACTION',/,15X,'JOINT',10X,'AR1'
     *          ,10X,'AR2')
      DO 58 J=1,NJ
      J1=2*J-1
      J2=2*J
      N1 = JRL(J1) + JRL(J2)
      IF (N1 .EQ. 0) GO TO 58
      WRITE (6,506) J, AR(J1), AR(J2)
 506  FORMAT (17X, I3, 3X, E10.3, 3X, E10.3)
  58  CONTINUE
      RETURN
      END
```

2 평면트러스 Computer 해석예

다음 그림과 같은 평면트러스를 해석해보자.

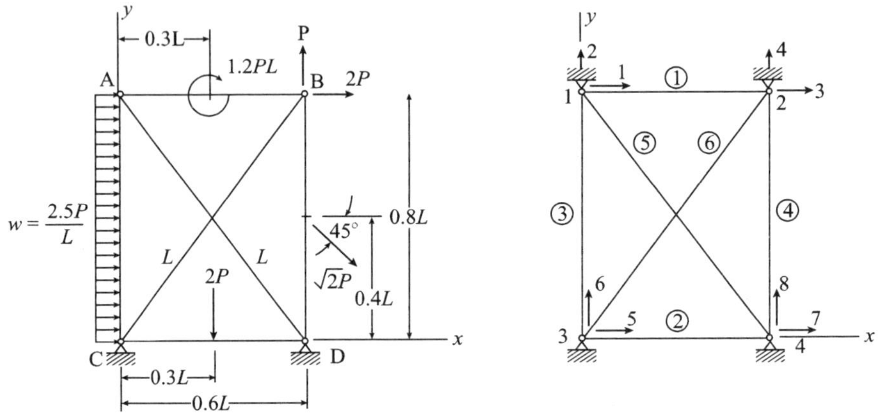

(a) (b)

[그림 2.1]

2.1 입력자료

```
1, 2, 1                 ; 해석하고자 하는 구조물의 수, 구조물의 형태, 하중시스템
                          의 수
6, 4, 4, 2, 10000.0     ; 부재의 수, 절점의 수, 지지점의 수, 구속된 절점의 수, 구
                          조물의 탄성계수
1,0.0, 80.0             ; 절점번호 I, I절점의 x-좌표, I절점의 y-좌표
2, 60.0, 80.0
3,0.0,0.0
4, 60.0,0.0
1,1,2,6.0               ; 부재번호 I, I부재의 시작절점, I부재의 끝절점, I부재의 단
                          면적
2,3,4,6.0
3,3,1,8.0
4,4,2,8.0
5,1,4, 10.0
6,3,2, 10.0
3,1,1                   ; 구속된 절점번호 K, 절점번호 K의 x-방향 구속, 절점번호
```

```
                        K의 y-방향 구속
4,1,1
1,4                   ; 구속된 절점번호 K, 절점번호 K의 x-방향 구속, 절점번호
                        K의 y-방향 구속
2,20.0, 10.0          ; 절점번호 K, 절점번호 K에 작용하는 X-방향 하중, 절점번
                        호 K에 작용하는 Y-방향 하중
1, 0.0, -20.0,0.0,20.0 ; 부재번호 I, 시점 x-방향 하중,y-방향 하중, 종점 x-방향 하
                        중,y-방향 하중
2, 0.0,10.0,0.0,10.0
3, 0.0,10.0,0.0,10.0
4, 5.0, 5.0,5.0, 5.0
```

2.2 해석결과

```
STRUCTURE NO= 1   PLANE TRUSS
NUMBER OF LOADING SYSTEM= 1

STRUCTURAL PARAMETERS
M     N     NJ    NR    NRJ                    E
6     4     4     4     2                10000.0

JOINT COORDINATES
NUMBER          X-COOR          Y-COOR
     1           0.000          80.000
     2          60.000          80.000
     3           0.000           0.000
     4          60.000           0.000

MEMBER INFORMATION
I   JJ   JK        CX         CY          EL           AX
1   1    2      1.0000      0.0000     60.0000       6.0000
2   3    4      1.0000      0.0000     60.0000       6.0000
3   3    1      0.0000      1.0000     80.0000       8.0000
4   4    2      0.0000      1.0000     80.0000       8.0000
5   1    4      0.6000     -0.8000    100.0000      10.0000
6   3    2      0.6000      0.8000    100.0000      10.0000

JOINT RESTRAINTS
JOINT   JR1   JR2
    3     1     1
    4     1     1

LOADING NO.= 1
  NLJ  NLM
```

```
   1     4

ACTIONS  AT JOINTS
 JOINT          AJ1          AJ2
     2        20.00        10.00

 ACTION AT ENDS OF RESTRAINED MEMBER DUE TO LOAD
 MEMBER       AML1          AML2          AML3          AML4
      1        0.000       -20.000         0.000        20.000
      2        0.000        10.000         0.000        10.000
      3        0.000        10.000         0.000        10.000
      4        5.000         5.000         5.000         5.000

 ************  R E S U L T S  ************

JOINT DISPLACEMENTS
JOINT           DJ1           DJ2
      1  0.1000E+00    0.4147E-01
      2  0.1061E+00   -0.4020E-01
      3  0.0000E+00    0.0000E+00
      4  0.0000E+00    0.0000E+00

MEMBER END-ACTION
MEMBER      AM1           AM2          AM3          AM4
      1  -0.610E+01   -0.200E+02   0.610E+01    0.200E+02
      2   0.000E+00    0.100E+02   0.000E+00    0.100E+02
      3  -0.415E+02    0.100E+02   0.415E+02    0.100E+02
      4   0.452E+02    0.500E+01  -0.352E+02    0.500E+01
      5   0.268E+02    0.000E+00  -0.268E+02    0.000E+00
      6  -0.315E+02    0.000E+00   0.315E+02    0.000E+00

SUPPORT REACTION
 JOINT       AR1          AR2
      3  -0.289E+02   -0.567E+02
      4  -0.211E+02    0.767E+02
```

3 평면뼈대해석 프로그램

3.1 주프로그램 – FRAME

주프로그램 – FRAME에서는 변수 ISN, ITS, NLS을 입력하게 된다.

여기서 ISN= 해석하고자 하는 구조물의 수

ITS= 구조물의 형태의 수

NLS = 하중시스템의 수

```
C
C*****************************************************************
C****** MAIN PROGRAM FOR PLFRAME PROGRAM *******************
C*****************************************************************
        program FRAME
        IMPLICIT REAL*8(A-H,O-Z)
        DIMENSION EL(30),JRLD(30),SFF(30,30),SMS(6,6),X(30)
        IMENSION IM(6),AJ(30),AML(6,30),LML(30),AE(30),AR(30)
        DIMENSION CX(30),CY(30),ZI(30),JJ(30),JK(30),Y(30)
        DIMENSION AC(30),DJ(30),DF(30),AMD(30),AX(30),AM(30)
        COMMON /LIST1/ ISN, NLS
        COMMON /LIST2/ LN
          READ (5,*) ISN, ITS, NLS
        if (isn .eq. 0) go to 25
          CALL SDATA2 (EL,JRL,ID,M,MD,ND,NJ,X,Y,JJ,JK,AX,CX,CY,ZI)
          CALL STIFF2 (SFF,EL,SML,ID,E,N,NB,M,MD,JJ,JK,CX,CY,AX,ZI)
          CALL BANFAC (N,NB,SFF)
          ln = 0
    2     ln = ln + 1
          CALL LDATA2 (AJ,AE,AR,AML,LML,MD,NLM)
          CALL LOADS2 (LML,AE,AML,ID,AC,AJ,M,ND,NLM,JJ,JK,CX,CY)
          CALL BANSOL (N,NB,SFF,AC,DF)
          CALL RESUL2 (JRL,DJ,DF,SM,IM,AMD,AM,AML,AR,AJ,AE,EL,ND,N,
     *  NJ,M,MD,E,JJ,JK,CX,CY,AX,ZI)
        if (nls .gt. ln) GO TO 2
        WRITE (6,7777)
 7777   FORMAT (/,20X,'* * * END OF CALCULATION * * *')
   25   STOP
        END
```

3.2 부프로그램 – SDATA2

부프로그램 – SDATA2은 구조물데이터를 입력하는 프로그램이다.

먼저 구조물의 변수 M, NJ, NR, NRJ, E를 입력하게 된다.

여기서, M = 부재의 수

NJ = 절점의 수

NR = 지지점의 수

NRJ = 구속된 절점의 수

E = 구조물의 탄성계수

그리고 절점좌표의 변수I, X(I), Y(I)를 입력하게 된다.

여기서, I = 절점번호

X(I) = 절점 I의 x-좌표

Y(I) = 절점 I의 y-좌표

그 다음에는 부재정보의 변수 I, JJ(I), JK(I), AX(I), ZI(I)를 입력하게 된다.

여기서, I = 부재번호

JJ(I) = 부재 I의 시작절점

JK(I) = 부재 I의 끝 절점

AX(I) = 부재 I의 단면적

ZI(I) = 부재 I의 단면2차모멘트

마지막으로 절점구속조건에 대한 변수 JRL(3*K – 2), JRL(3*K – 1), JRL(3*K) 를 입력하게 된다.

여기서, K = 구속된 절점번호

JRL(3*K – 2) = 절점번호 K의 x-방향 구속

JRL(3*K – 1) = 절점번호 K의 y-방향 구속

JRL(3*K) = 절점번호 K의 θ-방향 구속

```
C
C**************************************************************
C*************** SUBPROGRAM  SDATA2 ***************************
C**************************************************************
      SUBROUTINE SDATA2 ( EL,JRL,ID,E,N,NB,M,MD,ND,NJ,X,Y,JJ,JK,AX,
```

```
     *     CX,CY,ZI)
      COMMON /LIST1/ ISN, NLS
      DIMENSION EL(30),JRL(30),ID(30),X(30),Y(30),JJ(30)
     *     ,JK(30),AX(30),CX(30),CY(30),ZI(30)
           WRITE (6,101) ISN, NLS
  101 FORMAT (1H1,////,15X,'STRUCTURE NO=',I2,3X,'PLANE FRAME',/,15X,
     *     'NUMBER OF LOADING SYSTEM=',I2)
C          **STRUCTURAL PARAMETERS ****
           WRITE(6,102)
  102 FORMAT (//,15X,'STRUCTURAL PARAMETERS',/,19X,'M',4X,'N',4X,'NJ',
     *     4X,'NR',4X,'NJR',10X,'E')
      READ(5,*) M,NJ,NR,NRJ,E
           NDJ = 3
           ND = NDJ*NJ
           N = ND - NR
           WRITE (6,104) M,N,NJ,NR,NRJ,E
  104 FORMAT (17X,I3,2X,I3,3X,I3,3X,I3,4X,I3,9X,F12.1)
C
C************* JOINT COORDINATE *****************************
C
           DO 1001 K=1, NJ
           READ (5,*) J, X(J), Y(J)
1001       CONTINUE
           WRITE(6,105)
  105 FORMAT(/15X,'JOINT COORDINATES'/15X,'NODES',3X,'X-COOR',7X,
     * 'Y-COOR')
           DO 1 K=1,NJ
           WRITE (6,1002) K, X(K), Y(K)
 1002      FORMAT (/15X, I3, 2(3X, F10.4))
    1 CONTINUE
C
C********** MEMBER INFORMATION ******************************
C
           MD = 2*NDJ
        NB = 0
           WRITE(6,2003)
2003  FORMAT(////15X,'MEMBER INFORMATION',/,15X,'MEMBER',5X,'JJ',
     *4X,'JK',9X,'AX',9X,'ZI',9X,'EL',9X,'CX',9X,'CY')
           DO 2001 J=1,M
           READ (5,*) I, JJ(I), JK(I), AX(I), ZI(I)
           NBI = NDJ*( ABS(JK(I) - JJ(I) ) + 1)
           IF (NBI .GT. NB) NB = NBI
            XCL = X(JK(I)) - X(JJ(I))
            YCL = Y(JK(I)) - Y(JJ(I))
            EL(I) = SQRT(XCL*XCL+YCL*YCL)
            CX(I) = XCL/EL(I)
            CY(I) = YCL/EL(I)
```

```
         WRITE (6,1003) I, JJ(I), JK(I), AX(I), ZI(I), EL(I), CX(I), CY(I)
1003     FORMAT (/15X, 3(3X,I3), 5(3X,F10.4))
2001  CONTINUE
C
C***************** JOINT RESTRAINT **************************
C
         WRITE(6,108)
  108 FORMAT (/15X,'JOINT RESTRAINTS'/15X,'JOINT',3X,'JR1',3X,'JR2',
     *         3X,'JR3')
         DO 12 J=1,ND
   12  JRL(J) = 0
      DO 13 J=1,NRJ
      READ (5,*) K, JRL(3*K-2), JRL(3*K-1), JRL(3*K)
      WRITE (6,110) K, JRL(3*K-2), JRL(3*K-1), JRL(3*K)
  110 FORMAT(14X,4(5X,I1))
   13 CONTINUE
          N1 = 0
         DO 15 J=1,ND
          N1=N1+JRL(J)
         IF (JRL(J) .GT. 0) GO TO 14
          ID(J) = J - N1
          GO TO 15
   14  ID(J)=N+N1
   15 CONTINUE
        RETURN
          END
```

3.3 부프로그램 – STIFF2

부프로그램 – STIFF2은 각 부재의 부재강성매트릭스를 작성하여, 절점강성매트릭스로 변환한다.

```
C
C************************************************************
C*********** SUBPROGRAM STIFF2 ******************************
C************************************************************
        SUBROUTINE STIFF2 (SFF,EL,SMS,IM,JRL,ID,E,N,NB,M,MD,JJ,JK,CX,CY,
     * AX,ZI)
        DIMENSION SFF(30,30),EL(30),SMS(6,6),IM(6),JRL(30),CX(30)
     * ,ID(30),JJ(30),JK(30),CY(30),AX(30),ZI(30)
        DO 21 J=1,N
        DO 21 K=1,NB
```

```
   21   SFF(J,K)=0.0
        DO 25 I=1,M
        SCM1=E*AX(I)/EL(I)
        SCM2=4.0*E*ZI(I)/EL(I)
        SCM3=1.5*SCM2/EL(I)
        SCM4=2.0*SCM3/EL(I)
        SMS(1,1)=SCM1*CX(I)*CX(I)+SCM4*CY(I)*CY(I)
        SMS(1,2)=(SCM1-SCM4)*CX(I)*CY(I)
        SMS(1,3)=-SCM3*CY(I)
        SMS(1,4)=-SMS(1,1)
        SMS(1,5)=-SMS(1,2)
        SMS(1,6)=SMS(1,3)
        SMS(2,2)=SCM1*CY(I)*CY(I)+SCM4*CX(I)*CX(I)
        SMS(2,3)=SCM3*CX(I)
        SMS(2,4)=-SMS(1,2)
        SMS(2,5)=-SMS(2,2)
        SMS(2,6)=SMS(2,3)
        SMS(3,3)=SCM2
        SMS(3,4)=-SMS(1,3)
        SMS(3,5)=-SMS(2,3)
        SMS(3,6)=SCM2/2.0
        SMS(4,4)=SMS(1,1)
        SMS(4,5)=SMS(1,2)
        SMS(4,6)=SMS(3,4)
        SMS(5,5)=SMS(2,2)
        SMS(5,6)=SMS(3,5)
        SMS(6,6)=SCM2
C
C************ TRANSFER TO JOINT STIFFNESS MATRIX ***************
C
        IM(1)=3*JJ(I)-2
        IM(2)=3*JJ(I)-1
        IM(3)=3*JJ(I)
        IM(4)=3*JK(I)-2
        IM(5)=3*JK(I)-1
        IM(6)=3*JK(I)
        DO 24 J=1,MD
        I1=IM(J)
        IF (JRL(I1) .GT. 0) GO TO 24
        DO 23  K=J,MD
        I2=IM(K)
        IF (JRL(I2).GT.0) GO TO 23
        IR=ID(I1)
        IC=ID(I2)
        IF (IR.LT.IC) GO TO 22
        ITEM=IR
        IR=IC
```

```
         IC=ITEM
  22    IC=IC-IR+1
         SFF(IR,IC)=SFF(IR,IC)+SMS(J,K)
  23    CONTINUE
  24    CONTINUE
  25    CONTINUE
c        DO 1001 I=1,12
c        WRITE(6,1002) (SFF(I,J),J=1,12)
c 1002  FORMAT(//,5X,12E9.2)
c 1001  CONTINUE
        RETURN
        END
```

3.4 부프로그램 – BANFAC

1.4절과 동일함으로 여기서는 생략하였다.

3.5 부프로그램 – LDATA2

부프로그램 – LDATA2는 구조물의 하중데이터를 입력하는 프로그램이다.

먼저 하중변수 NLJ, NLM을 입력하게 된다.

여기서, NLJ = 하중이 작용하는 절점의 수

NLM = 하중이 작용하는 부재의 수

그리고 절점 작용력의 변수 K, AJ(3*K – 2), AJ(3*K – 1), AJ(3*K)를 입력하게 된다.

여기서, K = 절점번호

AJ(3*K – 2) = 절점번호 K에 작용하는 X-방향 하중

AJ(3*K – 1) = 절점번호 K에 작용하는 Y-방향 하중

AJ(3*K) = 절점번호 K에 작용하는 Z-축 모멘트하중

마지막으로 부재하중의 변수를 I, AML(1,I), AML(2,I), AML(3,I), AML(4,I), AML(5,I), AML(6,I)를 입력하게 된다.

여기서, I = 부재번호

AML(1,I) = 부재번호 I의 시점에 작용하는 x-방향 하중

AML(2,I) = 부재번호 I의 시점에 작용하는 y-방향 하중

AML(3,I) = 부재번호 I의 시점에 작용하는 z-축 모멘트하중

AML(4,I) = 부재번호 I의 종점에 작용하는 x-방향 하중

AML(5,I) = 부재번호 I의 종점에 작용하는 y-방향 하중

AML(6,I) = 부재번호 I의 종점에 작용하는 z-축 모멘트하중

```
C
C*******************************************************
C******** SUBPROGRAM LDATA2 ******************************
C*******************************************************
        SUBROUTINE LDATA2 (AJ,AE,AR,AML,LML,MD,NLM)
        DIMENSION AJ(30),AML(6,30),LML(30),AE(30),AR(30)
        COMMON /LIST2/ LN
       WRITE(6,303) LN
  303  FORMAT(//,15X,'LOADING NO.=',I2,/,18X,'NLJ',2X,'NLM')
       READ (5,*) NLJ, NLM
       WRITE (6,305) NLJ, NLM
  305  FORMAT(18X,I3,2X,I3)
       DO 30 I=1,30
       AJ(I)=0.0
       AE(I)=0.0
       AR(I)=0.0
   30 CONTINUE
       IF (NLJ .EQ. 0) GO TO 32
       WRITE(6,306)
  306  FORMAT(//,15X,'ACTIONS  AT JOINTS',/,15X,'JOINT',9X,'AJ1',9X,
    *         'AJ2',9X,'AJ3')
        DO 31 J=1,NLJ
        READ (5, *) K, AJ(3*K-2),A J(3*K-1), AJ(3*K)
        WRITE (6, 308) K, AJ(3*K-2),A J(3*K-1), AJ(3*K)
 308    FORMAT(18X,I2,4X,F8.2,4X,F8.2,4X,F8.2)
  31    CONTINUE
   32  CONTINUE
        IF (NLM.EQ.0) GO TO 34
        DO 35 I=1,MD
        DO 35 J=1,MD
        LML(I)=0
        AML(I,J)=0.0
 35   CONTINUE
    WRITE(6,311)
311 FORMAT(//,15X,'ACTION AT ENDS OF RESTRAINED MEMBER DUE TO LOA
   *D',/,15X,'MEMBER',10X,'AML1',10X,'AML2',10X,'AML3',10X,
   *'AML4',10X,'AML5',10X,'AML6')
       DO 33 J=1,NLM
```

```
        READ(5,*) I,AML(1,I),AML(2,I),AML(3,I),AML(4,I),AML(5,I),AML(6,I)
      WRITE(6,310) I,AML(1,I),AML(2,I),AML(3,I),AML(4,I),AML(5,I),
     *AML(6,I)
310   FORMAT(18X,I3,4X,F10.3,4X,F10.3,4X,F10.3,4X,F10.3,2(4X,F10.3))
        LML(I)=1
   33 CONTINUE
   34 RETURN
        END
```

3.6 부프로그램 – LOADS2

부프로그램 – LOADS2는 부재하중을 등가절점하중으로 변환하여 외부절점하중에 더한다.

```
C
C************************************************************
C********* SUBPROGRAM LOADS2 ********************************
C************************************************************
      SUBROUTINE LOADS2 (LML,AE,AML,ID,AC,AJ,M,ND,NLM,JJ,JK,CX,CY)
      DIMENSION LML(30),AE(30),AML(6,30),ID(30),AC(30),AJ(30),CX(30)
     *  ,CY(30),JJ(30),JK(30)
      IF (NLM.EQ.0) GO TO 42
      DO 41 I=1,M
      IF (LML(I).EQ.0) GO TO 41
      J1=3*JJ(I)-2
      J2=3*JJ(I)-1
      J3=3*JJ(I)
      K1=3*JK(I)-2
      K2=3*JK(I)-1
      K3=3*JK(I)
      AE(J1)=AE(J1)-CX(I)*AML(1,I)+CY(I)*AML(2,I)
      AE(J2)=AE(J2)-CY(I)*AML(1,I)-CX(I)*AML(2,I)
      AE(J3)=AE(J3)-AML(3,I)
      AE(K1)=AE(K1)-CX(I)*AML(4,I)+CY(I)*AML(5,I)
      AE(K2)=AE(K2)-CY(I)*AML(4,I)-CX(I)*AML(5,I)
      AE(K3)=AE(K3)-AML(6,I)
   41 CONTINUE
   42 CONTINUE
      DO 43 J=1,ND
      JR=ID(J)
      AC(JR)=AJ(J)+AE(J)
   43 CONTINUE
      RETURN
      END
```

3.7 부프로그램 – BANSOL

1.7절과 동일함으로 여기서는 생략하였다.

3.8 부프로그램 – RESUL2

부프로그램 – RESUL2는 해석결과를 출력하는 프로그램이다.

먼저 절점변위-J, DJ(3*J-2), DJ(3*J-1), DJ(3*J)를 구하여 출력하게 된다.
여기서, J = 절점번호

DJ(3*J – 2) = X-방향 변위
DJ(3*J – 1) = Y-방향 변위
DJ(3*J) = 회전각 θ

그리고 부재단력-I, AM(1), AM(2), AM(3), AM(4), AM(5), AM(6)를 구하여 출력하게 된다.
여기서, I = 부재번호AM(1) = 시점 x-방향 힘

AM(2) = 시점 y-방향 힘
AM(3) = 시점 z-축 모멘트
AM(4) = 종점 x-방향 힘
AM(5) = 종점 y-방향 힘
AM(6) = 종점 z-축 모멘트

마지막으로 지점반력-J, AR(J1), AR(J2), AR(J3)를 구하여 출력하게 된다.
여기서, J = 절점번호

AR(J1) = X-방향 반력
AR(J2) = Y-방향 반력
AR(J3) = Z-축 모멘트

```
C
C*************************************************************
C********** SUBPROGRAM RESUL2 ******************************
C*************************************************************
      SUBROUTINE RESUL2 (JRL,DJ,DF,SMS,IM,AMD,AM,AML,AR,AJ,AE,EL,
```

```
     *                    ND,N,NJ,M,MD,E,JJ,JK,CX,CY,AX,ZI)
      DIMENSION JRL(30),DJ(30),DF(30),AMD(30),IM(6),DM(30),SMS(6,6)
      DIMENSION AM(30),AML(6,30),AR(30),AJ(30),AE(30),EL(30)
      DIMENSION JJ(30),JK(30),CX(30),CY(30),AX(30),ZI(30)
      J=N+1
      DO 52 K=1,ND
      JE=ND-K+1
      IF(JRL(JE).EQ.0) GO TO 51
      DJ(JE)=0.0
      GO TO 52
 51   J=J-1
      DJ(JE)=DF(J)
 52   CONTINUE
      WRITE(6,501)
 501  FORMAT(//,15X,'JOINT DISPLACEMENTS',/,15X,'JOINT',10X,'DJ1'
     *          ,10X,'DJ2',10X,'DJ3')
      DO 53 J=1,NJ
 53   WRITE(6,502) J,DJ(3*J-2),DJ(3*J-1),DJ(3*J)
 502  FORMAT(/1X,15X,I3,3(3X,E10.4))
C
C***********               MEMBER              END                 ACTION
**********************************
      WRITE(6,503)
 503  FORMAT(//,15X,'MEMBER END-ACTION',/,15X,'MEMBER',15X,'AM1'
     *          ,15X,'AM2',15X,'AM3',15X,'AM4',15X,'AM5',15X,'AM6')
      DO 56 I=1,M
      J1=3*JJ(I)-2
      J2=3*JJ(I)-1
      J3=3*JJ(I)
      K1=3*JK(I)-2
      K2=3*JK(I)-1
      K3=3*JK(I)
      SCM1=E*AX(I)/EL(I)
      SCM2=4.0*E*ZI(I)/EL(I)
      SCM3=1.5*SCM2/EL(I)
      SCM4=2.0*SCM3/EL(I)
      AMD(1)=SCM1*((DJ(J1)-DJ(K1))*CX(I)+(DJ(J2)-DJ(K2))*CY(I))
     AMD(2)=SCM4*(-(DJ(J1)-DJ(K1))*CY(I)+(DJ(J2)-DJ(K2))*CX(I))+
    *SCM3*(DJ(J3)+DJ(K3))

AMD(3)=SCM3*(-(DJ(J1)-DJ(K1))*CY(I)+(DJ(J2)-DJ(K2))*CX(I))
    *+SCM2*(DJ(J3)+0.5*DJ(K3))
      AMD(4)=-AMD(1)
      AMD(5)=-AMD(2)
     AMD(6)=SCM3*(-(DJ(J1)-DJ(K1))*CY(I)+(DJ(J2)-DJ(K2))*CX(I))+
    *SCM2*(0.5*DJ(J3)+DJ(K3))
      DO 1010 J=1,MD
```

```
      AM(J)=AML(J,I)+AMD(J)
1010  CONTINUE
      IF (JRL(J1).EQ.1) AR(J1)=AR(J1)+CX(I)*AMD(1)-CY(I)*AMD(2)
      IF (JRL(J2).EQ.1) AR(J2)=AR(J2)+CY(I)*AMD(1)+CX(I)*AMD(2)
      IF (JRL(J3).EQ.1) AR(J3)=AR(J3)+AMD(3)
      IF (JRL(K1).EQ.1) AR(K1)=AR(K1)+CX(I)*AMD(4)-CY(I)*AMD(5)
      IF (JRL(K2).EQ.1) AR(K2)=AR(K2)+CY(I)*AMD(4)+CX(I)*AMD(5)
      IF (JRL(K3).EQ.1) AR(K3)=AR(K3)+AMD(6)
      WRITE(6,1020) I,AM(1),AM(2),AM(3),AM(4),AM(5),AM(6)
1020  FORMAT(/18X,I3,6(3X,F15.5))
56    CONTINUE
      DO 57 J=1,ND
      IF(JRL(J).EQ.0) GO TO 57
      AR(J)=AR(J)-AJ(J)-AE(J)
 57   CONTINUE
      WRITE(6,505)
505   FORMAT(//,15X,'SUPPORT REACTION',/,15X,'JOINT',15X,'AR1'
    *        ,15X,'AR2',15X,'AR3')
      DO 58 J=1,NJ
      J1=3*J-2
      J2=3*J-1
      J3=3*J
      N1=JRL(J1)+JRL(J2)
      IF(N1.EQ.0) GO TO 58
      WRITE(6,506) J,AR(J1),AR(J2),AR(J3)
 506  FORMAT(17X,I3,3X,F15.5,3X,F15.5,3X,F15.5)
  58  CONTINUE
      RETURN
      END
```

4 평면뼈대 Computer 해석예

다음 그림과 같은 평면뼈대구조물을 해석해보자.

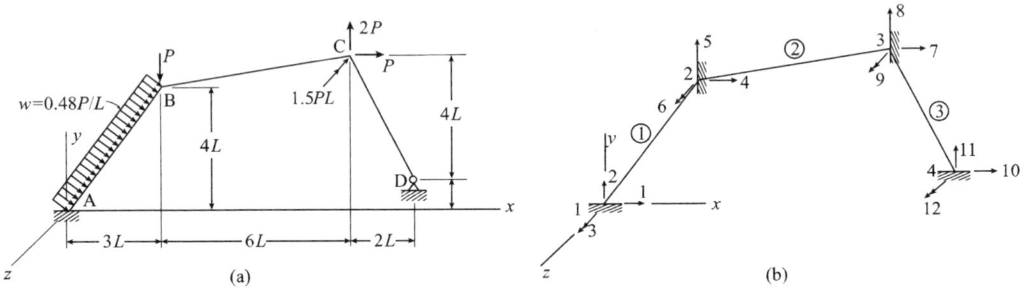

[그림 4.1]

4.1 입력자료

```
1, 3, 1                          ; 해석하고자 하는 구조물의 수, 구조물의 형태, 하중시스
                                   템의 수
3, 4, 5, 2, 70000000.0           ; 부재의 수, 절점의 수, 지지점의 수, 구속된 절점의 수,
                                   구조물의 탄성계수
1,  0.0, 0.0                     ; 절점번호, x-좌표, y-좌표
2,  3.0, 4.0
3,  9.0, 5.0
4, 11.0, 1.0
1, 1, 2, 0.02, 0.003             ; 부재번호, 시작절점, 끝절점, 단면적, 단면2차모멘트
2, 2, 3, 0.02, 0.003
3, 3, 4, 0.02, 0.003
1, 1, 1, 1                       ; 구속된 절점번호, x-방향 구속, y-방향 구속, θ-구속
4, 1, 1, 0
2, 1                             ; 하중이 작용하는 절점의 수, 하중이 작용하는 부재의 수
2,    0.0, -100.0,     0.0       ; 절점번호, X-방향 하중, Y-방향 하중, Z-축 모멘트하중
3, 100.0,  200.0, -150.0
2, 0.0, 120.0, 100.0, 0.0, 120.0, -100.0 ; 부재번호, 시점 x-방향 하중, y-방향 하중,
                                           z-축 모멘트하중, 종점 x-방향 하중, y-방
                                           향 하중, z-축 모멘트하중
```

4.2 해석결과

```
STRUCTURE NO= 1   PLANE FRAME
NUMBER OF LOADING SYSTEM= 1

STRUCTURAL PARAMETERS
M     N     NJ    NR    NJR          E
3     7     4     5     2            70000000.0

JOINT COORDINATES
  NODES    X-COOR        Y-COOR
     1      0.0000        0.0000
     2      3.0000        4.0000
     3      9.0000        5.0000
     4      11.000        1.0000

MEMBER INFORMATION
 MEMBER  JJ  JK        AX        ZI        EL        CX        CY
     1    1   2    0.0200    0.0030    5.0000    0.6000    0.8000
     2    2   3    0.0200    0.0030    6.0828    0.9864    0.1644
     3    3   4    0.0200    0.0030    4.4721    0.4472   -0.8944

JOINT RESTRAINTS
   JOINT   JR1   JR2   JR3
     1      1     1     1
     4      1     1     0

LOADING NO.= 1
    NLJ   NLM
      2     1

ACTIONS  AT JOINTS
 JOINT         AJ1          AJ2          AJ3
    2         0.00        -100.00       0.00
    3         100.00       200.00       -150.00

ACTION AT ENDS OF RESTRAINED MEMBER DUE TO LOAD
MEMBER      AML1       AML2       AML3       AML4       AML5       AML6
      2    0.000    120.000    100.000     0.000    120.000   -100.000

JOINT DISPLACEMENTS
JOINT          DJ1             DJ2             DJ3
    1    0.0000E+00      0.0000E+00      0.0000E+00
    2    0.6308E-02      -.4927E-02      -.8792E-03
    3    0.5365E-02      0.2467E-02      0.2812E-03
    4    0.0000E+00      0.0000E+00      -.2120E-02
```

```
MEMBER END-ACTION
MEMBER     AM1        AM2         AM3         AM4         AM5         AM6
    1  43.79499  117.01720   329.46838   -43.79499 -117.01720   255.61758
    2 -65.55807   16.24500  -255.61758    65.55807  223.75500  -375.49945
    3  60.41650   50.42320   225.49942   -60.41650  -50.42320    -0.00001

SUPPORT REACTION
 JOINT         AR1            AR2            AR3
    1       -67.33676      105.24632      329.46838
    4       -72.11897       31.48822        0.00000
```

참고문헌

1) 山田嘉昭 (1970). マトリックス法材料力學, 培風館
2) 信原泰夫 (1970). 有限要素法のプログラム・デザイン, 培風館.
3) Wylie, C. R. (1975). Advanced Engineering Mathematics, McGraw-Hill, Inc.
4) James, Smith, and Wolford (1977). Applied Numerical Methods for Digital Computation with FORTRAN and CSMP, Second Edition, Harper & Row, Publishers.
5) Beaufait, Fred W., William H. Rowan, Jr., Peter G. Hoadley, and Robert M. Hackett (1979). Computer Methods of Structural Analysis, Prentice-Hall, Englewood Cliffs, New Jersey.
6) W. M. Jenkins (1980). Matrix and Digital Computer Methods in Structural Analysis, McGraw-Hill.
7) Myongwoo, Lee (1983). Computer-Oriented Direct Stiffness Method, B.S., Myongji Univ. Dept. of Civil Engineering.
8) Gouri Dhatt and Gilbert Touzot (1984). The Finite Element Method Displayed, John Wiley & Sons.
9) Thompson, J. F., Z. U. A. Warsi, and C. W. Mastin (1985). Numerical Grid Generation – Foundations and Applications, North-Holland, New York.
10) John H. Mathews (1987). Numerical Methods for Computer Science, Engineering, and Mathematics, Prentice-Hall International, Inc. pp. 105~165.
11) Nathan H. Cook (1987). Mechanics and Materials for Design, McGraw-Hill, Inc.
12) J. B. Kennedy & M. K. S. Madugula (1990). Elastic Analysis of Structures. Harper & Row, Publishers.
13) William Weaver & James M. Gere (1990). Matrix Analysis of Framed Structures, Third Edition, Van Nostrand Reinhold.
14) 유해영, 곽훈성, 오득환(1993). 개정판 FORTRAN 77, 대영사.
15) 김두만(1994). 공업수학, 복두출판사. pp. 288~338.
16) 박영석(1997). 구조역학, 구미서관.
17) 조효남(1998). 구조역학, 구미서관.
18) 김찬중(1998). 길잡이 공업수학, 문운당, pp. 438~499.
19) 황선종, 김일도, 김영학(2000). MS-FORTRAN 프로그래밍, 청문각.
20) 양창현(2007). 구조역학, 청문각.
21) 이명우 외 5인(2011. 12). IT 융・복합 교육과정 개발(스마트 토목설계 트랙), 2010 교육역량강화사업 연구보고서, 명지전문대학, 토목과.
22) 이명우(2013). 구조역학, 대가.

찾아보기

가

가상변위 202
가상변위의 원리 202
가상요소 17
가상일의 원리 202
강성계수 200
강성도법 198
강성매트릭스법 198
강성매트릭스의 대폭 214
강체 210
경계조건 17
고유값 188
고유벡터 117, 188, 189
고유치 114, 189
고정단력(fixed-end-forces) 215
구조강성매트릭스 217
구조물좌표계 211
국부좌표계 212

나

내부응력 199

다

다중형 DO문 159
다차원배열 159
단위벡터 189
대각매트릭스 70
대칭강도매트릭스 209
대칭매트릭스 70
대폭(bandwidth) 225
대폭 211
등가절점하중 212, 233

마

매트릭스법 16
매트릭스식 82
매트릭스의 미분 및 적분 110
면요소 17

바

반－대폭(half-bandwidth) 228
방향여현 130
벡터 147
변위 199
변위법 198, 200, 215
변환매트릭스 216
부매트릭스 94
부재강성매트릭스 209, 217
부재력 199
부재좌표계 212
불변량 142
뼈대구조물 17

사

사각형매트릭스 67
상반이론 209
서브루틴 부프로그램 168
소매트릭스식 85
수반매트릭스 88
시공단계 17
쌍1차 형식 111

아

에너지의 원리 203
여인수 전개 85
여인수 85

여인수매트릭스 88
역대칭매트릭스 70
역매트릭스 87
열매트릭스 68
영매트릭스 70
온도응력 17
외력벡터 216
유연도계수 201
유연도법 198
유한요소 198, 205
유한요소법 15
응력법 198, 201
이동작업차 17

자

자동화설계(CAD/CAM/CAE) 19
자유도(DOF) 212
자유도(DOF)수 212
적합조건 200
전처리프로그램 248
전체강성매트릭스 209
전체좌표계 211, 224
전치매트릭스 68
절점작용력매트릭스 216
절점하중+등가절점하중 216
절점하중 216
정방매트릭스 67
좌표변환법칙 137
주대각 요소 69
주대각요소 210
주대각요소들 209
중첩 159
지점침하 17
직교성 119
직접강성도법 198, 224

차

차분법 15
초기변위 17

타

탄성조건 200
트러스요소 203
특성매트릭스 115
특성방정식 116
특이매트릭스 93
특이성 210

파

평면 트러스 214
평면라멘요소 205
평형방정식 200
평형조건 200
프리스트레싱력 17

하

함수 부프로그램 165
행매트릭스 67
혼합법 201
혼합형 DO 160
회전매트릭스 133
훅크의 법칙 200

A

A. M. Danilevsky의 방법 121
ADINA 17
ALGOL 20
arbitrarydisplacements 202
ASKA 17

B

bandwidth 211, 214
BIM 13, 26
blank common 173

C

CAD 19
Cartesian의 오른손 좌표계 211, 212
CDC사 17
Characteristic Equation 116
Characteristic Matrix 115
Characteristic Value 114, 189
Cholesky 분해법 228
COBOL 20
common문 173
Compaq Computer Corporation 248
Compaq Visual Fortran 248
compatibility of displacements 200
Cremona 198

D

direct stiffness method 198, 224
direction cosines 130
displacements 199

E

Eigen Value 114, 188, 189
Eigen Vector 117, 188, 189
equilibrium equation 200
equilibrium of forces 200
equivalence문 179
equivalent joint load 233
equivalent nodal forces 212

F

FEAP 17
flexibility method 198
FORTRAN 20
Frontal 해법 228
FUNCTION SUBPROGRAM 165

G

Gauss 소거법 181, 228
Gauss-Jordan 소거법 184
GIS 20
Global Coordinate System 211
global coordinate system 224
GPS 20

H

Hooke's law 200
Hooke의 법칙 143, 204

I

IBM사 17
implied 159
Indirect Stiffness 211
invariant 142

L

law of material behavior 200
local coordinate system 212

M

member coordinate system 212
member forces or stress 199
member stiffness matrix 209, 217
MIDAS 17
multi-dimensional array 159

N

named common 173
nested 159
NONSAP 17
n차 단위매트릭스 70
n차 정방매트릭스 69

O

Orthogonality 119

P

PL/1 20
plane frame 213
plane truss 214
Preprocessor 248
principal diagonal elements 209

R

reciprocal theorem 209
RETURN문 165
rigid body 210
rotation matrix 133, 216

S

SAP 17
singularity 210
Skyline 해법 228
space frame 213
space truss 213
stiffness influence coefficient 200
stiffness method 198
structural stiffness matrix 209
Structure Coordinate System 211
SUBROUTINE SUBPROGRAM 168

T

tensor of second order 137
the stiffness method 215
transformation matrix 216

U

unit vector 189
UNIVAC사 17

V

Vector 147
virtual displacements 202
Visual BASIC 20
Visual C 20
Visual FORTRAN 20

W

Williot 198

123

1차원 배열 147
2차원 및 3차원 구조물 17
2차원 배열 148
2차원 뼈대 213
2차텐서 137
3차원 배열 158
3차원 뼈대 213
3차원 트러스 213
4D-CAD 20

저자 : 이 명 우

- 명지대학교에서 학위를 받고, 동명기술공단, 홍익기술단, 성보종합건설 등에서 설계 및 시공을 경험한 후, 명지과학기술대학교에서 강의하고 있음.
- 서울시, 경기도, 한국산업인력관리공단 등에서 출제 및 채점위원, 그리고 서울시, 경기도, 철도청, 철도시설공단, 철도공사, 조달청 등에서 기술자문 및 설계심사 등을 역임.
- 주요역서로 공업역학(보문당, 2002)이 있고, 주요저서로 『Computer를 이용한 구조물의 해석 및 설계(MJC & 한서기술단, 1997)』, 『교량의 해석 및 설계(문운당, 1999)』, 『응용역학(대가, 2011)』, 『구조역학(대가, 2012)』, 『응용역학(대영사, 2012)』, 『2015 한계상태법을 기본으로 한 강교설계(동화기술, 2017)』, 『2015 한계상태법을 기본으로 한 콘크리트교설계(동화기술, 2017)』, 『동적응답해석에 의한 내진설계 · 내풍설계(씨아이알, 2017)』 등이 있음.

매트릭스 – 컴퓨터 구조공학 정가 18,000원

발 행 2017년 3월 10일 초판 1쇄
저 자 이명우
발행인 정우용
발행처 도서출판 동화기술
경기도 파주시 광인사길 201(문발동, 파주출판도시)
Tel (031)955-4211~6 donghwapub@nate.com
Fax (031)955-4217 www.donghwapub.co.kr
(등록) 1977년 12월 19일/9-16호

Printed in Korea
ISBN 978-89-425-9117-6